深圳经济特区建立40周年改革创新研究特辑

袁易明 刘畅 姬超 等 著

中外经济特区比较研究

A Comparative Study on
Special Economic Zones of
China and Other Nations

中国社会科学出版社

图书在版编目（CIP）数据

中外经济特区比较研究 / 袁易明等著 . —北京：中国社会科学出版社，2020.10

（深圳经济特区建立 40 周年改革创新研究特辑）

ISBN 978-7-5203-7220-6

Ⅰ. ①中… Ⅱ. ①袁… Ⅲ. ①经济特区—对比研究—中国、国外 Ⅳ. ①F127.9②F119.9

中国版本图书馆 CIP 数据核字（2020）第 175357 号

出 版 人	赵剑英
项目统筹	王 茵
责任编辑	马 明　李金涛
责任校对	任晓晓
责任印制	王 超

出　　版	中国社会科学出版社
社　　址	北京鼓楼西大街甲 158 号
邮　　编	100720
网　　址	http://www.csspw.cn
发 行 部	010-84083685
门 市 部	010-84029450
经　　销	新华书店及其他书店

印刷装订	北京君升印刷有限公司
版　　次	2020 年 10 月第 1 版
印　　次	2020 年 10 月第 1 次印刷

开　　本	710×1000　1/16
印　　张	21.5
字　　数	320 千字
定　　价	139.00 元

凡购买中国社会科学出版社图书，如有质量问题请与本社营销中心联系调换
电话：010-84083683
版权所有　侵权必究

袁易明

经济学博士，教授、博士生导师。深圳大学中国经济特区研究中心副主任，深圳市科技工作者联合会会长、深圳市绿色发展研究院院长，贵州省贵安新区高级顾问，贵州省委服务决策专家，苏州市吴江区长三角一体化发展专家咨询委员会委员，深圳市政府决策咨询委员会专家。

长期致力于经济增长、产业结构理论与政策研究。主持教育部、水利部、环保部（原）和世界银行课题、非洲开发银行等国际组织研究课题二十五项，主笔完成世界银行课题报告三个、政策研究报告六十六个。出版《中国经济特区产业结构演进与原因》《平等—效率的替代与选择》等学术著作十多部，在《经济学动态》《经济研究》《南开经济研究》和《海外事情研究》（日）等国内外刊物发表论文九十余篇，多篇论文被《新华文摘》、人大复印报刊资料等全文转载。多次受邀在国际学术会议演讲。

刘畅

经济学博士，深圳大学博士后，深圳市奥斯科尔电子有限公司战略顾问，深圳市高层次人才。主要研究方向为经济增长与创新转型、产业与空间关系。在《经济学动态》《经济社会体制比较》等权威期刊发表学术论文十余篇。近年主持国家社科基金项目一项、中国博士后科学基金项目一项，主笔完成深圳市政策研究和产业规划报告三十余份。

姬超

经济学博士、政治学博士后，许昌学院教授。近年来致力于经济增长与政府治理的互动研究，积累了较为丰富的跨学科研究经验。先后主持完成国家社科基金项目、中国博士后科学基金项目等多项国家和省部级项目，发表论文数十篇。

深圳经济特区建立40周年
改革创新研究特辑
编 委 会

顾　　　　问：王京生　李小甘
主　　　　任：王　强　吴以环
执 行 主 任：陈金海　吴定海
主　　　　编：吴定海
编委会成员：（以姓氏笔画为序）

王为理　王世巍　刘婉华　李凤亮
杨　建　肖中舟　何国勇　张玉领
陈少兵　罗　思　赵剑英　南　岭
袁易明　袁晓江　莫大喜　黄发玉
黄　玲　曹天禄　谢志岿　谭　刚
魏达志

总　　序

　　先进的文化，来自对先进的生产方式和生活方式的能动反映；先进的生产力，来自对生产前沿审时度势的探索。40多年来，深圳一直站在生产力和生产关系新模式探索的最前沿，从生产实践，到制度建立，再到观念更新，取得了系统的、多层次的成果，为改革开放全面成功推广，提供一整套系统的观念与经验。当然，深圳的改革历程，是一个步步为营的过程。如果说，改革开放之初所取得的成功，主要在于以一系列惊心动魄的实践，按照市场经济发展规律，循序渐进地突破制度的坚冰，在摸索中逐步确立社会主义市场经济的新制度、新机制、新关系，形成新的发展模式；那么，在完成试验田式的探索之后，深圳取得的新突破，则是在国内经济转型和国际新经济背景之下，结合自身优势而完成的产业升级和观念升级。在升级换代过程中，深圳已经取得开阔的国际视野，在国际上也形成自身的影响力，在国内则拥有党中央强有力的支持和更成熟的制度后盾。

　　在这个过程中，深圳作为探索者、排头兵所探索出来的一系列成功经验，已经成为社会主义市场经济体制的基本构成部分；在这个过程中，深圳人为社会主义市场经济模式的建立与繁荣，做出系列有利于国、有益于民的大胆探索，其间所形成的开拓进取精神，已经凝聚成为一种可以叫作"深圳精神"的东西。正如习近平总书记在深圳考察时说的："如果说，深圳是中国改革开放的一本样板书，那这本书上，给人留下印象最深刻的两个字，就是'敢闯'！"同时，深圳的系列探索实践，也是对党的老一辈革命家改革开放、发展生产力理想的具体实践。从全国来看，改革开放40余年，在我国沿海、沿江、沿线甚至内陆地区建立起国家级或省市级高新区、开发区、自贸区、保税区等，形成了类型众多、层次多样的多元化改革发展新格局。

党的十八大以来，中央对深圳提出的新要求，正体现着这种一贯思路的延续和战略高度的提升。深圳的拓荒意义不但没有过时，而且产生了新的内涵。深圳被赋予了中国特色社会主义先行示范区的新角色，从改革开放试验田，到社会主义先行示范区，这种身份的转变，是新时代进一步深化改革开放的新成果，也是深圳作为中国这个世界第二大经济体经济发展的重要驱动力在国际经济新格局中扮演的新角色。在习近平新时代中国特色社会主义思想指导下继续解放思想、真抓实干，改革开放再出发，在新时代走在前列，在新征程勇当尖兵，是新时代赋予深圳的新任务。在深化改革的过程中，不论是国家，还是以北京、上海、广州、深圳为代表的大城市所面对的国际政治形势和经济形势，比以往都要复杂很多，需要我们做出更睿智和更高瞻远瞩的决策，以应对更复杂的产业形势和政治形势。从这个角度看，新时代深圳改革开放、开拓进取的任务不是轻了，而是更重了；需要的勇气和毅力不是少了，而是更多了。

习近平新时代中国特色社会主义思想，是我们继续深化改革的指导思想和行动指南。在以习近平同志为核心的党中央的坚强领导下，因世界大势，应国内态势，以满足人民不断增长的物质文化生活需求为动力，在经济特区已有的经验基础上，围绕新时代经济特区发展进行深入理论思考和实践探索，完成城市发展与国家发展的统一，完成继承与创新的统一，为习近平新时代中国特色社会主义思想增添新的生动范例，为践行中国特色社会主义理论提供新的经验，推进新时代经济特区在经济、政治、文化、社会和城市生态等方面实现更高层次的发展，是新时代赋予深圳的新使命。

新时代推动新实践，新实践催生新思想，新思想呼唤新理论。讲好深圳故事既是时代所需，也是中国学者的责任。为了总结深圳经济特区建立40年来改革探索的经验，为深圳改革探索提供学者的观察和视角，深圳市社科院组织市内外的专家学者对深圳经济特区40年经济社会发展的路径进行了深入研究，形成了十部著作，作为《深圳改革创新丛书》的特辑出版。《深圳改革创新丛书》作为深圳推进哲学社会科学发展的重要成果,此前已经出版了六个专辑,在国内引起了一定的关注。这套《深圳经济特区建立40周年改革创新研究特辑》,既有对改革开放40多年来深圳发展历程的回顾,也有结合新使命而做的新探索。希望这些成果,为未来更深入和更高层面的研究,提供新的理论资源。这套丛书也是学界和中国社会科学出版社对深圳经济特区建立40周年的一份献礼。

编写组

2020年6月

目　录

导言　经济特区是发展起飞捷径吗？ …………………………（1）

第一篇　历史背景与理论逻辑

第一章　经济特区的源流和演变……………………………（19）
　　第一节　经济特区的概念特征……………………………（19）
　　第二节　经济特区的主要类型……………………………（24）
　　第三节　经济特区的功能作用……………………………（31）
　　第四节　关于经济特区的争议……………………………（37）

第二章　中外经济特区的差异比较…………………………（45）
　　第一节　中外经济特区的背景差异………………………（45）
　　第二节　国外经济特区的发展路径………………………（53）
　　第三节　中国经济特区的发展路径………………………（60）
　　第四节　中外经济特区的结果差异………………………（67）

第三章　经济特区发展的理论逻辑…………………………（71）
　　第一节　经济特区发展的理论原因………………………（71）
　　第二节　经济特区与经济发展的阶段论…………………（76）
　　第三节　中国经济特区的增量改革逻辑…………………（83）

第二篇　率先实践与行动

第四章　开拓性探索：中外经济特区的实践 …………………（95）
第一节　率先开放行动与开放窗口形成 ………………（95）
第二节　扩大开放与驱动原因 …………………………（118）

第五章　中外经济特区的改革实践 ………………………（133）
第一节　改革担当与试验区功能实现 …………………（133）
第二节　改革的相机调整 ………………………………（145）

第三篇　模式借鉴与扩散

第六章　成功与失败：中外经济特区发展与制度视角 ………（163）
第一节　发展成就与实现路径 …………………………（163）
第二节　制度贡献与改革方式 …………………………（196）

第七章　经验与教训：中外经济特区价值与典型案例 ………（212）
第一节　经济特区的国内借鉴与带动 …………………（212）
第二节　经济特区在国际的借鉴与传播 ………………（223）

第四篇　困境与出路：经济特区新使命与新路径

第八章　新时期经济特区的新使命 ………………………（237）
第一节　新时代中国经济特区的发展使命 ……………（237）
第二节　国外经济特区的新任务 ………………………（266）

第九章 中外经济特区的新路径 …………………………………（280）
  第一节 经济特区发展的新约束 …………………………………（280）
  第二节 中外经济特区路径创新与实现方式 ……………………（295）

参考文献 ……………………………………………………………（316）

后　记 ………………………………………………………………（330）

导言　经济特区是发展起飞捷径吗？

一　经济特区的历史起点

过去几个世纪许多国家都在探寻能够走上经济起飞的发展道路，在近现代经济发展中，设立特殊经济发展区成为世界上多数国家和地区的重要实践战略，在亚洲、欧洲、非洲、拉丁美洲不同政治制度、文化差异悬殊、经济发展水平各异的地区都建立过或者正在建立经济特区。经济特区已经成为世界上经济发展过程中的一广泛存在。

当今全世界有约 4300 个经济特区，约四分之三的国家拥有至少一个经济特区[①]。世界上最早的经济特区于 1228 年在法国建立，其形式为自由贸易区，300 年后的 1547 年意大利在热那亚建立起世界上第一个自由贸易港，16 和 17 世纪自由贸易港和自由贸易区的数量加速增长，18 和 19 世纪经济特区在世界上多个地区建立，出现了在地理空间上的快速发展，在类型上迅速演变：从自由贸易区、自由港到出口加工区、科技园区、综合经济特区等。

到了二战时期，全球已经有 26 个国家和地区建设了 75 个自由港式的经济特区。早期经济特区是以自由贸易区为主要形式的特殊经济区域，是以资本主义的国际扩张（包括商品输出的市场扩张和资本输出的投资行为扩张，以及伴随发生的制度和文化扩张）为主

---

① 英国《经济学家》周刊网站 2017 年 4 月 3 日刊发文章《不那么特别》：1959 年第一现代自由贸易区在香农机场建立时，爱尔兰境外几乎无人关注。如今，结合了税收和关税优惠、海关手续简化和监管约束较少等优点的"经济特区"似乎得到所有人的景仰，全球四分之三的国家拥有至少一个经济特区。全世界现有大约 4300 个经济特区，这个数字还在不断上升——缅甸于 2012 年和卡塔尔于 2016 年建立了经济特区，印度官员称该国经济特区构想"具有革命性"，日本首相安倍晋三把建设战略性特区列入自己的改革日程。

要目的的，"自由贸易区在历史上早就是侵略性的商业强国的工具"。

发达资本主义国家早期设置的特殊经济区域的逻辑原因是侵略性的制度与经济输出，而多数发展中国家建立经济特区的根本原因是引进资本以解决要素稀缺。比如，印度自从1965年建立第一个出口加工区以来，经济特区成为印度发展的一个重要战略，2006—2010年五年间新建立了576个经济特区，吸引外来资本280亿美元，直接投资60亿美元。同样，在菲律宾，通过经济特区引进投资38.5亿美元，创造6万个劳动力就业。1995年越南走上了经济特区的发展之路，试图以经济特区带动国家起飞。越南相继建立了多个经济特区，引入的投资量巨大。在波兰，14个经济特区在2005年前就获取了64亿美元的外资投入。

国际上，经济特区偏重物质性（首要任务是解决资本要素紧缺约束）和局部性（单一功能、激发特区局部地区本身的发展），其建立与发展的逻辑是，以规避国际上的贸易与投资壁垒，从商品贸易自由和生产要素组合自由的比较优势中获取发展动力。因此，这些特定经济区域存在的依据是特殊优惠政策的吸引效应，在理论上，此政策效应是要素与商品的自由流动对投资与贸易壁垒的替代效应的具体表现，当以贸易和投资自由化为内容的全球化进程得到深化以后，这一政策吸引效应锐减，经济特区就会失去发展优势，其存在的合理性随之不在。

中国经济特区是中国社会从计划体制向社会主义市场经济体制转型的产物，因此中国经济特区从诞生起就具有制度性并具有辐射带动全国的全局性使命。中国经济特区具有区别于世界上其他经济特区的特征与属性，以其杰出发展表现产生国际影响力。

为什么经济特区在过去数百年时间里能够长期存在并在数量和类型、模式上持续发展呢？我以为，在理论上，多数发展中国家长期处于"贫困的陷阱"之中。这个低水平的经济均衡本质上是因为制度锁定和发展路径锁定。各利益集团博弈形成的低效率制度抑制了经济增长。而经济特区则可成为突破制度锁定的有效手段。其次，即使是对于经过40年高速发展的中国，由于仍处于跨越中等收入的发展阶段，仍需及时高效的制度变革，经济特区依然可以为经济社会的持续发展实践提供路径启示。

二 经济特区为何能在国家起飞中起作用：不同逻辑与主张

对于经济特区为何能在国家起飞中起作用，国际上存在三种主张：

非均衡发展论。Litwack 和 Qian（1998）提出了一种转型经济中特区非均衡发展理论。该理论认为，在特区采取重点投资或财政激励，且促成"非特区"对特区的"汇聚效应"是一种最优决策，这样可以实现资源利用的集中，有效避免"低均衡陷阱"。类似地，Maurice、Luo 和 Huffel（2005）提出，中国采取了通过"地理集聚"来实现对外开放和工业化的发展战略。经济特区通过对外开放和引进外资在地理分布上实现"极化战略"，进而在特区形成"增长极"后，再逐渐将影响散布到其他地区。

经济试验论。Chao Paul（1994）指出，经济特区是与中国的其他部分隔离开来的试验田。中国采取了几个特区来试验社会主义市场经济的思想。Jean Germain Gros（2005）则认为，特区更像是一种半工业化的试验田。试验田内的企业享有独有的自由市场环境，只受到最小的政府干预。Howell Jude（1993）认为，中国经济特区的试验性体现了邓小平的"摸着石头过河"的发展思想，保障了经济发展的安全性。樊纲（2009）认为，要在全国范围内推进改革，一旦出现体制不协调的问题，会造成较大范围的混乱，成本会非常之大，因此，"试点"的意义就在于在信息不完全的情况下，先在局部范围内试行改革的某些政策，用较小的局部的不协调成本，来节省全局的"信息成本"。

国际大循环论。依据"国际大循环"理论，许多经济学家认为经济特区应该发展劳动密集型产品的出口。莫里斯·迈斯纳（1996）认为，中国对外商投资的开放政策促进了包括外贸在内的经济全面发展。建立经济特区，则是这种对外开放政策的开始。

关于经济特区的扩散价值，Paul（1994）认为，中国经济特区对其他欠发达地区的启示价值主要体现在三个方面，一是在创造财富和经济增长方面，开放的市场经济更具有效率；二是一个有外商参与的更加自由的贸易环境还因提供了就业机会而使社会受益；三是新经济措施的执行者要谨慎小心地规划和监管。Gros（2005）认为，在经济特区的建立和发展中，国家和领导人的作用是重要的，"国家必须为经济特区创造必要的条件，甚至在初创阶段给予财政投入"。所以，他指出，中国给非洲以及第三世界其他国家提供的第一个教益是：国家要发展，就必须有强大的国家政权机构，以及矢志于社会变革的下属官员们的支持。而Graham（2004）则认为，经济特区只是一个次优选择，对于全面实施改革比较困难的经济体来说，实行出口加工区或经济特区战略是"发展竞技场上的有用武器"，他认为，中国吸引外资取得的巨大成功，第一要素要归因于早期经济特区的成功实践。但这一原因并不能用于解释20世纪90年代后的发展。特区思想必须历史地看待，其他国家实施这一战略并不会必然地取得同样的成功。

　　John M. Litwack、Yingyi Qian（1998）提出了一种转型经济中的特区非均衡发展理论。该理论认为，在转型初期，在特区采取重点投资和财政激励，且促成"非特区"地区对特区的"汇聚"效应是一种最优决策，这样可以实现资源利用的集中，有效避免"低均衡陷阱"。这种非均衡发展先在沿海经济特区和开放城市实现，然后形成对中、西部正的"溢出效应"，并逐渐由非均衡转为均衡。这样特区则可以通过减少制度成本和政治束缚，成为整个国家经济转型的催化剂。作者揭示了经济特区存在和发展的前提，认为非均衡向均衡发展的过程就是逐步实现转型发展的过程，从而提供具有借鉴意义的实践经验。

　　Joseph Eugene Stiglitz（1998）根据转型国家的经济事实研究得出，在经济发展过程中除了实物资本、人力资本和知识资本之外，组织和社会资本对经济转型发展也很重要，这种资本包括各种形式的社会资本和组织资本以及价值观的形成、调节交易和解决争端的各种制度和关系等。由此，可以通过资本和价值观形成、调节交易和解决争端等途径来完善制度，保障市场经济在规范的竞争环境中健康发展。

Daron Acemoglu、Simon Johnson、James Robinson（2005）研究了欧洲在 1500—1850 年的兴起，他们发现在间接或更多直接的制度影响下，大西洋贸易促进了欧洲的发展。在具有通往大西洋的交通基础和初始制度的先决条件下，大西洋贸易体制的变化，如政治体制、产权等等，带来了巨大的商业利润。

无论是资本引入、政府财政投入、坚定的政府意志，抑或是空间上的增长极建立等，只能说是经济特区存在的现象逻辑，不是经济特区战略路径的理论原因。我认为，发展中国家大多长期处于"贫困的陷阱"中，没有能够实现起飞是因为没有解决低水平消费与投资的恶性循环导致的"贫困的陷阱"。因此，仅从消费与投资的视角解释增长困境，是循环论证，严重地缺乏说服力。从制度经济学的视角来看，长期增长停滞的背后是制度锁定使得外生投资冲击或消费冲击不能打破这一恶性循环，这就是说，正是制度这一因素而非其他，是造成一国经济锁定于某种低效率状态的缘由，处于贫困状态的发展均衡长期得不到打破。显然，经济特区是打破贫困发展均衡的工具，这当然又是通过制度变革来实现的。这是解释发展中国家经济起飞的经济特区道路的关键。

三 经济特区的中国范式：制度性、试验性与演进性

中国经济特区是从计划体制到市场经济制度转变过程中的制度试验区域，其根本的独特性在于发展过程中拥有领先于内地实施市场经济体制的占先优势，其存在的依据在于制度转换能够产生制度替代效应，这是深圳等中国经济特区获得发展的根本原因。

中国经济特区的制度性。40 年前的中国发展面临的情形复杂，资本不足、市场制约和经济制度落后是三个经济起飞的阻碍因素。传统计划经济体制对解决资本和市场问题产生强大的掣肘作用，成为克服资本、市场问题的制度障碍。因此中国需要首先打破传统计划经济体制的藩篱。

经济特区通过开放策略同时解决了资本要素和有效经济制度供给不足两个问题，从长期落后的困境中走了出来。中国经济特区开放发展范式开启经济起飞的基本逻辑是：

第一，创造经济起飞的重要前提：制度条件。

著名的库兹涅茨将一个国家的经济增长定义为生产经济产品的能力获得长期提升和制度、思想意识的调整。① 库兹涅茨定义有三层含义：国民生产总值增长、技术作为经济增长源泉的形成、具备制度（包括政治与法律制度、经济体制、经济结构等）和思想意识条件。② 中国的起飞内涵不完全如此，根本内容在于制度变革和经济规模的增长，经济特区是佐证，而中国经济特区的实践源于"中国的根本问题是制度问题，体制和制度上不合理的条条框框阻碍了中国进步"③ 的深刻而准确的判断。这里所说的制度上不合理的条条框框是指计划经济制度，制度的改变不仅仅是指改革计划经济制度下的不合理部分，更是一种新的经济制度即市场制度的建立。

经济特区建立之初，普遍计划体制背景下的深圳等经济特区向外开放，成为对外开放"窗口"。信息的内外交流是先于物质流动的。这里的信息包括两种信息：关于改革的信息流向海外，首先是香港和澳门地区，向外流动的改革讯息，使海外资本特别是华人资本具有了想象空间，在观望、吸收、加工、风险评估后，收益预期日渐形成，成为后来资本进入经济特区的巨大推力。

同时，从海外，特别是从中国香港、中国澳门地区也有重要的信息流向经济特区，这就是市场知识、市场理念、财富水平与财富的社会分配等。"经济特区的作用就在于在率先开放过程中，率先获得了较为完全的制度信息。"④ 新鲜制度信息（与原来的截然不同）和有效性（中国香港和中国澳门如此繁荣），使这些信息逐渐成为关键发展动力。

海外关于经济制度信息的高强度进入，创造了经济特区经济起飞的"库兹涅茨条件"。

由于观念、知识并不是制度，它至多是制度的必要条件，来自

---

① ［美］库兹涅茨：《现代经济增长：发现与反映》，载《现代国外经济学论文》第 2 辑，商务印书馆 1981 年版。
② 谭崇台主编：《发展经济学》，上海人民出版社 1996 年版。
③ 樊纲等：《中国经济特区研究——昨天和明天的理论与实践》，中国经济出版社 2009 年版。
④ 同上。

海外的市场制度信息经过另外一个重要而艰难的过程即改革演变成具有市场性质的"游戏规则"。显然，经济特区市场制度的创建过程是一个海外市场制度信息、知识、理论的"内部化过程"，即改革过程。这一过程就是新古典主义发展经济学家提出的"刺激—反应机制"的建立过程。通过建立个人作为决策者的刺激—反应机制,[1] 在利益的驱使和成本约束下，人们在不同的选择间进行抉择以获最大福利，逐步地形成市场价格机制在资源配置中的导向作用。

中国经济特区的改革是在市场制度信息、知识与原有计划体制的冲突、矛盾之间发生的。原有制度和规则对新制度高度不相容是改革发生的根本缘因。通过自上而下的力量将市场制度信息内部化为新的经济制度，经济特区成为中国新经济制度的"拓荒者"。

第二，开放创造市场制度运行的基本条件：市场企业。

市场制度具有财富效率的本质原因是市场制度的竞争属性，所以竞争才是经济发展能力的根本缘由。而自由企业是竞争的主体因素。这包括两重含义：企业必须是自主的且有足够多的企业数量。企业性质即公有与私有是计划与计划经济的重要差别，大比例的计划企业会"挤出"竞争机制，缺乏财富效率。另一种情形是，因为垄断或者因为资源禀赋条件严重不足引起企业数量不足时，市场制度的效率也会大打折扣，经济发展水平同样低下，这是出现在世界上一些国家虽然是市场体制但其经济发展依然落后的原因。

经济特区开放发展范式解决了市场企业的问题，比如，深圳经济特区成立的第一年间，营业的外商协议投资数量增长91%，协议投资金额年度增长218%，而实际利用的外商投资额度则增长了242%。企业数量大量增加，由517家增加到16136家。另外，在全部16136企业中，大型企业仅71个，99%的企业为中小规模，其竞争性可见一斑。不同性质企业开始大量出现，成为真正的市场竞争者群体，竞争机制由此建立。

对于以制度试验为重要使命的经济特区而言，企业性质与企业

---

[1] 谭崇台主编：《发展经济学》，上海人民出版社1996年版。

数量是决定成败的关键因素，也是经济制度试验是否取得成效的重要检验尺度。开放路径带来的市场主体变化，是经济特区成为中国经济制度现代化中的先行者的其中一个重要体现。

与世界上的经济特区形成区别，中国经济特区具有动态演化特征。这个动态演化特征可以表述为：经济特区在时间维度上呈现出由制度试验导向到区域发展导向再到发展问题导向；在功能上由全局性→区域性战略→特定局部性变化；从本质内涵上则由制度试验→综合改革→具体路径探索。但总体看，中国经济特区的历史实践是围绕目标体制、发展路径、制度变迁方式来寻找答案。

中国经济特区的演进性在于，从制度型特区到路径型特区。中国经济特区现象由不同时期的经济特区、开发开放新区、自由贸易区等共同构成，根据设立的逻辑依据、功能与内涵，中国经济特区经历了快速的演化过程，出现了三代经济特区：

以深圳为代表的第一代经济特区：在20世纪80年代同时建立的四个经济特区——深圳、珠海、汕头和厦门，在空间特征上具有共同性，即几乎每一个经济特区都有明确的合作针对性：香港旁边的深圳、毗邻澳门的珠海、台湾对岸的厦门，只有汕头在地理空间上的针对性广阔而模糊，汕头的合作对象是具有广大潮汕移民的海外地区。

不难看出，第一代经济特区具有严格一致的地理区位选择逻辑，这样的地理空间位置选择的精准，是第一代经济特区的发展得以顺利展开，并创造出历史奇迹的关键性条件，是特区创立决策者智慧的体现。

经济特区的空间区域选择思路一致性是第一代经济特区的重要特征，而非本质特征。当改革开放的总设计师和具有相似或相同理念的决策者们在充分认知中国社会的问题与矛盾，尤其是对引起问题与矛盾的根本原因有了清楚把握后，改革旧体制建立新的经济制度成为中国发展的大战略抉择，怎样开展体制变革即走什么样的制度变革路径是下一个关键的改革技术问题。淡定的决策者遵从中国文化，选择了试验—推广—创新的改革路径，这是一条稳妥的道路即著名的"渐进式改革"。第一代经济特区就是这一条路径上的具体战略安排，特区内实行"特事特办、新事新办、立场不变、方法全新"，[①] 其中特和新即是制度探索的形象而生动表述。显然，第一代经济特区的首要任务与使命是制度试验，体制机制探索，而不是所在的局部区域的发展。深圳、珠海、汕头、厦门成为这个中国制度大试验的四个样本。今天经济特区外延已经发展为包括自由贸易区、自由贸易港区、先行示范区等形式，均在力图为全国发展改革提供经验和示范，因此，其首要任务是基于自身发展基础上更高层次的、具有普遍适用性或借鉴意义的一般性体制机制和发展方法，旨在在新发展时代发挥经济特区在全国发展中的更高价值。

从全局性意义的经济特区到引领特定区域发展的经济特区。第一代经济特区的另一重要特征是全局性。这里的全局性是指，第一代经济特区的建立与发展是为整个中国的经济制度建设服务的，即具有空间上的全局性，除此外，其试验的内容不仅仅是某一个单一领域，而是具有综合性与复杂性。"特区是中国的特区"不是某一省的行为，是中央行为。[②] 显然，率先性决定了第一代经济特区的全局性。

第三，由制度试验到发展路径探索。如何实现由增长到发展的模式转换路径？在劳动密集型经济的增长使命即将完成之际，寻找新增长动力，顺利地跨越发展阶段是中国面临的新挑战，经济特区有效实践产生的由增长到发展的模式转换路径对全国的应对转型挑战具有重要的价值，这样的价值源于以下由经济增长向发展的内涵转变：

其一，社会发展导向。推进社会发展首先需要为实现社会与经济的协调发展提供制度保障，这是必需的制度变革过程。从中国的改革历程看来，不论是80年代初期的农村体制变革，还是其后的城市经济体制改革，其基本的目标均是创造效率，通过效率提升财富水平，因此，这样的改革是"效率导向"的制度变革，制度被"内

[①] 师春苗：《改革开放初期深圳经济特区向中央要权纪实》，《红广角》2010年第9期。

[②] 谷牧曾说："举办经济特区是小平同志倡议、中央决定、全国人大常委会立法、国务院组织实施的一桩大事"，参见注[①]。

生化"在中国经济的增长过程中。新一时期经济特区的改革则需要首先关注社会发展过程，是一次"公平导向"的体制变迁过程，新的制度被"内生化"在社会发展过程里，成为社会发展的一个重要因素。

其二，经济增长质量导向。其基本点在于通过制度变革，改变资源利用方法，提升利用效率，转变增长方式，走科学发展道路，以协调资源的日益稀缺与需求量迅速上升的矛盾。

其三，协调性导向。这里的协调包括两层含义：区域之间发展的协调和区域内不同领域之间的协调，前者的本质内涵在于通过区域间的经济要素重组实现发展整合，这即"外溢"发展，后者以社会、经济、文化、环境的发展协调为主要内容。

其四，如何实现制度变革由模仿借鉴的"舶来品式"制度创新向以"自主性制度创新"的转变。

在以往的改革中，制度变革的重要内容是建设市场经济运行机制，其主要途径是借鉴别人的做法，引进若干市场手段并对其进行试验、推广，因此，制度改革的关键内容为制度的选择与引进。到现阶段，无论是先进的市场经济国家还是新兴的发展经济体，都难以提供适应国情和制度改革需求的现存制度选择。如果只是简单的学习、引进、模仿，显然已经难以完成制度创新任务，制度创新已经进入了高一级阶段——更需要在现有制度基础上建立一套适合自己的制度内容，因此必须强调制度的自主性创新。这里的"自主性"强调"创造性"，当然，自主性的制度创造绝非仅仅是从无到有的生产，当然可以借鉴国际上的有效体制机制，然后结合现实进行制度的再造，形成符合需要的新体制。必然地，这样的制度变革自然要比"引进型"的制度创新来得困难。

经济特区创新与改革进入了注重两个方面的时期：主张有效制度创新。不是所有的制度创新努力都能产生有效的制度，换句话说，只有具有正效应的制度变动才具有意义，效应为零甚至为负的制度创新是无效变革，这样的改革浪费社会资源。无效制度改革在诱致性变迁机制里是不易发生的，因为制度的变动是以社会的需求为基本出发点的，具有很强的针对性，而在一个政府主导的强制性制度变迁的机制里，或者出于政绩的原因，或者出于改革实施者知识、信息的不足，易于产生无效改革，如果只强调"改"的行为而不注重"改"的效果，无疑会大幅度地降低综合配套改革的成效。

经济特区建设的两条重要经验是：创造足够的改革激励。"联产承包责任制"后土地产出的增长对普遍贫穷的农民而言，其激励作用可想而知，这是农村经济改革得以迅速推广并富有成效的原因，其后，"放权让权"的国有经济改革使经营者和职工分享到改革利益，对于工资低下的城镇居民的激励作用也显而易见，这同时，引进外资和发展民营经济让资本所有者的平均利润大幅增加，无数的农村居民移居城市，不仅可以分享城市的文明，更可以获得超出他们原来预期的劳动回报，这样一来，改革的激励自然是足够的。综合配套改革则不同。它与以往的改革相比有大相径庭的制度改革利益和利益分享机制。不论是促进社会发展的制度创新，还是转变经济增长方式，促进社会、经济、环境发展协调性，缩小社会发展差距等的制度设计，其变革过程都具有公益性，同时，制度的创新过程充满风险，加上改革过程涉及现有利益格局的调整，形成较高的改革成本。当政府作为改革主体时，地方政府在中央的改革框架内创造具体的制度内容，是制度的创造者与实施者，在上述的改革收益与成本面前，作为制度创新者的地方政府易于产生改革行为的激励不足，因此，综合配套改革的启动和持续推进，需要中央赋予地方政府创新体制的权利，通过建立改革成效的评估机制、改革风险的免除机制和对有效改革的政绩奖赏机制等，对地方官员进行改革激励。持续性的激励机制的存在是综合配套改革能按预期计划推进的前提。

注重可复制可推广。综合改革的天津滨海试验区和上海浦东试验点已将综合改革具体化为城市的发展策略与举措，比如天津滨海新区在金融企业、金融业务、金融市场和金融开放等方面的改革，在投资体制上的改革，在行政管理体制上的改革等，而浦东新区则将综合改革的重点任务确定为转变经济运行方式和相应的具体行动，如设立"国家知识产权试点园区"；率先开展知识产权权利质押业务，建立知识产权纠纷调解仲裁庭等。浦东的主要发展重点确定为，在城市开发建设方面，由基础开发和功能开发并举向全面提升城市功能转变；在发展动力上，由政策创新为主向制度创新为主转变；在发展布局上，由重点小区开发为主向城区整体统筹发展转变；在社会发展方面，由促进社会事业发展向改变二元结构和社会结构，努力构建和谐社会转变。以上看来，两个试验地区均集中于本地的发展和功能提升上，重心在于自身城市的建设。由于国家赋予试验区"以建立综合配套改革试验区为契机，探索新的区域发展模式，为全国发展改革提供经验和示范"的历史使命，因此，试验区的首要任务是基于自身发展基础上更高层次的具有普遍适用性或借鉴意义的一般性经济制度，或者社会经济发展模式的探索与实践，以完成为全国综合配套改革创造经验的基本使命，只有这样，试验区的综合配套改革和先行先试才具有全国性意义。

四 对传统经济特区模式的突破：中国贡献

中国经济特区具有区别于其他特殊经济区的建立、发展与存在逻辑，对世界经济特区模式做出了超越外资引进的有效发展制度供给、超越"模式静止"的动态优化模式、超越制度外源的内生性制度供给三个贡献。

第一个是超越外资引进的有效发展制度供给。自建立以来，经济特区始终是中国改革开放的先行探索者与实践者，在中国经济的起飞、快速发展、转型发展三个阶段均进行了卓越的实践，为全国发展做出了制度建设和生产力发展贡献，同时，为中国确立社会主义市场经济和这一目标体制率先提供了实践基础，也为中国改革开放这一基本国策和形成提供了极为重要的现实案例。

在中国高速发展的过程中，经济特区发挥的历史作用首先在于体制机制实践：其一，以开放促改革、以改革创造发展动力的方法论。在开放中用足借鉴与学习效应，创造体制建设的"后发优势"，产生在世界上特有的制度生产力，同时在开放途中形成对改革内部传统体制的外力，使改革进程更为有效且推进得更快，因此，通过开放促改革，显然是我国体制改革的路径优选。其二，以建立经济特区为改革开放排头兵，以深圳为经济特区是制度试验区，是制度创新极，深圳等的制度创新高地的制度试验—制度扩散—制度改革带动的制度创新链条具有巨大功效。今天在国际上已形成了开放的"特区范式"。

未来中国经济特区的重要使命依然在于为新时期的改革开放继续体制机制实践。在现今的时点上，国家的发展具有了不同的境域：经济实力已今非昔比，发展道路已经坚定，国际发展格局和竞争生态已大为改变，社会经济发展面临的矛盾问题也大相径庭，技术、制度与文化也已深刻地演进与变迁等；但与过去比较又具有根本的相同：以制度改革作为推进发展的根本动力，以先行试验的成功实践、辐射推广为基本途径，以深化改革开放为根本策略，实现共赢发展、共同发展。

第二个是超越"模式静止"的特区动态优化模式。从时间维度上看，在中国经济特区发展历程中产生了一个动态演化过程，由制度试验导向到区域发展导向再到发展问题导向，在期望功能的设定上由全局性向战略区域性再向特定局部性变化。

概括起来，中国现代化过程中创立与发展起来的经济特区，与世界上其他国家或地区经济性特区之间的差别是，设立特区的出发点不同（中国经济特区起点于计划体制）、基本动机不同（中国经济特区以探索经济体制、发展路径为根本意图）、内涵不同（中国经济特区虽以经济建设为重要内容，但也包括行政体制、文化改革与社会建设等内容）。

三十多年间中国经济特区经历了快速的演化过程，出现了三代经济特区：经济特区的空间区域选择思路一致性是第一代经济特区的重要特征，当改革开放战略的决策者在充分认知中国社会的问题与矛盾，尤其是对引起问题与矛盾的根本原因有了清楚把握后，改革旧体制建立新的经济制度成为中国发展的大战略抉择，怎样开展体制变革即走什么样的制度变革路径是下一个关键的改革技术问题。决策者遵从中国文化，选择了试验—推广—创新的改革路径，这是一条稳妥的道路即著名的"渐进式改革"。第一代经济特区就是这一路径上的具体战略安排，特区"特事特办、新事新办、立场不变、方法全新"是对发展特区的要求也是总体思路，其中特和新即是制度探索的形象而生动表述。显然，第一代经济特区的首要任务与使命是制度试验，体制机制探索，而不是所在的局部区域的发展。深圳、珠海、汕头、厦门成为这个中国制度大试验的四个样本。

第三个是超越制度外源的内生性制度供给。制度变革的重要内容是建设社会主义市场经济运行机制，吸收、借鉴、学习国际上的先进体制实践和制度创造的文明成果时经济特区建立初期的制度实践路径，通过引进若干通行的市场手段并对其进行试验、推广。因此，制度改革的关键内容为制度的选择与引进。在引进吸收基础上的制度创新是中国经济特区制度变迁路径的优化，这就是，基于制度需求和社会文化情景的制度创造过程：其驱动理由在于，制度内容不具有广泛普适性。无论是先进的市场经济国家还是新兴的发展经济体，都难以提供适应国情和制度改革需求的现存制度选择。如果只是简单的学习、引进、模仿，显然已经难以完成制度创新任务，制度创新已经进入了高一级阶段——更需要在现有制度基础上建立一套适合自己国情特征的制度内容，因此经济特区进入了一个必须走制度变迁的自主性创新，即进行有特色的经济制度实践探索过程。

根据发展需求创造制度供给能够提升制度改革的绩效。不是所有的制度创新都能带来经济发展效率的改善，也就是，不是所有的制度创新努力都能产生有效的制度产品。只有具有正效应的制度变动才具有意义，效应为零甚至为负的制度创新是无效变革，这样的改革浪费社会资源，使社会承受改革成本。制度的变动是以社会的需求为基本出发点的，具有很强的针对性，如果只强调"改"的行为而不注重"改"的效果，无疑会大幅度地降低制度改革的成效。中国经济特区的"自主性"制度探索强调"创造性"，当然，自主性的制度创新不是排他性的从无到有的制度生产，而是可以借鉴现有的有效体制机制，然后结合现实进行制度的再造，形成符合需要的新体制。

经济特区对于中国，是一个能实现经济起飞的关键性战略，也是一个探索经济实现持续增长路径的重大举措。因为文化差异、资源禀赋差异和制度差异，国家之间经济特区的启发性价值远远大于模仿复制意义，经济特区在中国的发展成就产生于对中国现实的深刻认知，立足于中国国情服务于中国发展需要，这是中国经济特区得以不断发展的根本原因。在已经开启的发展新时代，中国经济特区进入了快速演化发展的新阶段，在全国发展的新问题新挑战面前，经济特区肩负新使命、新任务，经济特区依旧任重而道远。

第一篇

历史背景与理论逻辑

第一章 经济特区的源流和演变

第一节 经济特区的概念特征

一般认为,世界上第一个现代意义的经济特区(Special Economic Zones,SEZs)是成立于1959年的爱尔兰香农自由贸易区(Shannon Free Zone),这是世界上第一个利用外资发展加工和出口行业的经济特区。[①] 20世纪70年代,始自香农的出口加工区首先在东亚、南美洲得到了应用,在推动当地产业结构升级、经济社会转型发展方面发挥了重要作用。在此之后,出口加工区风靡全球,成为世界各国尤其是发展中国家吸引外资、承接发达国家产业转移和推动工业化的必备工具。因此出口加工区(Export processing zones,EPZs)也被视为经济特区的前身,同时也是发展中国家使用形式最为广泛的特区形式之一。随着世界经济分工合作关系日趋紧密,欧美发达国家进一步推出了自由贸易区(Free Trade Zone),以促进工业产品的自由贸易。20世纪80年代以来,中国经济特区的发展奇迹再一次震惊世界,尤其是撒哈拉以南的非洲国家、印度等被中国的特区模式深深震撼,先后在国内掀起了经济特区建设浪潮。根据国际劳工组织数据库,1986年世界上共有176个经济特区,涵盖47个国家。到了2006年,世界上的经济特区数量已经增加到了3500个,

---

[①] 陆夏:《世界自由贸易园区的发展历程、功能评价与启示》,《海派经济学》2015年第1期。

涵盖130个国家。[①] 到了2015年，世界上的经济特区数量已经超过4300个，全球有四分之三的国家至少拥有一个经济特区。[②] 尽管不是所有国家的经济特区都取得了成功，但是总体而言，经济特区的确在一个国家的经济增长、吸引外国直接投资、增加出口和就业等方面发挥着至关重要的作用，对于发展中国家融入全球分工体系，促进本国工业化和产业升级方面的作用尤其突出。无论如何，经济特区在全球层面的增长趋势不可逆转，世界上越来越多的国家开始重视经济特区建设，经济特区愈益成为国家经济发展中的一项重要政策工具和发展手段。

一　概念界定

经济特区是一个较为宽泛的概念。一方面，经济特区的形式在不同国家大不一样；另一方面，经济特区总是处于不断演化发展的过程中。不同的发展阶段、经济结构、国内外环境以及发展目标下，经济特区可以是自由贸易区、出口加工区、工业园区、经济和技术开发区、高新区、科技创新园区、自由港、企业区等多种形态的园区。经济特区的实际形态因地而异，这也使得不同国家、地区的人们对经济特区的理解可能存在很大差异。尽管形式多种多样，但是经济特区具有一个共同的内涵，上述类型的经济特区在本质上都是享受特殊政策的区域。从广义视角出发，本书将经济特区界定为主权国家内享受特殊优惠政策，以实现某种经济目标的特定区域，因此上述形式的所有经济区域均可视为经济特区。本书的经济特区首先强调特区的经济功能，而享受特殊的政治、法律制度的香港特别行政区、澳门特别行政区则不属于本书的经济特区范畴。其次，本书的经济特区强调单一国家领土内的特殊区域，那些跨越两个国家或多个国家，成员之间依据各种贸易协定以贸易自由化、消除关税或其他限制性贸易性法规的自由贸易区（Free Trade Area）也不属于本书研究的经济特区范畴，例如北美自由贸易区、中国东盟自

[①] Farole, Thomas, *Special Economic Zones in Africa: Comparing Performance and Learning from Global Experience*, Washinton D. C.: World Bank Publications, 2013, p. 17.

[②] The Economist, "Special Economic Zones: Not So Special", April 3, 2015.

由贸易区、欧盟等，而在单个主权国家境内划出的实施关税减免或保税的自由贸易区（Free Trade Zone）属于本书的经济特区范畴，例如以上海为代表的中国自贸区、巴拿马科隆自贸区、韩国济州自贸区、日本冲绳自贸区等。

二　典型特征

尽管形态不一，但是来自国内外的不同类型的经济特区通常都具有以下四个方面的共性特征：

1. 地理上明确划定边界，具有严格的地域限制

明确的边界划分是区分辨识经济特区和非经济特区的基本条件，否则经济特区也就失去了其存在的意义。例如中国对外开放的第一个工业区：蛇口工业区就是一块位于深圳南头半岛东南部的占地面积10.85平方公里的土地，随后成立的深圳经济特区也仅涵盖东起大鹏湾边的梅沙，西至深圳湾畔的蛇口工业区，总计327.5平方公里，并非深圳所有区域均属经济特区范畴。事实上直到2010年，深圳经济特区才延伸到全市，2011年进一步延伸至深汕特别合作区，2018年才正式撤销深圳经济特区管理线。在此之后设立的其他形式的经济特区也都具有明确的边界限制，例如我国2013年以来设置的12个自贸区面积均在120平方公里以内（上海和海南两个自贸区除外，其中上海自贸区为120.72平方公里，海南自贸区为海南全岛），且都具有明确的片区划分。

2. 一般选择在交通较为便利的地区建设特区

从早期的自由贸易区开始，沿海、沿河等交通较为便利的地区就是经济特区的理想选址，从而促进货物流转，节省交通费用，降低交易成本。例如，香农之所以能够成为世界上第一个现代意义的经济特区，这与香农的地理位置不无关系。香农位于北美—欧洲航线的重要枢纽位置，成就了其航空中转站的地位，从而奠定了自贸区的发展基础。又如中（国）埃（及）泰达苏伊士经贸合作区紧邻苏伊士运河，距离埃及第三大港口——因苏哈那港仅2公里，航线通达世界170多个港口，合作区的产品可以非常便捷地运送至西

亚、非洲及欧美等市场。① 吉布提自贸区的发展也是得益于其独特的地理位置，吉布提雄踞东非之角，可以有效辐射非洲大部分地区，同时吉布提还扼守红海入口，红海恰是连接印度洋和地中海的通道，也是国际战略要道——苏伊士运河的"咽喉"，这为吉布提自贸区的发展提供了绝佳条件。②

3. 单一而明确的行政管理机构

单一的行政管理机构有利于权力集中，特区行政管理机构有权因地、因时制定相应的特区管理条例，甚至具有相当程度的立法权，这是为特区内企业提供高效服务的基础。例如中国蛇口的管理机构最初是建设指挥部（后改为管理委员会）。吉布提自贸区是以吉布提港口与自贸区管理局作为唯一的权力机构，由总统府直接授权，同时也是自贸区与其他政府机构的唯一接口。③ 白俄罗斯的中白工业园则是以园区管委会作为唯一的行政管理机构，由白俄罗斯政府各职能部门抽调人员组成。④ 发达国家的几个自由贸易区（阿联酋迪拜港自由港区、德国汉堡港自由港区、美国纽约港自由贸易区、荷兰阿姆斯特丹港自由贸易区）的管理机构也是由联邦政府专门授权，一般是港区合一，具有非常强的权威性。

4. 享受其他区域所不具备的配套设施、优惠政策和自由空间，包括单独的关税区，简易的行政审批程序等，尽可能地为特区内企业提供便利，规避风险和少走弯路

例如格鲁吉亚的华凌自由工业园区在关税、增值税、财产税等方面提供免税优惠。⑤ 中（国）柬（埔寨）金边经济特区在基础设施建设、法律风险控制、人力资源培训、资产管理和智库支持等领

---

① 杨剑、祁欣、褚晓：《中国境外经贸合作区发展现状、问题与建议——以中埃泰达苏伊士经贸合作区为例》，《国际经济合作》2019年第1期。

② 数据来源于商务部国际贸易经济合作研究院、中国驻吉布提大使馆经济商务参赞处、商务部对外投资和经济合作司联合发布的《对外投资合作国别（地区）指南——吉布提》2017年版，详见中华人民共和国商务部"走出去"公共服务平台（2018-10-11，http://fec.mofcom.gov.cn/）。

③ 资料来源于吉布提自贸区运营有限公司的实地访谈。

④ 资料来源于中白工业园开发股份有限公司的实地访谈。

⑤ 资料来源于新疆华凌工贸（集团）有限公司的官方网页（2019-03-01，http://www.hualing.cn/article/54.html）。

域努力为企业创造安全、便利的投资环境，订立各种优惠条例和保障措施，促进外商在区内投资设厂。① 吉布提自贸区不仅创建了稳定的货币制度、宽松的外汇管制环境，还通过一系列制度安排，在自贸区内率先集聚发展优势。例如在税收方面，吉布提自贸区提供了完全免税平台（包括企税、个税、增值税、分红税、房产税等税种），这种政策优惠和自由环境既是埃塞俄比亚等邻国不具备的，也是自贸区以外区域不具备的。劳工方面，虽然吉布提国内失业率长期居高不下，但是考虑到本国人力资本现状，自贸区内还放开了外来劳工限制，规定外来劳工比例在前5年不能超过70%，5年后逐步降低到30%以内。吉布提自贸区还通过引进金融服务、大数据服务、贸易便利化服务等，解决了企业尤其是中小企业的后顾之忧，通过建立培训中心，着力提高吉布提本地蓝领、白领和高级管理人员的综合素质，等等。②

5. 以吸引外资促进出口加工为主

世界上多数经济特区旨在吸引外资、促进加工出口行业的发展，多数经济特区生产的产品又以外销为主，这在早期的经济特区尤其是发展中国家体现得尤其明显。深圳经济特区的"前店后厂"模式就是其中的典型，所谓前店后厂指的是香港与我国内地（以珠江三角洲地区为主，早期主要是深圳经济特区）根据经济分工最终形成的一种优势互补、互惠互利的合作关系。③ 我国内地自然资源、劳动力资源丰富且价格低廉，港澳地区具有丰富的资金、技术、人才和管理经验。通过香港特别行政区这个自由港，内陆地区间接地对世界各地进行了贸易往来，同时也促进了港澳地区的贸易发展。最终，中国经济特区形成了多样化的资本结构，既有传统的"三资"（外资、侨资、港澳资本），亦有国有资本、集体资本和私人资本。国外经济特区的资本结构大多较为单一，多是以私人资本为主。在具体的实践过程中，不同国家也会根据本国国情做出一些适应性调整。例如在产业结构上，早期的经济特区大都是以工业，尤其是劳

---

① 资料来源于柬埔寨金边经济特区的实地访谈。
② 资料来源于对吉布提自贸区运营有限公司的实地访谈。
③ 李罗力：《论香港制造业北移》，《开放导报》1997年第4期。

动密集的出口加工业为主。例如,深圳经济特区在设立初期,"三来一补"(来料加工、来样加工、来件装配和补偿贸易)企业在特区经济中占据了相当比重,这也导致了"三资"企业和"三来一补"企业成为特区利用外资的主要方式。[①] 与之相比,国外经济特区的产业类型更为多样,这与不同国家的资源禀赋存在很大关系,例如非洲、中亚许多发展中国家的经济特区就以资源开采、农业畜牧为主要产业发展类型,而在较为发达的欧美国家,经济特区则会逐渐从出口加工提升到科技创新型产业。

第二节 经济特区的主要类型

经济特区的类型较多,按照产业类型划分,经济特区几乎涵盖农业、工业、服务业的所有部类;按照产品的需求来源,经济特区可分为面向国内市场需求的和面向海外市场需求的两大类型;按照承担的功能划分,经济特区包括自贸区、出口加工区、综合性经济特区、自由港等,每一类型下的经济特区根据其侧重点又可细分出更多的特区类型,例如中国的特殊工业园区就又包含经济和技术开发区、高新区、科技创新园区等类型。与此同时,每一个经济特区随着国内外环境的变化,自身也在不断转型升级。归纳世界各国的经济特区,同时结合世界银行的分类标准,本书重点阐述以下几种类型的经济特区。

一 自由贸易区

自由贸易区可谓是世界上最古老的经济特区类型。早期的自由贸易区与港口密切相关,它们与港口共生、共存、共荣,例如13世纪时法国就将马赛港设为自由贸易区。1900年,全球共有11个自由贸易区,其中7个在欧洲,4个在亚洲,其主要功能在于为贸易提供便利条件,主要业务集中在商业交换和流通环节,这类商业自

[①] 姬超:《中国经济特区经济增长的历史透视》,社会科学文献出版社2017年版,第133页。

由贸易区当前在世界上许多国家依然存在。现代意义的自由贸易区一般是由1973年的《京都公约》界定的,指的是一国的部分领土内运入的任何货物就进口关税及其他各项税种而言,被认为在关境以外,并实施特殊的海关监管制度。自由贸易区主要分布在国际海运关键节点的部分海港以及海港的保税仓库,通常直接或间接地由港口管理,它们通常隔离于港口的其他区域,主要从事一些与贸易相关的活动(仓储,销售,展览)和轻型加工业务(包装,标签,质量控制,分类)。[1]

自由贸易区大致可以分为两种类型:商业自由区和工业自由区,后者又是在前者基础上衍生出来的。随着国内外经济形势的发展,自由贸易区的功能进一步趋向综合,继而衍生出了转口集散型、工贸结合型、出口加工型、保税仓储型等新的自贸区形态。为了促进自由贸易区的发展,美国还在1934年通过了"对外贸易区法"以回应1930年的保护主义政策,旨在创造一个条件更好和交易成本更低的环境来促进国际贸易。[2] 截至2013年,全球已有1200多个自由贸易区,其中发达国家425个,较有代表性的有阿联酋迪拜港自由港区、德国汉堡港自由港区、美国纽约港自由贸易区、荷兰阿姆斯特丹港自由贸易区;发展中国家775个,例如中国的上海自由贸易区、广东自由贸易区、天津自由贸易区、福建自由贸易区等。2019年8月,中国自由贸易区进一步增加了山东自由贸易区、江苏自由贸易区等6个新成员,自由贸易区总数已达18个。又如巴拿马的科隆自由贸易区是西半球最大的自由贸易区,目前已经成为中南美洲的转口中心,也是目前唯一一个在全球范围内有着巨大影响力和运输能力且保留转口贸易审批政策的自由贸易区。

二 出口加工区

出口加工区(export processing zone)是国家划定的一块专门用

---

[1] Farole, Thomas, *Special Economic Zones in Africa*: *Comparing Performance and Learning from Global Experience*, Washinton D. C.: World Bank Publications, 2013, p. 27.
[2] 陆夏:《世界自由贸易园区的发展历程、功能评价与启示》,《海派经济学》2015年第1期。

于制造、加工、装配出口商品的特殊工业区，其目标在于利用外资发展出口导向型工业，以扩大对外贸易和实现外向型经济，其面积通常在10平方公里以内。① 作为一种经济特区，出口加工区的"特"集中体现为"境内关外"的特点，从而可以享受海关监管之外的税收优惠政策。严格意义上的出口加工区出现在20世纪50年代末，它是在自由贸易区基础上发展以出口加工为目标的制造业。早期的自由贸易区多是禁止从事加工制造业务的，西班牙自由贸易区是最早容纳工业生产的园区之一，在20世纪20年代早期，西班牙加的斯港是欧洲首批引进福特汽车工厂的港口之一，允许在自由贸易区从事制造业向前迈出了重要的一步，但是并没有真正引入以出口为导向的工业化计划，因而在当时没有产生太大影响。

创建于1959年的爱尔兰香农自由贸易区通常被视为世界上第一个以出口加工为主的免税工业区，这是现代经济特区发展过程中的一个关键节点，它第一次将自由贸易区的属性与工业园区的属性结合起来，组成一个综合投资，工业和贸易发展的工具，这为世界各地的出口加工区提供了模板。香农自由贸易区首先选择在主要的交通枢纽选址，通过在区内外实施差异化的海关制度为企业提供投资激励，同时提供专门的支持功能，涵盖投资到生产、销售的整个链条，最终发展成为一个具有完善配套设施的工业区。

20世纪60年代中期在中国台湾高雄成立的出口加工区是亚洲第一个出口加工区，也是亚洲同一类型的100多个出口加工区中最成功的一个，并且为台湾日后的经济成就奠定了基础。类似的还有韩国，韩国自1970年在釜山附近建立了马山出口加工区之后，出口加工区的数量不断增加。印度虽然直到2005年才通过经济特区法案，但是20世纪60年代，印度就在古吉拉特邦设立了坎德拉出口加工区，20世纪70年代成立了圣克鲁斯电子出口区。20世纪80年代，诺伊达、钦奈、科钦和法尔塔（西孟加拉邦）也设立了出口加工区，随后是1994年的维沙卡帕特南出口加工区。哥伦比亚

---

① Ota, Tatsuyuki, "The Role of Special Economic Zones in China's Economic Development as Compared with Asian Export Processing Zones: 1979 – 1995", *Asia in Extenso*, January 2003, pp. 1 – 29.

（最初是自由贸易区）和多米尼加是拉美最早建设出口加工区的国家。哥伦比亚的巴兰基亚地区于 1964 年设立了出口加工区，多米尼加的拉罗马纳出口加工区成立于 1965 年。萨尔瓦多、危地马拉和洪都拉斯在 20 世纪 70 年代初开始效仿，紧接着是尼加拉瓜（1976 年）、牙买加（1976 年）、哥斯达黎加（1981 年）也先后成立了出口加工区。中东和北非的出口加工区兴起于 20 世纪 60 和 70 年代，特别是在埃及、以色列、约旦、叙利亚和突尼斯，出口加工区为当地制造业的发展做出了很大贡献。撒哈拉以南非洲地区的大多数国家直到 20 世纪 90 年代才开始建设出口加工区，但是利比里亚（1970 年）、毛里求斯（1971 年）和塞内加尔（1974 年）很早就设立了出口加工区。在随后的几十年中，它被广泛复制到发展中国家，并被视为加速工业化的一种重要方式。到了 20 世纪 80 年代中期，出口加工区成为世界各地贸易和产业政策的重要组成部分。目前，出口加工区广泛存在于亚洲、拉丁美洲、非洲和东欧各个国家。[①]

目前，成立出口加工区被视为发展中国家从内向型发展方式向外向型发展方式转变的重要标志，也是许多国家实施外向型发展战略的重要政策工具。通过出口加工区，许多国家和地区吸引了大量外资，并从传统的初级产品出口转向了非传统的工业制成品出口，显著促进了经济增长和结构转变。最初的出口加工区多是劳动密集型制造业，且有明确的边界和严格的海关控制，区内生产的大部分产品（通常超过 80%）必须出口。政府在出口加工区内为企业提供工业用地出租/租赁，同时提供简化的行政程序、投资和运营等各方面的政策支持。早期的出口加工区只专注于出口市场，投资仅限于外国资本和制造业。20 世纪 90 年代以来，出口加工区发生了巨大变化，允许开展的业务类型显著扩大。特别是对于劳动力成本较低的国家，出口工业区更有利于发挥规模经济，其产品大多出口至欧洲、日本和美国等主要消费市场，因而这些加工区往往能够获得免税减税政策，高质量的基础设施以及其他方面灵活的财政支持。

---

① Farole, Thomas, *Special Economic Zones in Africa: Comparing Performance and Learning from Global Experience*, Washinton D. C.: World Bank Publications, 2013, pp. 32 – 36.

三 自由企业区

自由企业区（single unit EPZ）是上述两种类型经济特区的变体。随着自由贸易区和出口加工区的发展，越来越多的私营部门被批准参与经济特区建设甚至主导经济特区，因此在一些国家，允许单一的企业在位于国家领土或指定部分的任何地方设立自由贸易区或出口加工区，也有一些国家允许单个企业作为出口加工区存在，例如多米尼加、洪都拉斯和肯尼亚等国家。印度在 1994 年规定除中央政府之外，州政府、自治机构和私营企业均可开发和运营出口加工区，苏拉特出口加工区是印度第一个由私营部门经营的出口加工区。美国的自由贸易区经营形式更是灵活多样，政府机构、私人企业、外国企业都可以依照《对外贸易区法案》申请设立、经营和管理自贸区，这在极大程度上吸引了国外企业。实际上，美国自由贸易区的主体模式就是以公司为主导。在美国的自贸区内，没有海关也没有政府的其他派驻机构，海关官员不会进入自由贸易区，而是由企业自行管理，海关只在货物进入国内市场的卡口处进行监管。此外，为了解决园区内企业过分聚集、交通拥挤等问题，美国的自由贸易区还在发展过程中形成了独具特色的主区（General Purpose Zones）—子区（Sub Zones）模式，即自由贸易区内的企业可以在主区之外另外划出一片区域，从事一些加工和制造业务，而且子区可以是多个，因而子区的数量已经远远超过主区，在事实上成为了美国自由贸易区的主体，[①] 这就为那些希望获得自由贸易区政策优势但是当前不在自由贸易区内并且搬迁成本过高的企业提供了新的选择。

四 综合性特区

综合性特区来源于中国的经济特区实践，指的是推行对外开放政策，通过吸收外国投资实现国际经济合作和经济发展等综合性目标的一种特殊区域。综合性特区和出口加工区都是自由贸易区的变

[①] 吕颖：《国外自由贸易区的建设经验及对我国的启示——以美国对外贸易区为例》，《工业经济论坛》2018 年第 3 期。

种，但是综合性特区是一个比出口加工区规模更大、功能更全的特殊经济区域，它不是一个城市里只从事现代制造业和出口加工的小型飞地。中国的经济特区是在出口加工区模式上的发展，例如中国在1979年提出的是要试办深圳、珠海、汕头和厦门四个出口特区，1980年改为经济特区。一般而言，综合性特区的物理空间通常远大于出口加工区的平均面积。例如，深圳经济特区的原始区域面积为327平方公里，扩建的厦门经济特区包括整个厦门岛，海南岛则涵盖海南全省，也是中国最大的经济特区。与出口加工区相比，综合性特区可从事的活动范围更加广泛，而传统的出口加工区主要集中在制造业的出口加工和装配领域。随着中国经济特区的成功，国外许多国家开始借鉴中国的综合性特区模式，较为典型的包括越南、印度以及非洲许多国家。

当然，也有学者认为中国的经济特区与国外的出口加工区并无二致。Joseph Fewsmith 认为中国政府设立特区的直接目的在于吸引外资、刺激国内工业出口并获得国外发达地区的先进科学技术和管理经验。① Edwad M. Graham 同样强调经济特区对于中国转型的工具功能，指出中国经济特区是模仿国外出口加工区的结果，通过特区的特殊优惠政策吸引外资和发展出口工业，最终目的在于加快中国的自由化进程。② Nadeem M. Firoz 和 Amy H. Murray 也认为中国的经济特区，包括自由贸易区、经济技术开发区、高新技术创业园等富有中国特色的特殊区域，都可以按照国际通行的自由贸易区加以理解。③ 事实上，1979年广东省委书记吴南生在汕头调研时就曾大胆设想，汕头乃至广东也可以效仿台湾高雄的出口加工区创办自己的

---

① Joseph Fewsmith, "Institutions, Informal Politics, and Political Transition in China", *Asian Survey*, Vol. 36, No. 3, March 1996, pp. 230 – 245.

② Edwad M. Graham, "Do Export Processing Zones Attract FDI and its Benefits: The Experience from China", *International Economics and Economics Policy*, Vol. 1, No. 1, March 2004, pp. 87 – 103.

③ Nadeem M. Firoz, Amy H. Murray, "Foreign Investment Opportunities and Customs Laws in China's Special Economic Zones", *International Journal of Management*, Vol. 20, No. 1, 2003, pp. 109 – 120.

出口特区。① 尽管如此，中国的经济特区与国外的经济特区还是存在很大差异，中国的经济特区不仅是技术、知识、管理和对外经济政策的窗口，而且还是改革的窗口，经济特区肩负着为中国特色社会主义建设和经济体制改革探索道路的使命。特区不但要率先实践市场经济，冲破全国范围的计划主义樊笼，还要将成功经验推广至全国，推动改革开放向内地的纵深发展。关于这一点，本书接下来还将有更为详细的论述。

五　自由港

自由港是一个具有悠久历史的事物。1547 年，意大利将热那亚湾的里窝那港设为自由港，这是世界上第一个自由港。随后欧洲许多国家陆续在港口城市开辟自由港以扩大对外贸易。现代意义上的自由港是指那些不受海关管辖的港口。在自由港，外国商品可以自由加工、分装、改装、装卸储存、展览、再出口，不受海关管制且免征关税，但当商品进入所在国海关管辖区时则须缴纳关税。② 与自由贸易区、出口加工区相比，自由港是一种涵盖种类最大、范围最广的经济特区类型，且具有更大的自主权，除了贸易自由，自由港还拥有投资自由、雇工自由、经营自由、经营人员出入自由等权利。③ 自由港可以是有明确边界的港口的一部分，也可以是整个港口甚至是港口所在的城市，较有代表性的自由港包括直布罗陀、汉堡、中国香港、新加坡、槟榔屿、吉布提等。目前，全球自由港数量已经超过 130 个。2017 年，中国共产党的十九大报告中指出要赋予自由贸易试验区更大改革自主权，探索建设自由贸易港。随后，海南自由贸易区被赋予自由港的发展定位，开启了中国对更高开放程度的探索。

---

① 姬超、袁易明：《中国经济特区差距的变动趋势及其影响机制》，《亚太经济》2013 年第 5 期。
② 杨明、赵明辉、原峰等：《香港新加坡自由港政策分析》，《新经济》2019 年第 4 期。
③ 潘孝松、陈刚：《宁波保税区转型升级研究》，《时代经贸》2018 年第 25 期。

第三节 经济特区的功能作用

自20世纪中叶以来,经济特区在世界范围内迅速发展,越来越多的国家开始重视经济特区建设,经济特区逐渐成为一种重要的区域开发范式,同时也成为一种重要的政策工具和发展手段,原因就在于经济特区能够在产业发展、吸引外资、增加出口、创造就业和税收、促进贸易等方面发挥显著作用,进而增进国民财富和推动国家繁荣。世界银行从静态收益和动态收益两个方面概括了经济特区在短期和长期的作用,包括经济特区以其自身发展为国家带来的直接贡献,例如吸引外资、增进出口、创造就业和外汇等,也包括经济特区在技术进步、产业升级、劳动力和管理技能提升、制度创新、经济多元化等方面的贡献,以及经济特区还可以通过制度、环境、社会等领域的全方位改革,发挥示范带动作用,促进整个国家的制度优化和持续发展,[①] 这是经济特区深层次的功能体现。根据世界银行的界定,同时结合世界不同国家在不同阶段的经济特区实践,本书进一步将经济特区的功能作用归纳总结为以下几个方面:

一 提供平台,促进产业转型升级

经济特区首先为产业集聚发展提供了重要载体。在许多国家尤其是发展中国家,工业化是困扰经济发展的一大难题,许多国家甚至长期停留在农业、种植园经济为主导的低水平发展阶段,经济特区此时可以成为工业和区域发展范式的重要组成部分。对于广大发展中国家,经济特区首先为这些国家快速承接发达国家产业转移提供了平台。例如在20世纪80年代初,产业结构继续向高级化发展的分工形势使得东南亚国家迫切面临将劳动密集型产业以及加工、制造和装配等低附加值的生产工序转移至生产成本更加低廉的地区,深圳经济特区恰好满足了这种需求,这对于深圳经济特区的工

[①] Farole, Thomas, *Special Economic Zones in Africa: Comparing Performance and Learning from Global Experience*, Washinton D. C.: World Bank Publications, 2013, p. 26.

业发展和迅速建立外向型经济起到了关键作用，类似的例子在东亚和拉美的多数经济特区都得到了很好的体现。但是为了更好地承接发达国家的产业转移，发展中国家需要在配套服务和基础设施方面提供有竞争力的条件。在有限的资源条件下，政府可能无法在全国范围内提供高质量的公路和铁路系统、通信网络、供水和供电设施，此时通过设立特区可以在一定区域范围内实施非均衡的公共部门投资计划，激励特定经济部门和企业的集聚，促进产业的前向和后向联系，促进部门专业知识的集中，率先启动经济特区的创业、创新活动，使得经济特区成为增长极。随着经济特区的发展，进而对更多区域产生示范带动效应。

此外，从世界范围来看，多数经济特区的重点发展对象虽然在于制造业，但也为第一产业和第三产业的集聚发展提供了一个平台。例如吉尔吉斯斯坦北部楚河州伊斯克拉镇的"亚洲之星"农业产业合作区，就是通过全面发展种植、养殖、屠宰加工、食品深加工等产业促进产业的一体化发展，为来自世界各地的涉农企业提供了集群式发展平台。① 吉布提自贸区的发展重点则是现代物流业（运输，保税仓储，配送）、商业（散装保税货物交易，商品展示，免税商品零售）等，以自贸区为产业集聚平台发挥乘数效应，以港口贸易和商贸物流网络辐射带动城市发展，城市功能不断完善，反过来又增强了自贸区的吸引力，形成相互促进的良性循环。②

二　吸引外资，解决资本稀缺难题

资本稀缺是困扰多数发展中国家的难题，也是制约经济起飞的关键原因。因此，从传统的出口加工区到中国的大型经济特区，几乎所有的经济特区都在吸引外国直接投资方面不遗余力。通过提供世界一流的基础设施、优惠的税收等优惠政策，经济特区可以吸引大量投资。事实上，经济特区的"特"在很大程度上体现为相比其他区域，经济特区提供了一种特殊的发展租金，进入到特区则可享

---

① 资料来源于吉尔吉斯斯坦亚洲之星农业产业合作区官方网站（2018 - 10 - 11, http://www.asiasatar.com/index.php）。

② 资料来源于课题组对吉布提自贸区运营有限公司的实地访谈。

受这项独特的福利,从而对许多企业产生了激励作用。例如中国经济特区在吸引港澳台地区和其他国家的资金方面发挥了重要作用,1979年至1995年,中国获得的外国直接投资占发展中国家的40%,其中的18%投向了深圳、珠海和汕头三个经济特区。马来西亚在槟城岛设立的第一个出口加工区也是迅速吸引了许多美国许多企业,外资比例达到了90%以上。[1] 韩国的第一个出口加工区,马山出口加工区则是外资专用区域,通过提供税务减免、低廉租金、设施支援等全方位的优惠政策,该特区吸引了大量外国企业进入,尤其是日资企业,这在很大程度上支持了该国的工业化。[2]

三 增加出口,融入世界分工体系

二战结束以来,外向型发展已经成为每个国家崛起的必然路径。经济全球化背景下,经济特区在促进全球经济分工,促进发展中国家融入世界分工体系,推动世界经济的梯度发展方面发挥了重要作用。20世纪60年代,出口加工区的快速发展标志着以进口替代为重点的保护主义的失败,这对促进世界经济一体化和区域融合发展做出了重大贡献。一系列的经验表明,世界上多数经济特区的成长与世界经济的发展变迁息息相关。20世纪70年代,欧美发达国家的劳动密集型产业开始向外转移,亚洲和南美洲许多国家的出口加工区得以快速发展,同时令这些国家第一次参与到世界分工体系中来。例如,马来西亚就是通过经济特区承接美国电子装配产业的基础上提高了自身的制造能力。马来西亚的出口加工区数量在20世纪70年代年均增长13.3%,到了1995年,已有400多家公司在出口加工区开展业务,其中三分之一集中在电气和电子行业的高科技领域,全球约10%的半导体均出自这里。[3] 临近美国的波多黎各同样如此,随着美国许多行业的劳动力成本不断上升,美国企业着手寻

---

[1] [苏] 阿·帕霍莫夫、碧水:《南亚和东南亚国家的出口加工区》,《国际经济评论》1983年第12期。

[2] 齐海鹏:《韩国自贸区的发展历程及对我国的启示》,《对外经贸》2014年第8期。

[3] Farole, Thomas, *Special Economic Zones in Africa: Comparing Performance and Learning from Global Experience*, Washinton D.C.: World Bank Publications, 2013, p.35.

找一个更具成本竞争力的替代地点，波多黎各随机建立了许多出口加工区以吸引美国公司在此建立制造业务，产成品则是服务于美国本土市场。波多黎各作为美国关税区的一部分，因此不会对与美国交易的商品征收进出口关税，这对美国许多制造类企业来说具有很大的吸引力，同时帮助波多黎各经济转变了单一的种植园结构，增加了出口。20世纪80年代初恰逢第三次工业革命，世界发达经济体纷纷向新经济转型，资本密集型产业开始向外转移，从而为发展中国家的经济特区转型创造了条件。随着分工的深化和专业化水平的提高，劳动力等资源限制迫使东南亚地区对非核心产品和零部件的生产制造向外进一步转移，毗邻东南亚的先天优势，中国经济特区的成立很好地满足了这一需求，顺理成章地加入世界产品和产业大链条当中，成为国际分工体系不可缺少的环节。当前，中国已是世界上最大的工业制成品出口国，各种类型的工业园区、经济特区在其中发挥了关键作用。可以说，经济特区是我国走向世界的通道，也为世界了解中国提供了一个窗口。

四 创造就业，减轻失业的压力阀

根据以上三点，经济特区在创造就业方面自然也就具有了重要作用，常常被许多国家视为减轻大规模失业的"压力阀"。例如多米尼加的经济特区总体而言虽然算不上成功，但仍然存在强大的创造就业能力，通过出口加工区解决了国内近10万人的就业问题。[①] 又如墨西哥在1964年面临严峻的就业问题，一些边境城市失业率甚至高达50%。为了应对这一难题，墨西哥在边境设立了许多出口加工区，允许区内企业免税进口原材料、部件和资本设备（条件是成品用于出口），从而吸引了大量美国公司入驻。尽管这些出口加工区在发展初期对国内失业率的影响有限，200多家工厂仅仅雇用了30000名工人，然而十年之后这一数据几乎翻了一番，目前出口加工区已经成为墨西哥边境吸纳劳动人口的重要手段。马来西亚自1972年成立了第一个出口加工区以来，出口加工区数量迅速增长，

---

① Farole, T., G. Akinci, eds., *Special Economic Zones: Progress, Emerging Challenges, and FutureDirections*, Washinton D. C.: The World Bank, 2011, p. 194.

目前雇用的工人数量也已超过 100 万。类似的例子还有很多，包括毛里求斯、韩国、中国台湾、洪都拉斯、萨尔瓦多、马达加斯加、孟加拉国、越南等世界各个角落的国家、地区。[①]

五 促进贸易，破除保守主义壁垒

如前所述，经济特区尤其是发展中国家的出口加工区在促进出口方面发挥了重要作用。与此同时，促进贸易自由化也是多数经济特区的重要功能，这在较为发达的国家的自由贸易区体现得尤其明显。例如，美国的自由贸易区曾经被誉为是世界上最为成功的。据统计，美国的自由贸易区数量已达 277 个，遍布美国各个区域，尤其是边境口岸城市。在自贸区内，无论是美国还是其他国家的货物都享受同等的关税待遇。美国自由贸易区的目的在于促进本国企业参与国际贸易，这是美国高度发达的经济阶段决定的。鉴于美国进口零部件的关税高于成品进口的关税，美国自由贸易区的零部件进口则是无须纳税的，在区内加工、装配成为成品后再进入美国市场时，只需按照成品税率缴纳关税即可。这种"倒转关税"的政策已经成为美国自由贸易区增长的主要因素。[②] 但是在新的国内外形势下，长期以来受惠于全球化的欧美发达国家的内部问题不断累积，经济增长持续乏力，社会分裂、金融风险、政治冲突、地区发展不平衡等问题日益突出，民众对全球化的质疑逐渐加深，逆全球化的保守主义思潮由此产生并且愈演愈烈，欧美发达国家主导的全球化步伐开始减缓甚至收缩。同时，发达国家开始对发展中国家尤其是新兴经济体实施贸易壁垒包围，在这种情况下，充分利用我国企业在境外搭建的经贸合作区就可在很大程度上规避甚至破解上述贸易壁垒。例如，吉布提作为世界贸易组织和东南非共同市场（COMESA）的成员国，同时享受非洲增长和机遇法案以及欧盟 EBA（Everything But Arms）优惠贸易政策，因此在吉布提生产的产品（当地增值

---

① Farole, Thomas, *Special Economic Zones in Africa: Comparing Performance and Learning from Global Experience*, Washinton D. C. : World Bank Publications, 2013, pp. 84 - 86.

② 吕颖：《国外自由贸易区的建设经验及对我国的启示——以美国对外贸易区为例》，《工业经济论坛》2018 年第 3 期。

25%以上）出口到 COMESA 成员国、美国以及欧盟国家是没有关税和配额限制的，吉布提自贸区就可以借此为发展中国家的企业提供进入发达国家的自由通道。① 类似的例子还有很多，借助经济特区这一平台，特别是在全球化深度推进的大环境下，发达国家通过贸易壁垒封锁新兴国家的成功率越来越低。

六　政策试验，推动整体制度改革

实现经济增长目标的背后，经济特区承担的另一重大功能在于促进制度改革。经济特区为许多国家集聚增长要素实现经济起飞创造了条件，但是由于没有进行深层次的制度改革导致经济特区的增长效应未能得到充分释放。许多经济特区在税收、土地、劳工等方面进行了政策调整，甚至学习了发达国家的一些先进的管理制度，从而有利于引进更先进的技术和管理模式，提高要素配置和资源使用效率，韩国、毛里求斯、中国台湾等国家和地区的经济特区多是遵循这种模式，将经济特区作为应用新政策和方法的试验室，外商直接投资，法律、土地、劳工甚至定价政策首先是在经济特区内进行试验，然后扩展到其他经济部门。但是整体落后的政治和法制基础导致这种增长只能是短暂而不稳定的，甚至损害长期的可持续发展。例如，南美许多国家的经济特区促进了资源开发，引进了发达国家许多先进的技术和管理模式，经济也实现了大幅增长，但却无法通过持续增长跨越中等收入陷阱，非洲和东亚许多国家的经济特区同样如此，深层次的制度瓶颈使得经济特区进一步提升劳动生产率和技术水平变得非常困难，高速增长很难持续下去。

在促进制度改革方面，中国的经济特区为其他国家提供了典范。中国的经济特区不仅仅是一个又一个的特殊开发区域，更是中国整体制度改革的一项重要策略。这种策略集中体现在每一个经济特区在不同阶段承担着不同的市场化改革使命。作为中国最早由计划经济向市场经济转型的试验区，深圳、珠海、汕头、厦门四个经济特区已经走过了四十年的发展历程，一直以来也吸引了海内外学者的

---

① 资料来源于对吉布提自贸区运营有限公司的实地访谈。

广泛关注。B. 波尔佳科夫和 B. 斯捷帕诺夫（1986）就指出中国的经济特区不仅是技术、知识、管理和对外经济政策的窗口，而且还是改革的窗口，特区肩负着为全国社会主义建设和经济体制改革探索道路的使命。[1] 特区不但要率先实践市场经济，冲破全国范围的计划主义樊笼，还要将成功经验推广至全国，推动改革开放向内地的纵深发展。

第四节　关于经济特区的争议

尽管经济特区具有各种功能作用，但是经济特区并非包治百病的灵丹妙药，忽视国情盲目复制照搬他国的经济特区模式可能无法实现预期目标，反而浪费大量宝贵资源。作为一种政策工具，经济特区在发展过程中不可能只有成功经验而没有失败教训，对于经济特区也不乏反对意见，很多人认为经济特区并没有发挥相应的功能和作用，能够取得东亚尤其是中国经济特区那般成就的国家并不多。事实上，在许多国家通过经济特区取得巨大成功的同时，也有一些国家的经济特区发展得不是那么成功，例如非洲的多数经济特区（毛里求斯等少数国家除外）就不那么成功。

一　无视经济规律的过度过快建设

自 20 世纪 50 年代以来，在部分较为成功的经济特区的示范带动下，大量类型繁多的经济特区在全球范围内成立，但是不同特区的表现具有很大差异。以亚洲为例，20 世纪 70 年代末的 21 个出口加工区中，只有中国台湾和韩国的少数出口加工区实现了持续发展，亚洲出口加工区的企业中约有三分之二位于中国台湾和韩国的出口加工区。随着产业和经济发展程度的提高，中国台湾和韩国的许多出口加工区将劳动密集型产业转移到其他欠发达国家，如泰国、印度尼西亚、菲律宾、墨西哥等，这些国家具有足够的劳动

---

[1]　[俄] B. 波尔佳科夫、B. 斯捷帕诺夫：《海外学者论中国经济特区》，俞可平译，中央编译出版社2000年版，第58页。

力，工资水平也较低，但是这些国家的出口加工区的总体表现远远不如韩国和中国台湾的出口加工区。此外，韩国的出口加工区也不是全部取得了成功，较为成功的出口加工区主要是早期成立的几个出口加工区，随着出口加工区、自贸区在韩国境内遍地开花，很多特区竞争力不足的问题就暴露出来了，许多特区无法吸引到足够的外资，一些特区甚至沦为"鬼城"。俄罗斯的经济特区建设总体上也不够成功，经济特区遍地开花，多点并行，冒进现象明显，[①] 最终导致许多经济特区资金闲置、效率低下，甚至存在侵吞政府拨款的嫌疑，个别经济特区最后不得不被裁撤或暂缓建设。[②]

在中国，20世纪90年代以来，各种类型的经济特区迅速增加，园区类型和规模快速膨胀。不断扩张的经济特区完善了我国的产业布局，到了2002年末，我国的经济特区就已覆盖到省、市、县乃至部分乡镇，遍布沿海、沿边、沿江和内陆城市，但是这种盲目扩张产生了很多负面影响。一方面，许多地方政府利用产业园区盲目招商引资追求政绩，另一方面，许多园区的可行性和持续性又存在很大问题，仅凭优惠政策制造发展噱头，一些园区甚至陷入"不选而入、不用而占、不择而批"的恶性循环，造成了很大浪费，最终不得不通过政府的宏观调控大力压缩市县级产业园区，一些根本不具备发展条件的国家级园区也被摘牌。[③] 21世纪以来，随着中国企业走出去的步伐不断加快，中国又通过境外经贸合作区将中国的经济特区模式推广至境外。理论上，境外经济贸易合作区可以将中国的发展经验和东道国的发展需求相结合，发挥产业集聚和经济增长的平台作用。但是在实践中，根据中国商务部与联合国开发计划署2019年联合发布的《中国"一带一路"境外经贸合作区助力可持续发展报告》，55%的中国境外经贸合作区尚未开始盈利，实现可

[①] 蒲公英：《俄罗斯经济特区与超前发展区政策比较分析》，《特区经济》2018年第6期。

[②] 韩世莹：《俄罗斯阿尔泰谷经济特区被裁撤的原因分析》，《西伯利亚研究》2018年第2期。

[③] 任浩：《园区不惑：中国产业园区40年进程》，上海人民出版社2018年版，第16页。

观利润的合作区比重仅占 12%。①

二 偏向型政策产生了负的外部性

由于经济特区在特区内外实行差异化的政策，一定程度上导致了区域分化和发展差距，尽管这种安排对于许多发展中国家的经济起飞是必要的，但也不可避免地引起了许多争议，部分经济特区被指责为特殊利益集团攫取私人利益的工具。其中，针对中国经济特区的激烈争论时有发生，例如成立于 20 世纪 80 年代初的蛇口工业区，在当时就交由招商局开发，完全由企业来经营一块区域是一次非常大胆的尝试，一些人甚至认为蛇口工业区是当代"租界"。② 关于经济特区"姓资"还是"姓社"的争论非常激烈，在此之后的深圳等几个特区都遭受了各种各样的非议。此外，经济特区发展过程中过分偏向于对资本，尤其是给予外资的税收优惠，乃至"超国民待遇"，对大量外来人员的保护却很不到位。③ 追求经济增长时对当地环境的保护力度以及资源的合理、高效利用程度也是很不够的，这些都会对经济特区的长远发展造成影响。随着特区经济发展到一定高度，地方政府等核心行动者对特区未来发展也可能会失去动力。④ 国外的许多经济特区也存在类似的问题，例如洪都拉斯早期制定的出口加工区相关政策中，为了吸引美国的纺织和服装企业，为之提供了大量优惠政策，但是对国内制造类企业，尤其是中小企业存在各种各样的隐性歧视，从而降低了国内投资者参与当地特区的兴趣，这对外国投资者也产生了负面影响，增加了资本成本和经营风险。好在随后的发展过程中，洪都拉斯政府从早期的错误中吸取了教训，逐渐纠正了这一问题。

---

① 中国国家发展改革委员会、外交部、商务部：《推动共建丝绸之路经济带和 21 世纪海上丝绸之路的愿景与行动》，2015 年。
② 朱玉：《对外开放的第一块"试验田"——蛇口工业区的创建》，《中共党史研究》2009 年第 1 期。
③ 李芳：《改革以来中国特区私有财产权演进模式研究》，《社会科学辑刊》2009 年第 2 期。
④ 沈承诚：《经济特区治理困境的内生性：地方政府核心行动者的动力衰竭》，《社会科学》2012 年第 2 期。

三 游离于地方经济之外的"飞地"

当一些国家的经济特区出于政绩需求，或者服务于极少数人的利益时，经济特区就容易演变成为当地经济体系之外的一块"飞地"。例如韩国后期成立的许多特区根本不具备发展条件，其设立并非出于经济考虑，更多地出于政治考虑，例如寻求区域平衡发展。① 类似的例子还有俄罗斯，20 世纪 90 年代初，俄罗斯在滨海边疆区设立纳霍德卡自由经济区也是服务于政治需要，设立特区出于政府向远东人民竭力展示自己的决心和意志而做出的一种姿态，而不是经济逻辑。② 最终，许多国家花费很大代价投资建设的经济特区虽然标杆示范意义重大，但也容易导致项目过分追求大而全，忽略了特区的产业带动效应。如果特区的产业发展不理想，特别是发展中国家的许多经济特区又是依靠国家主权信用获得的融资，还会增加这些国家的债务风险，特别是非洲等一些较为落后的资源型国家，以矿产、能源为主导产业的经济特区更是如此，许多经济特区对当地价值链的融入不够，不仅没有充分带动当地经济发展，反而成为一块"飞地"，自主发展能力很差。再以白俄罗斯的中白工业园为例，白俄罗斯政府希望园区能够吸引更多的科技类高附加值企业入驻，但是科技类企业考虑到市场需求因素对入驻产业园区的兴趣并不大，许多意向入驻的企业因不被认可为高科技企业而又不能进入，最终导致园区的入驻率在很长一段时间内都不够理想。③ 又如印度，它的经济特区数量极多，规模极小，远远小于世界多数经济特区，古尔冈地区批准的前 50 个经济特区中有 90% 是针对特定行业的，规模普遍很小，导致这些特区很难发挥应有的作用，结果成为城市的"飞地"。④

---

① 胡公民：《亚洲"特区"浪潮启示西部大开发》，《西部论丛》2003 年第 9 期。
② ［俄］A. C. 瓦修克、A. E. 萨夫琴科：《俄罗斯滨海边疆区经济特区历史经验与实施前景》，张健荣译，《俄罗斯学刊》2015 年第 4 期。
③ 资料来源于白俄罗斯中白工业园的实地调研。
④ Kumar, Ashutosh, "Power, Policy and Protest: The Politics of India's Special Economic Zones", *Commonwealth & Comparative Politics*, Vol. 53, No. 4, October 2014, pp. 1 – 2.

四 较难实现产业转型和技术升级

经济特区是一个动态演变的过程，不断转型升级以适应变化的国内外环境是特区持续发展的关键。随着经济和社会发展程度的提高，经济特区的投资重点也必须从劳动密集型的低附加值向高附加值技术产业转移，但是这种转型在实践中并不容易。例如，出口加工区的主要目标包括外汇收入、就业创造和技术转让，出口加工区在一些地区的确成功地推动了经济增长和收入水平的提高，也解决了很多就业问题，但是"技术转让"的目标在多数出口加工区并未实现。随着不同国家在经济特区内提供的优惠政策力度越来越大，能够提供廉价劳动力的国家越来越多，一些国家的经济特区原先承接的劳动密集型产业逐渐转移，与此同时新的产业却未形成，从而产生了空心化问题。

例如，多米尼加的经济特区可能是西半球广为人知的成功案例。受美国纺织服装业外包以及优惠贸易协议和有利汇率政策支持，多米尼加借助经济特区快速实现了经济转型，制造业占GDP比重从20世纪70年代的18%上升到2000年的30%，GDP增长率远远超过了全球平均水平。但是进入到21世纪以来，多米尼加的自由区发展模式开始遭遇困境。1999年至2003年间，随着油价上涨和全球经济放缓等因素，多米尼加经济开始放缓，与此同时，亚洲制造业不断威胁多米尼加的纺织和服装运输行业，而该行业恰恰是自由区的核心产业。为了应对这种威胁，多米尼加政府已经尝试对自由区进行一些政策改革，例如简化海关程序，降低关税，取消进口附加税和出口税，并通过了关于政府采购，竞争政策和知识产权的新立法，同时在贸易政策方面签署了多米尼加、中美洲和美国的自由贸易协定（DR-CAFTA）以及欧洲联盟与加勒比非洲加勒比论坛之间的经济伙伴关系协定（EPA），以为自由区争取更广泛的经济竞争力，但是效果并不明显。[1] 由此来看，仅仅依赖廉价劳动力、贸易优惠和财政激励政策的经济特区即使能够取得一定程度的成功，但

---

[1] Farole, T., G. Akinci, eds., *Special Economic Zones: Progress, Emerging Challenges, and Future Directions*, Washinton D. C.: The World Bank, 2011, pp. 159 – 181.

多局限在低附加值的低端产业层面,产业转型和技术升级的难度很大,难以实现持续的竞争力,一旦外部环境发生重大变化,许多经济特区的适应性问题就凸显出来。

五 何以调适多元主体的利益诉求

究竟是私有资本还是政府运营经济特区更为有效目前存在很大争议,两种类型的经济特区都有成功的案例,也有失败的案例。也有学者认为私有资本运营的经济特区可能更为有效,但是政府运营的经济特区往往能为社会提供更为积极的回报。在南美洲和加勒比地区,出口加工区在20世纪90年代的私有化转变是当地经济取得成功的一个主要决定因素。在东亚,政府主导的出口加工区也取得了巨大成功。而在非洲,无论是政府主导还是私人资本主导的经济特区普遍表现不佳(毛里求斯以及肯尼亚、马达加斯加和莱索托的部分地区是少数的例外)。[①]

20世纪50年代、60年代和70年代的经济特区本质上属于公共事务,建设主体是政府,特区的规划、投资、法规制定、管理、招商引资、基础设施建设、公共设施的租赁和维护等都是由政府负责。到了20世纪80年代末和90年代,政府单一主导的特区建设模式发生了根本性变化。推动这种变化的主要因素包括:(1)宏观经济的稳定以及由此产生的预算和财政约束。(2)经济特区的持续发展离不开私人资本的参与,引入私有资本的必要性因此提升,私有资本也可以从园区运营中获得收益。私人资本主办的经济特区最早发生在了拉丁美洲。早期的私人资本参与经济特区的主要方式是提供一些住房计划等增值服务,第一个私人开发和经营的出口加工区位于多米尼加的拉罗马纳(La Romana)自由区。不久之后,哥斯达黎加、萨尔瓦多、洪都拉斯、尼加拉瓜、危地马拉和哥伦比亚的许多经济特区开始了公开的私有化。一些国家(例如哥伦比亚)不再经营出口加工区,还有一些国家的出口加工区则是引入私人竞争,以避免不公平竞争。20世纪90年代,将出口加工区私有化在亚洲也流行起来,泰国、菲律宾和越

---

① Farole, Thomas, *Special Economic Zones in Africa: Comparing Performance and Learning from Global Experience*, Washinton D. C.: World Bank Publications, 2013, pp. 61 - 87.

南率先推出了私人主办的出口加工区。总的来看，私人资本参与经济特区建设已成趋势，根据世界银行数据，私人资本主导的出口加工区在 20 世纪 80 年代仅占世界总量的 25%，但到了 2006 年和 2007 年，它们的比重已扩大到 62%。[1]

实际上自 20 世纪 90 年代以来，公私合建的经济特区越来越大。其中：政府提供私营部门不能或不应提供的发展战略和政策制定，行使立法、监管、执法等职能和提供关键的公共产品，还包括公共资金、土地折扣或免费土地、外围的基础设施建设等。私营部门则是负责开发和运营经济特区，包括对特区的总体规划，核心的房地产和基础设施投资，园区建设、管理、推广等。通过公私合作形式，发展经济特区的风险也从国家逐渐分散到私营部门，其中的典型案例包括：（1）1992 年在菲律宾的苏比克湾项目，这是首批基于公共和私人方广泛合作和共同投资的经济特区开发项目之一，双方通过合作实现了传统制造业与服务业，住宅生活及其必要的设施，旅游业和环境保护的相互结合，现已成为其他经济特区项目的模板。（2）杰贝阿里自由区管理局（JAFZA）以及来自中国的专业园区开发公司开发的交钥匙工程，例如，吉布提自贸区、塞内加尔的达喀尔综合经济特区，以及即将在尼日利亚（莱基）和毛里求斯（金飞）开展的经济特区。（3）印度的经济特区建设先后经历了宏观政策环境自由化和建立特区监管机构的两个阶段，新的阶段下，印度修订了以往中央政府单一主导经济特区的政策，转而支持州政府、自治机构以及私人企业参与开发和运营出口加工区，[2] 一方面强调私营企业的主体地位，另一方面也开始注重加强企业运营必需的物质基础设施建设。由此可见，PPP 模式将会进一步模糊公共和私人之间的严格界限，寻求利用每个部门的相互优势，多元主体的合作和分工（而不是竞争）将会成为经济特区建设的主要模式，如何更好地调适不同利益主体的诉求也就成为经济特区发展中面临的又一难题。

---

[1] Ibid., pp. 38 – 39.

[2] Ruparelia, Sanjay, et al., *Understanding India's New Political Economy: A Great Transformation?*, London: Routledge, 2011, p. 156.

综上所述，经济特区是一个不断调整以适应国内外环境变化的过程。作为一种特殊区域，经济特区在为当地经济和社会发展做出贡献的同时，也难免存在各种各样的局限性，世界上的经济特区并非全部取得了预期中的成果。鉴于传统经济特区的局限性以及不断变化的全球宏观经济和监管环境，一方面在建设新的经济特区时需要设计更加复杂的发展策略以吸引高端生产要素。另一方面对于已经建立了经济特区的国家来说，为了持续保持竞争力，现有的经济特区需要不断超越单纯依赖优惠政策的发展方式，增加对高附加值投资活动的吸引力。在这种背景下，许多国家开始转向更加综合性的经济特区模式，这种类型的经济特区通常规模更大，与当地经济的联系更多，并且更具多功能性和自发性，而不是仅仅依赖于激励政策。这类综合性的经济特区在一些国家，特别是在中国，特区建设过程中更加重视与地方经济之间的内在价值关联，从而避开了传统出口加工区的狭隘功能，逐渐从财政激励转向增值服务，并且提供多样化、差异化的服务，转而支持包括工业、商业、住宅甚至旅游活动在内的多用途开发项目，还有一些经济特区转向专注于信息和通信技术、生物技术等特定高端服务的高度专业化开发项目。与此同时，经济特区通常还在整个城市区域试验探索以市场为导向的经济改革，这对中国和其他亚洲国家的快速经济增长和转型起到了重要的推动作用。但在世界多数国家尚未取得系统性成功，绝大多数经济特区尚没有产生变革性影响。值得注意的是，经济特区的发展是一个过程，通常不会在成立经济特区之后迅速取得立竿见影的效果。事实上，即使是中国等东亚国家等较为成功的经济特区，大多也经历了5—10年的培育期才开始展现作用。孟加拉国的出口加工区始于20世纪80年代，直到20世纪90年代才开始吸引大量外资。这就表明，政府对于经济特区的发展需要提供持续的支持。与此同时，多数国家政府又面临着固有的执政周期，这也为经济特区的健康发展带来了一定挑战。[1]

---

[1] Farole, T., G. Akinci, eds., *Special Economic Zones: Progress, Emerging Challenges, and FutureDirections*, Washinton D.C.: The World Bank, 2011, p.142.

第二章 中外经济特区的差异比较

第一节 中外经济特区的背景差异

一 制度背景

任何一个经济特区都根植于特定的体制环境。从大的方面来看，经济特区要么建立在社会主义体制下要么建立在资本主义体制下，前者包括苏联时代许多独联体国家的经济特区，以及中国、越南、老挝、朝鲜、古巴的经济特区，除此之外的经济特区则是建立在资本主义体制下。如果做进一步的划分，有的经济特区建立在市场经济体制下，有的经济特区则是建立在计划经济体制下。总体而言，中国经济特区是从计划经济向市场经济转型过程中的产物，体制背景因而成为中外经济特区发展过程中的关键差异。[1] 对于中国，如果没有改革开放的政策，就没有经济特区的产生。同样地，如果没有经济特区的实践，也就没有市场经济在全国范围的确立和发展。[2]

换而言之，经济特区属于中国经济和社会制度变迁的一部分和不可或缺的环节，这是中外经济特区在制度背景方面的最大差异。与国外经济特区相比，中国经济特区的设立和发展背景非常特殊，集中体现在中国经济特区成长于从计划经济向市场经济转轨的制度环境下。国外的经济特区多在市场经济环境中运作，中国的经济特区从整体上来看则是在中央计划环境中运作。在国外的经济特区内，政府只是取消或放宽限制经济中其他地方市场力量运作的限制

---

[1] 袁易明：《中国经济特区建立与发展的三大制度贡献》，《深圳大学学报》（人文社会科学版）2018年第4期。

[2] 陶一桃、鲁治国：《经济特区史论》，社会科学文献出版社2008年版，第3页。

因素，中国的经济特区则是在区域内创造一个市场环境，同时保持对特区之外区域的高度控制，具体为：

（一）经济特区是中国由计划经济向市场经济转轨的先行者、试验者

长期以来中国实行的是计划经济，经济发展的外向型程度很低。1978年10月，中国交通部所属的驻港大型企业招商局将关于在广东沿海设立外向型工业区的设想报送到中央。1979年1月，蛇口工业区得到国务院正式批准，成为中国对外开放的第一个工业区，也是中国经济改革的第一个试验区。1979年3月，宝安县改设深圳市的报告得到国务院正式批复。1980年8月，深圳经济特区正式成立……中国改革开放的大幕徐徐展开。在近四十年的特区发展过程中，中国经济特区始终以深化改革为主要使命，始终围绕市场经济体制转型进行实践，其中的核心是探索如何建立与完善社会主义市场经济体制。[①] 中国从计划经济向市场经济的转换是通过经济特区的一系列试验产生的，以深圳经济特区为例，从1979年开始，深圳率先在工程建设制度、土地使用权制度、劳动用工制度、人事管理制度、住房制度、分配制度、文化观念等方面大胆创新。在一系列的制度探索过程中，深圳经济特区在思想观念领域不断创新，包括时间和效率观念、民主和法治观念、市场经济观念、公平竞争观念、开拓进取观念、创新探索等。[②] 总之，中国经济特区的制度改革围绕建立资本和劳动力两个要素市场展开，逐渐释放了计划经济体制对生产要素的束缚，形成了明确的市场主体，激励了市场主体的生产性努力，由此创造出发展的新动力，推动了经济和社会的向前发展。

（二）经济特区是中国制度改革道路上规避风险的最优路径

在中国，之所以选择经济特区率先进行制度试验，主要是为了控制改革风险，这也是最早一批经济特区选择远离全国政治、经济中心的几个小渔村的原因。建立经济特区是中国发展道路的一个关

[①] 袁易明：《中国经济特区建立与发展的三大制度贡献》，《深圳大学学报》（人文社会科学版）2018年第4期。

[②] 陈祖方：《蛇口模式简论》，《经济纵横》1993年第1期。

键策略，作为从计划经济体制到市场经济体制转变过程中最早的试验区域，中国经济特区率先享受到了市场经济改革的红利，创造了强大的发展动力，使得中国经济特区在经济起飞时就拥有了领先于其他区域的先行优势。进一步地，以经济特区的率先发展继而带动整个国家的经济起飞逐渐成为了中国发展道路的独特路径。以经济特区为起点的制度试验路径在中国得到了成功实践，逐渐形成了经济发展的"特区范式"。① 这一范式集中体现在以特区为起点的渐进式、非均衡发展路径，这一路径是中国整体制度改革道路上规避风险的最优路径，也是特区自身发展的重要前提。这种非均衡的、渐进式试验保障了试验主体的收益最大化。特区经济迅速起飞，当特区经济发展到一定程度后，特区范围进一步向外扩展，向全国更多地区推广试验成功的制度经验。

（三）经济特区将继续探索引领中国特色社会主义制度建设

早期的中国经济特区在计划经济向市场经济体制转型过程中做出了重要贡献，为中国改革开放提供了现实案例。② 未来，中国经济特区还将继续探索如何完善中国特色社会主义市场经济制度。2019年8月，中共中央发布了《关于支持深圳建设中国特色社会主义先行示范区的意见》，一方面标志着深圳经济特区作为我国改革开放的重要窗口，各项事业取得的显著成绩得到了充分认可，另一方面标志着以深圳为代表的中国经济特区将在更高起点、更高层次、更高目标上继续探索试验，推动中国特色社会主义制度继续向前发展。新时代下，中国经济特区要进一步建立完善政府与市场的协同机制，通过深层次的改革试验和自主创新，探索中国经济和社会持续发展的动力源。新时代下，中国经济特区探索制度创新的方式也将由模仿借鉴向自主性创新转变。简单的学习、引进、模仿已经难以满足经济和社会持续发展的制度需求，经济特区的制度创新需要在高质量发展、法治城市典范、城市文明典范、民生幸福标杆和可持续发展先锋等方面继续探索试验。

---

① 袁易明：《中国经济特区建立与发展的三大制度贡献》，《深圳大学学报》（人文社会科学版）2018年第4期。

② 同上。

二 经济背景

(一) 中国经济特区的起点极低且远离中心

相比世界多数经济特区，中国经济特区鲜明地体现为从无到有、从小到大的发展演变特点，而多数国外经济特区顶多算是从小到大。换而言之，国外许多经济特区大多建立在具有一定基础的经济中心地带，在设立特区之前大多就已经历了多年的发展积累。反观中国经济特区最早选择的却是远离全国政治经济中心的几个小渔村，可谓是一穷二白毫无经济基础，设立特区就是为了解决最基本的生存和发展问题。因此，越是边缘落后的经济特区反而越是展现了更强的发展动力。此外，虽然中国经济特区的起点非常低，例如深圳和珠海原来都是极端贫穷落后的自然村落，产业层次极其低下，但是由于工业基础接近于零，客观上避免了结构扭曲问题，这对于日后的发展反而是好事，这也是深圳、珠海经济特区的发展优于汕头经济特区的一个重要原因，可见初始禀赋的差异对于国内外经济特区的发展结果也能够产生深刻的影响。与此相反，印度的多数经济特区位于国内较为发达的地区，超过一半的经济特区位于主要城市附近，结果可想而知。

(二) 中国经济特区是中央意志和地方需求的有机结合

中国经济特区体现了中央自上而下的发展意志，同时体现了地方发展经济的内在需求，这是国外许多经济特区不具备的。20世纪80年代初的中国积贫积弱，发展极其落后。以广东省为例，贫穷的宝安县（深圳前身）与一河之隔却高度发达的香港形成了鲜明反差，偷渡潮愈演愈烈。解决这一问题的根本出路在于经济发展，正如华国锋同志所说，"很多人偷渡，是因为港澳富，大陆穷。我们认为要避免这种情况，大陆要富起来"，而"广东是祖国的南大门，宝安、珠海是大门口。人跑要拦，但光靠拦不行，总是要把生产搞上去"。[①] 随着党的十一届三中全会正式确定将党的工作重心转向经济建设，通过对外开放实现经济发展逐渐成为党中央的共识。随

---

① 朱玉：《对外开放的第一块"试验田"——蛇口工业区的创建》，《中共党史研究》2009年第1期。

后，国家计委和外经贸部的考察团向党中央呈报了《港澳经济考察报告》，报告建议在靠近港澳的广东省宝安县、珠海县建设对外生产和加工基地，这一意见得到华国锋、邓小平、李先念、徐向前等领导核心的赞成，党中央开始决定要在一些领域、一些地区率先实行对外开放和发展工业。[①] 党中央实行对外开放和发展经济的决心在地方得到了迅速响应，其中，交通部所属的香港招商局适时提出了一个大胆的经营思路。新上任的招商局副董事长袁庚向交通部党组和中央上报了《关于充分利用香港招商局问题的请示》，确定了招商局以航运为中心、立足港澳、背靠国内、面向海外、多种经营的经营方针。在围绕航运业务打造一批工业企业的过程中，招商局首先面临的是选址问题。由于香港的土地、人力、资金等生产要素成本都比较高，在香港建设工业区很难获得竞争优势。[②] 最终，招商局在沙头角、蛇口和大鹏湾三个地区中选择了蛇口。1979年1月，交通部和广东省革委会《关于我驻香港招商局在广东宝安建立工业区的报告》得到中央批复同意，蛇口交由招商局全权开发建设。同年6月，蛇口工业区正式动工开建，建设面积约为9平方公里，蛇口就此成为中国市场经济体制的试验起点。在强大的中央意志和强烈的地方发展需求的共同努力下，蛇口工业区自身取得了巨大成功，基于蛇口工业区发展特征和管理体制形成的特区模式还在全国范围内产生了示范带动效应。

（三）中国经济特区通常具有更强的后发优势

国外的许多出口加工区是在全球化不断深化过程中出现的，尤其是许多发展中国家从进口替代的发展战略转向出口促进的发展战略后，加大生产和出口轻工业制成品的背景下推出的。二战之后，许多国家在探索自主发展道路时最早采用的多是进口替代战略，通过各种保护措施以培育民族产业和新兴产业，这种保护措施包括限制进口国外竞争性产品、征收关税等。但是随着发展程度的提高和

[①] 朱玉：《对外开放的第一块"试验田"——蛇口工业区的创建》，《中共党史研究》2009年第1期。
[②] 佚名：《改革开放初期中国对国外经验的模仿学习——深圳蛇口工业区的实践及启示》，《上海党史与党建》2018年第11期。

生产能力的扩大，有限的国内市场不得不使其转向出口替代战略，出口加工区就是在这种背景下产生的。20世纪60年代，一些亚洲国家率先选择将其经济战略重点放在出口而非进口替代上，韩国、中国台湾是选择这条路线的主要国家和地区，通过出口加工区不仅促进了出口和赚取了外汇，还可以通过额外的投资、技术转让和创造就业来刺激经济增长，其成功探索在极大程度上激发了出口加工区在全球范围的兴起。例如，为了创造更多的、新的就业机会，孟加拉国尝试为贸易和投资建立一个更加自由化的环境，服装行业于是成为创造就业机会的主要来源。最初，投资该行业的多是国内企业家，130余名在韩国接受培训的孟加拉人返国后开始投资服装行业，生产基地的规模普遍较小，这些前韩国大宇员工与少数斯里兰卡内战期间外迁的服装公司促进了服装业在孟加拉国的发展。[①] 20世纪60年代中期，洪都拉斯将工业园区纳入国家发展计划，引进了拉丁美洲和加勒比海地区的许多加工厂，使用免税进口材料和设备来组装主要出口到美国市场的产成品。[②] 类似的出口加工区在拉丁美洲的许多国家都存在，通过建立具有专用基础设施，简化公共管理和各种财政激励措施的飞地，这些发展中国家充分利用了劳动密集优势，大力发展出口导向型生产活动，引进了许多外国资本和技术，进而创造了就业机会和外汇，促进了贸易和经济增长。

如果说现代意义的经济特区产生于20世纪50年代，那么毫无疑问中国的经济特区属于后来者，发达国家和地区的出口工业区等各种类型的经济特区为中国的经济特区提供了宝贵经验。自从1977年开始，中共中央和国务院开始派出考察队赴发达国家和港澳地区进行深入交流，以学习发达国家经济发展的先进经验，这赋予了中国经济特区更多的后发优势。当然，在实践过程中，中国的经济特区并没有直接复制国外的出口加工区模式，而是试验探索了一种综合性更强的经济特区。与国外多数经济特区相比，中国在建立经济特区之前的内向型发展战略与国外的进口替代战略大不相同，主要

---

① Farole, T., G. Akinci, eds., *Special Economic Zones: Progress, Emerging Challenges, and FutureDirections*, Washinton D.C.: The World Bank, 2011, p.78.
② Ibid., p.205.

体现在中国1978年之前的发展政策强调自力更生,对国外的资本和技术依赖有限,发展重点放在重工业而不是轻工业上。因此,中国的经济特区也就不是进口替代战略下经济发展的产物,也有学者认为中国越过了进口替代的发展阶段,1978年以来的改革开放试验使得中国直接进入了出口促进阶段。但是与此同时,经济特区的许多外资企业从事的又是进口替代性生产,从这个意义上说,中国经济特区在发展过程中呈现了出口促进和进口替代的双重属性。[1]

(四)中外经济特区的发展都与世界经济分工体系的变化密切相关

无论是中国还是国外的经济特区,其设立与发展都与国内经济水平、经济结构以及国际环境的变化密切相关。例如在20世纪60年代,韩国正式走上发展经济道路。面对经济落后、失业率高涨的局面,韩国设立了最早的一批出口加工区,重点发展的是劳动密集型产业。到了20世纪90年代,随着国内劳动力成本的快速上升,韩国出口加工区的发展重点也从劳动密集型产业转向资本和技术密集型产业。21世纪以来,为了服务韩国"科技立国"和"设计韩国"的发展战略,韩国政府进一步提出了建设"东北亚经济中心"计划,在仁川等地分批设立了8个自由经济区,涵盖制造、贸易、物流、科技、文化、教育等多个领域,韩国经济特区也渐趋多功能、综合型的方向发展。[2]

中国经济特区从设立到走向开放,走向与国际市场紧密融合,其每一步成长与世界环境息息相关。国际市场分工格局的演变为中国经济特区的发展创造了条件,开放、年轻、包容的中国经济特区抓住了这次机遇,通过积极融入国际市场,承接国际产业转移,特区自身产业体系逐渐得以建立。20世纪六七十年代以来,科技革命不断促进国际分工格局调整,日本和东南亚国家通过承接欧美产业

---

[1] Wong, Kwan-Yiu, Ren-Qun Cai, Han-XinChen, "Shenzhen: Special Experience in Development and Innovation", in Yeung, Yue-man, Xu-wei Hu (eds.), *China's Coastal Cities-Catalysts for Modernization*, University of Hawaii Press, 1992, p. 99.

[2] 封骏:《韩国仁川自由经济区发展特色及可借鉴经验》,《港口经济》2015年第9期。

转移迅速完成了工业化,从而导致了国际垂直分工体系向水平分工和混合分工体系的转变。最终,欧、美、日等发达国家将产业重点放在 IT、生物、材料、航空航天、大规模集成电路、机械设计、精细化工、汽车制造、光电子等高端产业上,东南亚国家则逐步培育了化学纤维、石油化工、钢铁、机械、家电、玩具等低端产业。20 世纪 80 年代初,产业结构继续向高级化发展的分工形势使得东南亚国家迫切面临将劳动密集型产业以及加工、制造和装配等低附加值的生产工序转移至生产成本更加低廉的地区,中国经济特区的设立恰好满足了这种需求。20 世纪 90 年代深圳提出建立国际市场—深圳—内地"三点一线"的经济格局,① 目的也在于进一步充分利用腹地资源优势和挖掘国际市场,这也正是许多学者认为特区深层次的、基础性的发展动因在于国际分工,② 还有学者从长周期的角度阐述了国际分工为经济特区发展提供的机遇,西方发达国家已进入新的长波,而我国还处于旧长波上升期的中段,这为经济特区取得良好成绩创造了重要的外部条件。③

　　随着全球贸易和投资环境的变化,传统经济特区的适应性问题越来越突出。近半个多世纪以来,全球出口加工区快速发展,以及它们在东亚等地区促进出口带动增长的成功,部分原因是自 20 世纪 70 年代以来发生了前所未有的贸易和投资全球化,随之而来的是制造业的纵向分工和空间分散,最终形成了高度集成的"全球生产网络",特别是在电子、服装等轻工业领域的投资占据了传统出口加工区投资的绝大部分。然而这个时代可能已经或者行将结束,虽然全球贸易已经从 2008 年的国际金融危机中逐渐恢复,但显然美国和欧洲经济不再是全球需求的重要引擎,为了响应这种变局或者说

---

① 陶一桃、鲁治国:《经济特区史论》,社会科学文献出版社 2008 年版,第 16 页。
② 王天义:《中国经济改革的理论与实践》,中共中央党校出版社 2005 年版,第 30 页。
③ 杨文进:《从长波关系看我国的特区经济发展》,《山东财政学院学报》2002 年第 1 期。在希腊神话中,德洛斯岛是希腊诸神中的阿波罗和阿尔忒弥斯的出生地,因而德洛斯岛是当时希腊重要的宗教圣地,吸引了大量朝拜者。作为一个仅有 6 平方公里的非农业岛屿,德洛斯只能依赖从基克拉迪群岛的其他岛屿进口商品,包括谷物、橄榄油、葡萄酒、牛、木柴等,德洛斯岛逐渐成为该地区的重要区域贸易平台,包括奴隶交易。

长期趋势，全球生产网络中的领先企业重新整合其供应链，无论是在供应商还是生产地点，传统的出口加工区面临重大挑战，仅仅依靠较低的劳动力成本和规模经济优势，越来越难以支撑这些出口加工区的持续发展，经济特区的进一步转型升级也就成为各国持续发展的必然选择。事实上，中外经济特区在实践中都体现为一个因应环境变化而不断发展的过程。

第二节 国外经济特区的发展路径

一 经济特区的起源：特许贸易区（自由贸易区）

正如古希腊的思想家希罗多德所言，太阳底下从来没有什么新鲜事。早在古希腊时期，当时的人们在进行内部贸易时便注重在贸易路线上的港口等战略支点设置安全区域，在此区域内的商品流通可以免于地方上的禁令、关税、消费税等方面的限制，这些特许区域在事实上具备了现代自由贸易区的属性。其中，希腊基克拉迪群岛的德洛斯岛被认为是世界上的第一个自由贸易区。兴起于13世纪的汉萨同盟同样具有现代自由贸易区的很多特征。汉萨同盟是欧洲城市（以德意志北部城市为主）之间的商业、政治联盟，加盟城市最多时达到了160个。结盟城市获得了皇室特权和宪章，允许他们在某些行业中垄断或免于某些禁令、税收、关税或消费税。汉萨联盟几乎垄断了莱茵河流域、波罗的海地区的贸易，在特许经营区内，特许公司对自由贸易实行垄断，设立了贸易站（通常位于沿海和通航河口的战略要点），从而将贸易资源集中在特许区域，并在此基础上形成了许多商圈。到了19世纪中期，欧洲殖民扩张在很大程度上也是依赖于授予宪章和特权，早期的许多殖民地都是在该制度下建立和管理的。类似地，法国在1228年建立了自由贸易区，1547年意大利在热那亚建立了世界上第一个自由港，等等。[1] 总的来说，早期的自由贸易区主要是商业强国的侵略性工具，通过自由

---

[1] 钟坚：《世界经济特区发展模式研究》，中国经济出版社2006年版，第2—3页。

贸易区服务于贸易和资本的国际扩张，以及伴随发生的制度和文化扩张。①

二　经济特区的产生：从自由贸易区到出口加工区

西方世界的兴起与长距离贸易密不可分，在这一背景下，早期的经济特区多以自由贸易区的形式存在，因而大多位于港口附近。1900年，全球共计11个自由贸易区，此时的自由贸易区仍以贸易便利为主要目标。爱尔兰香农机场自1942年建成直到1958年，都是凭借欧美大陆中轴线的区位优势，为过往航班提供中转停留、燃油补给以及其他的空港配套等服务。美国的自由贸易区同样如此，直到1950年，美国的自由贸易区都是禁止制造业务的。可见，早期的经济特区业务范围非常有限，以贸易促进为主，且需政府的特别授权。到了20世纪50年代中后期，由于科技进步和飞机续航力的提升，香农机场的区位优势逐渐丧失，单纯依靠航空加油的服务模式开始陷入困境。爱尔兰政府决定在香农设立一个享受特殊税收优惠政策的制造园区，重点发展空港配套产业以吸引航空货运业务。1959年，爱尔兰政府在香农成立了一个享受特殊税收优惠政策的制造园区，旨在发展空港配套产业以吸引航空货运业务，这就将自由贸易区的属性与工业园区的属性结合在一起，吸引了日本、美国、荷兰等国的大批外资，现代意义的出口加工区正式产生。自此以来，出口加工区正式成为一个容纳投资、工业和贸易的综合性发展工具，这为其他地区提供了模板，主要的发展方式包括：（1）区内外实施差异化的海关制度；（2）在区内构建投资激励机制；（3）从投资到用工、生产、销售提供一系列扶持政策；（4）构建基础设施完备的现成工业区；（5）打造便利的交通枢纽区位。通过上述一系列的扶持措施促进了资本、劳动、商品在园区的汇聚，为海外投资在制造、贸易服务、国际物流和分配、金融服务等方面提供了充分支持，使香农迅速成为欧洲地区最具竞争力的投资地。② 在此之后，

---

① 袁易明：《中国经济特区建立与发展的三大制度贡献》，《深圳大学学报》（人文社会科学版）2018年第4期。

② 柴晔：《爱尔兰：香农国际航空港自由贸易区》，《国际市场》2014年第6期。

越来越多的国家将制造业引进自由贸易区,自由贸易区的主要功能也从贸易促进扩展到工业化。

三 经济特区的兴起:出口加工区在全球范围的应用

从 20 世纪 60 年代中期开始,欧美发达国家经济开始了新一轮的强势增长和产业转型升级,从而产生了对工业制成品的巨大需求,这为发展中国家承接发达国家产业转移,融入世界分工体系提供了机遇。在这种背景下,传统的进口替代战略逐渐被出口促进战略取代,新自由主义重新成为世界多数国家经济发展的指导理论,其中最主要的表现形式就是出口加工区在全球范围的兴起,其中又以韩国、中国台湾为代表的东亚国家、地区以及拉美国家的出口加工区最为典型,出口加工区的发展开始进入一个黄金时代。

亚洲许多国家从 20 世纪 60 年代开始转向外向型发展战略,中国台湾的高雄、印度的坎德拉、韩国的马山、马来西亚的槟城,以及印度尼西亚、马来西亚、菲律宾、泰国、新加坡和斯里兰卡等国家迅速建立了出口加工区。[①] 北美洲的许多国家更是近水楼台,地理相近的波多黎各为了吸引美国制造业转移,成立了出口加工区并在区内实施了免税政策,还成立了专注于促进美国投资的发展部,资助建造了模块化工业建筑物以供投资者出租。波多黎各出口加工区之所以能够取得成功,一个很重要的前提在于美国劳动力成本的上升,使得临近的波多黎各成为一个更具成本竞争力的替代地点,通过承接美国的产业转移,波多黎各单一的种植园经济得以改变。[②] 墨西哥的出口加工区与波多黎各相似,也是承接发达国家产业转移的产物。作为美国的边境城市,墨西哥长期以来实行进口替代战略,导致 20 世纪 60 年代的失业率高达 50%。因此,墨西哥通过立法允许和鼓励美国公司在两国边境处投资和经营,例如允许经济特

[①] 汪慕恒、陈永山:《试论亚洲出口加工区的性质和我国的经济特区》,《中国经济问题》1980 年第 6 期。

[②] Alex Vallecillo, "Puerto Rico's Economic Development Growth-Past and Future-and Its Relationship to Trade Possibilities in the Caribbean and U. S. Markets", *Maryland Journal of International Law*, Vol. 4, No. 1, January 1978, pp. 57 – 63.

区内企业在进口原材料、零部件和基本设备时享受免税政策,这一系列调整标志着墨西哥发展战略的逐渐转变,并对墨西哥的长远发展产生了深刻影响。①

同样地,在南美洲,哥伦比亚的巴兰基亚、多米尼加的拉罗马纳、萨尔瓦多、危地马拉、洪都拉斯、尼加拉瓜、牙买加、哥斯达黎加等国家的出口加工区在20世纪60、70年代纷纷成立;在中东和北非:出口加工区的数量从20世纪60年代和70年代迅速增加,主要包括埃及、以色列、约旦、叙利亚、突尼斯等国家;尽管撒哈拉以南非洲地区的大多数国家直到20世纪90年代才产生了区域开发计划,但有一些非洲国家例如利比里亚(1970年)、毛里求斯(1971年)和塞内加尔(1974年)很早就设立了出口加工区。② 到了20世纪80年代中期,出口加工区已然成为世界各地经济增长和工业发展中最不可或缺的组成部分。

四 经济特区的发展:从单一型特区到综合性特区的功能演变

伴随着出口加工区和自由贸易区在全球范围的推广应用,一个显而易见的事实是并非所有国家的经济特区都取得了预期中的成功,特别是要取得持续的成功就更加困难了。到了20世纪80年代,出口加工区功能较为单一的缺陷逐渐暴露了出来。与此同时,从20世纪80年代开始,以中国经济特区为代表的综合性经济特区展现出更好的适应性。特别是深圳经济特区的发展奇迹更是吸引了全世界的目光,许多国家纷纷效仿学习中国经济特区的模式,其中的典型包括印度、越南。其中,印度经济特区试验在很大程度上是受到中国经济特区成功案例的影响。2000年,印度商务部长对中国广东的经济特区进行了参观且印象深刻,在此之后,印度的进出口政策发生了变化,该政策集中体现在将现有的出口加工区(EPZs)转变为经济特区,原先的出口加工区旨在生产出口导向型的商品,新的经济特区计划是将这些工业区转变为综合性工业城镇,为工业生产配

---

① 李和、江时学:《拉丁美洲经济特区概述》,《拉丁美洲研究》1985年第4期。
② Farole, Thomas, *Special Economic Zones in Africa: Comparing Performance and Learning from Global Experience*, Washinton D. C.: World Bank Publications, 2013, p. 42.

备住房、学校和医院等全套服务设施。2005年,印度进一步通过了经济特区法案,进一步明确了经济特区的目标:(a)产生额外的经济活动;(b)促进商品和服务的出口;(c)促进来自国内和国外的投资;(d)创造就业机会;(e)发展基础设施。同时这一法律框架还鼓励私营企业参与经济特区的发展。与中国的市场化试验相比,印度的经济特区进行了更加自由化的试验,通过提供廉价土地以鼓励私营企业开发经济特区,并为之创造"世界级"的工业和商业基础设施,提供简化的官僚程序和一揽子税收和关税减让政策。印度政府认为,经济特区将有助于克服印度的基础设施赤字,刺激外国和国内投资,增加出口并创造更多外汇和就业机会。自2005年以来,印度政府已经批准了全国581个经济特区,面积从10到5000公顷不等。[1] 类似的例子还有很多,其目标均在于推动单一性经济特区向综合性经济特区的转变,使其适应经济和社会环境的变化,发挥更加综合性的功能。

五 经济特区的推广:境外经贸合作区在第三世界国家的实践

所谓境外经贸合作区是指某一国家企业在该国境外设立并控股的、享受特殊优惠政策的园区。根据中国商务部,中国境外经济贸易合作区是指在中华人民共和国境内(不含香港、澳门和台湾地区)注册、具有独立法人资格的中资控股企业,通过在境外设立的中资控股的独立法人机构,投资建设的基础设施完备、主导产业明确、公共服务功能健全、具有集聚和辐射效应的产业园区。境外经贸合作区并非一种全新类型的经济特区,它可以是上述自由贸易区、出口加工区和其他类型经济特区的任意一种。但是多数类型的经济特区均由本国(政府或企业)主导,境外经贸合作区则是一国企业主导的境外园区,因此涉及两个或多个国家政府、企业的多元主体互动。

随着世界多元化的发展和综合性经济特区的转向,经济特区的

---

[1] Rob Jenkins, "The Politics of India's Special Economic Zones", in the Research Colloquium, *India's Great Transformation*?, Columbia University, 14–16 September 2007, pp. 1–36.

投资规模越来越大，承担的功能越来越多，涉及的子工程众多且结构关联紧密、技术要求高、知识涉及面广，参与主体日益多元化，各个主体之间相互作用、相互依赖，开放性非常强。境外经贸合作园区即是在这种背景下产生的，参与这一形式经济特区的主体（单位、个人、产品或服务）大多不是来自一个国家或地区，特别是中国境外经贸合作区引领了经济特区向新的形式继续探索。因此可以说，境外经贸合作区产生于跨国企业的海外扩张，兴盛于中国企业的"走出去"，总体来看是传统经济特区和世界经济发展的共同结果。早在20世纪80年代，新加坡、韩国、中国香港和中国台湾的出口加工区发展到一定程度时，本地的工资、土地等要素成本逐渐升高到削弱其产品的竞争优势时，将那些基于低成本劳动力的现有产业转移到可获得更廉价劳动力的国家和地区就变得迫切起来。例如中国在20世纪80年代就与日本合作开发了青岛经济开发区，1993年和1994年，江苏省无锡市和苏州市分别与新加坡合作开发了工业园区，以借鉴新加坡的工业发展模式。①

在与其他发达国家合作建设经贸合作区的同时，中国与发展中国家共同开发的经贸合作区的数量也在不断增加。20世纪90年代中期，中国企业就已开始瞄准海外市场，着手建立全球品牌，其中的重要组成部分是建立境外经贸合作区。1999年，海尔在美国南卡罗来纳州的卡姆登市建立了第一个中国境外工业区，在美国市场建立了供应链。2001年，海尔又在巴基斯坦拉合尔与当地投资者合作建立了一个工业区。② 1999年，中国与埃及签署了在苏伊士湾建立工业区的协议，这也是中国在非洲建立的第一个经济技术开发区。③ "一带一路"倡议以来，境外经贸合作区进一步成为中外合作的新载体。④ 根据中国商务部数据，截至2018年9月，中国已在"一带

---

① 张晓平：《我国经济技术开发区的发展特征及动力机制》，《地理研究》2002年第5期。
② 丘文敏：《海尔：从美国到南亚的前进之旅》，《大经贸》2007年第1期。
③ 刘晨、葛顺奇：《中国境外合作区建设与东道国经济发展：非洲的实践》，《国际经济评论》2019年第3期。
④ 沈铭辉、张中元：《中国境外经贸合作区："一带一路"上的产能合作平台》，《新视野》2016年第3期。

一路"沿线国家建设了 82 家经济贸易合作区，广泛分布在阿尔及利亚、埃及、埃塞俄比亚、毛里求斯、尼日利亚、赞比亚、塞拉利昂、乌干达、博茨瓦纳、南非等许多发展中国家，累计投资 304.5 亿美元。① 通过境外经济贸易合作区，中国的发展经验和东道国的发展需求相互结合，一方面促进了中国产业转型，一大批劳动密集型产业，如纺织品、皮革制品和建筑材料向海外转移；另一方面，一些较为落后的国家通过承接中国产业转移，可以有效解决这些国家的制成品过度依赖进口问题。此外，通过境外经贸合作区这一平台，还有助于增加对母国产品的需求，规避贸易摩擦和进出口壁垒，促进母国经济结构调整，提升国内产业价值链。目前，通过商务部确认考核的中国境外经贸合作区共有 20 家（见表 2-1）。

表 2-1　　通过中国商务部确认考核的境外经贸合作区名录

	合作区名称	境内实施企业名称
1	柬埔寨西哈努克港经济特区	江苏太湖柬埔寨国际经济合作区投资有限公司
2	泰国泰中罗勇工业园	华立产业集团有限公司
3	越南龙江工业园	前江投资管理有限责任公司
4	巴基斯坦海尔—鲁巴经济区	海尔集团电器产业有限公司
5	赞比亚中国经济贸易合作区	中国有色矿业集团有限公司
6	埃及苏伊士经贸合作区	中非泰达投资股份有限公司
7	尼日利亚莱基自由贸易区（中尼经贸合作区）	中非莱基投资有限公司
8	俄罗斯乌苏里斯克经贸合作区	康吉国际投资有限公司
9	俄罗斯中俄托木斯克木材工贸合作区	中航林业有限公司
10	埃塞俄比亚东方工业园	江苏永元投资有限公司

① "一带一路"课题组：《境外经贸合作区奏响一带一路共赢之歌》，《光明日报》2019 年 3 月 29 日第 7 版。

续表

	合作区名称	境内实施企业名称
11	中俄（滨海边疆区）农业产业合作区	黑龙江东宁华信经济贸易有限责任公司
12	俄罗斯龙跃林业经贸合作区	黑龙江省牡丹江龙跃经贸有限公司
13	匈牙利中欧商贸物流园	山东帝豪国际投资有限公司
14	吉尔吉斯斯坦亚洲之星农业产业合作区	河南贵友实业集团有限公司
15	老挝万象赛色塔综合开发区	云南省海外投资有限公司
16	乌兹别克斯坦"鹏盛"工业园	温州市金盛贸易有限公司
17	中匈宝思德经贸合作区	烟台新益投资有限公司
18	中国·印尼经贸合作区	广西农垦集团有限责任公司
19	中国印尼综合产业园区青山园区	上海鼎信投资（集团）有限公司
20	中国·印度尼西亚聚龙农业产业合作区	天津聚龙集团

资料来源：中国商务部"走出去"公共服务平台。

第三节　中国经济特区的发展路径

经济特区是中国改革开放政策的重要组成部分，1980年，深圳经济特区正式成立。除了深圳经济特区，早期的中国经济特区还包括珠海、汕头、厦门。1984年，中国进一步将经济特区的试验推向沿海的14个港口城市，并在这些城市设立了经济技术开发区，通过一系列优惠政策以激励更多新兴产业，尤其是资本好技术密集型产业的入驻。1988年，海南正式建省，整个海南岛就此成为经济特区，标志着特区试验的范围进一步扩大。1990年，上海浦东新区成立。在此之后，各种类型的经济技术开发区、高科技园区等特区纷纷成立。2013年以来，中国先后在上海、广东、天津、福建、辽宁、浙江、河南、湖北、重庆、四川、陕西等18个省、直辖市成立了自由贸易区，进一步探索了以贸易自由化、投资便利化为主要目的的多功能经济特区。2017年，中国决定在雄安建设国家级新区，雄安就此成为继深圳特区、浦东新区之后又一具有全国示范意义的新区。2018年，海南成立自由贸易港，标志着中国对外开放进入新的格局。2019年，深圳经济特区升级为中国特色社会主义先行示范区。由此可见，中国的经济特区同样经历了一个动态演变的过程。经验数据表明，中国经济特区自身的表现首先是非常成功的，其产生的经济和社会影响是广泛的。随着发展阶段和国内外环境的变化，经济特区的概念不断扩展到整个沿海地区和内陆各省、自治区，各种类型的经济特区在全国各地涌现，不断为中国整体经济发展注入新的动力。也就是说，中国经济特区的发展和中国道路存在紧密的联系，特区试验和中国道路之间相辅相成。[1]

一 从深圳经济特区到海南经济特区

传统意义上的中国经济特区通常指的是深圳、珠海、汕头、厦门和海南五个地区。经过几十年的中央计划经济，中国政府于1978年采取了开放政策，1979年7月，中央决定率先开放广东和福建省。1980年8月，广东省的深圳、珠海和汕头被指定为经济特区，《广东省经济特区条例》的出台标志着经济特区正式获得了法律授权。1980年10月，福建省厦门设立经济特区。这四个经济特区非常相似，其直接目标均是促进经济发展，并且都享有特殊的金融、投资和贸易特权，且远离政治权力中心，以尽量减少潜在的风险和政治干预。中央鼓励这些地区采取务实和开放的经济政策，大胆试验和进行政策创新，如果证明成功，则在全国范围内实施。1984年，中共中央决定进一步开放大连、秦皇岛等14个沿海港口城市。同年，邓小平同志在视察深圳、珠海和厦门经济特区后提出："我们还要开发海南岛，如果把海南岛的经济迅速发展起来，那就是很大的胜利。"[2] 1988年4月我国成立了海南经济特区。同年，海南发布了《海南经济发展战略》，明确了经济发展规划，大规模的特区建设逐渐展开。从中央赋予海南的各项优惠政策来看，海南经济特区的范围更大，政策也更优惠。

总体而言，创办经济特区既是我国改革开放事业的重要组成部

---

[1] 陶一桃：《经济特区与中国道路》，《深圳大学学报》（人文社会科学版）2010年第3期。

[2] 《邓小平文选》第3卷，人民出版社1993年版，第52页。

分，也是我国改革开放渐进路径的重要策略。国家对于这五个经济特区的要求都是坚持先行先试，要求它们"敢闯""敢试"，要"杀出一条血路"。邓小平同志说："没有一点闯的精神，没有一点冒的精神，走不出一条好路，走不出一条新路，干不出新的事业。"① 从深圳经济特区到海南经济特区的发展经验来看，改革和开放是其中的主线，大胆的改革创新、探索开放型经济体制，建设全面开放格局贯穿经济特区建设始终。当然，五个特区在改革开放的意义上虽然并列，但其成立的时间并不完全相同，不同省份之间的文化环境、发展起点等背景存在很大差异，因此这五个特区承担具体功能并不完全相同，发展结果也存在很大差异。

二　从沿海经济特区到沿河、沿边开发开放新区

作为中国整体改革开放政策的一部分，设立深圳等五个经济特区仅仅是开始。1984年，中国将经济特区的试验将扩展到国内更大的区域，进一步开放了14个沿海开放港口城市，② 并在这些城市设立了经济技术开发区，通过提供特殊投资激励措施以进一步吸引外资，发展新兴产业和技术密集型产业。其中，经国务院批准设立的大连经济技术开发区是我国正式设立的第一个经济技术开发区。随后，更多的沿海开放城市设立了经济技术开发区，并制定了相应的扶持政策，使其逐渐成为沿海开发开放的重要载体。③

随着这些地区的成功，1985年1月，中共中央、国务院进一步决定在长江三角洲、珠江三角洲和闽南金三角（厦门、漳州、泉州三角地区）建设沿海经济开放区（OEZs），强调这些地区要按出口贸易的需要发展加工业，按加工的需要发展农业和其他原材料的生产，同时提供优惠激励措施，以促进出口生产和外国资本流入。④ 1988年3月，国务院决定进一步扩大沿海经济开放区的范围，将辽

---

① 《邓小平文选》第3卷，人民出版社1993年版，第372页。
② 这14个城市分别是大连、秦皇岛、天津、烟台、青岛、连云港、南通、上海、宁波、温州、福州、广州、湛江、北海。
③ 周干峙：《关于经济特区和沿海经济技术开发区的规划问题》，《城市规划》1985年第5期。
④ 叶顺煌：《闽南区域崛起的时代抉择》，《政协天地》2014年第12期。

东半岛、山东半岛、环渤海地区的一些城市及其所辖县列为沿海经济开放区，开放区域达到288个市县，约32万平方公里，涵盖1.6亿人口，旨在进一步加快沿海地区发展，形成沿海和内地优势互补、分工合作的区域开放格局。1992年，中共中央、国务院决定在长江沿岸，东北、西南和西北部分边境市、县，以及11个内陆地区省会城市实行沿海开放城市政策，加快内陆省、自治区对外开放的步伐。[1] 在这个过程中，经济技术开发区、高新技术产业开发区、保税区等多种形式的经济特区得以建立和发展，例如北京设立了新技术产业开发试验区，成为我国第一个国家级高技术产业开发区，这也成为中关村科技园区的前身。[2]

中国经济技术开发区进一步丰富了经济特区的实践内涵，在具体的发展方式上，多数开发区是以土地开发（通过土地抵押换取原始发展资金、依托土地资源与劳动力优势）和对外开放（借助对外开放的有利条件）为主要手段，从而吸引资本进入，实现资本的技术溢出效应。[3] 在这一逻辑下，中国的经济技术开发区先后经历了初始培育、快速成长、稳定发展、创新升级的阶段，利用外资的数量和水平不断提高，引进产业的层次和技术含量不断提高，持续推动着中国工业化进程的不断深入。截至2017年末，我国各类国家级产业园区已经达到552家，其中，国家级经济技术开发区从最初的14个扩展到了219个，国家级高新技术产业园区达到156家，国家级保税区108家，国家级出口加工区27家，国家级边境经济开发区19家，其他国家级开发区23家（旅游度假、台商投资、新区、保税港区等）。[4] 数量扩张的同时，园区的空间分布更加合理，从最初的沿海集聚逐渐扩展到了内陆地区，重点发展的产业也从基础性产业拓展到技术密集型产业。值得注意的一点是，众多经济技术开发区通常位于各个城市的郊区，在经济技术开发区内，一个由地方

---

[1] 伍长南：《四大外商投资区利用外资与产业升级研究——长三角、珠三角、闽东南、环渤海湾地区利用外资与产业升级的分析》，《亚太经济》2002年第5期。
[2] 黄威、苏会志：《组建中关村科技园区的幕后新闻》，《经济世界》2000年第4期。
[3] 任浩：《园区不惑：中国产业园区改革开放40年进程》，上海人民出版社2018年版，第136页。
[4] 同上书，第23页。

政府共同选择的管理委员会代表地方政府监督该地区的经济和社会管理，这与早期的经济特区是非常一致的。

中国的开放发展战略按照沿海、沿江、沿边的梯度渐次发展，经济特区也是分阶段有步骤地向纵深协调推进。如今，随着沿海开放和经济发展程度的不断提高，沿边开放逐渐与沿海开放共同构成中国经济开放战略的重要组成部分，沿边开放还是发展区域经济，深化"与邻为善""与邻为伴"及"睦邻安邻富邻"政策的重要载体和有效途径，是"先富带动后富"及"人人享有发展改革成果"的重要实现手段。①2010年5月，中央新疆工作会议上中央正式批准喀什设立经济特区，旨在依托国家特殊优惠和扶持政策，发挥其面向中亚、南亚、西亚的广阔市场优势，加快超常规发展步伐，努力把喀什建设成为世界级的国际化大都市。②实现了从沿海经济特区到喀什边疆经济特区的扩展。

三 从经济特区到自由贸易区

自由贸易试验区（FTZ）是指在贸易和投资等方面比世贸组织有关规定更加优惠的贸易安排，在主权国家或地区的关境以外，划出特定的区域，准许外国商品豁免关税自由进出，实质上是采取自由港政策的关税隔离区。狭义的自贸区仅指提供区内加工出口所需原料等货物的进口豁免关税的地区，类似出口加工区，广义的自贸区还包括自由港和转口贸易区。③随着中国经济和社会发展步入新常态，在推进现有试点基础上，选择若干具备条件地方发展自由贸易园（港）区成为必要工作。这意味着中国开放型经济进入新的阶段，对外开放的深度和广度都将进一步提升。2013年成立的中国上海自由贸易试验区，为中国自贸区建设开了局，标志着自贸区成为中国改革开放新的试验田，自贸区将在更高层级、更广领域推动对

---

① 姬超：《渐进式发展道路的中国实践与区域发展战略——基于深圳的实验》，《江西社会科学》2017年第10期。
② 姑丽尼格尔·艾斯卡尔：《经济特区的设立对喀什经济的影响》，硕士学位论文，中央民族大学，2013年。
③ 卢国能：《浅谈中国自由贸易区（FTZ）的类型及其发展》，《经济研究导刊》2010年第27期。

外开放和经济转型升级。2015年3月,广东、天津、福建自由贸易试验区总体方案获批,开放实践的探索路径显然得到进一步的延伸和扩展。在实践中,中国正立足全局、科学布点,有序推进自贸区发展战略。[1] 2013年9月—2018年4月,国务院先后批复成立中国(上海)自由贸易试验区、中国(广东)自由贸易试验区、中国(天津)自由贸易试验区、中国(福建)自由贸易试验区、中国(辽宁)自由贸易试验区、中国(浙江)自由贸易试验区、中国(河南)自由贸易试验区、中国(湖北)自由贸易试验区、中国(重庆)自由贸易试验区、中国(四川)自由贸易试验区、中国(陕西)自由贸易试验区、中国(海南)自由贸易试验区。[2] 从沿海到内陆,从北到南、由东至西,形成了新的改革开放"雁阵"。根据商务部统计,截至2018年底,除海南以外的11个自贸试验区累计新设立企业61万家,其中外资企业3.4万家,以不到全国万分之二的面积吸引了12%的外资,创造了12%的进出口。已累计202项改革试点经验复制推广到全国范围。2019年,我国进一步在山东、江苏、广西、河北、云南、黑龙江增设了6个自贸试验区,着力打造新时代改革开放的新高地,带动形成更高层次的改革开放新格局。

四 从自由贸易区到自由贸易港

自由贸易港是一个比自由贸易区涵盖范围更大、功能更全的概念,自由贸易港政策对发展外贸确实极为有利,但是综合考虑我国当前的外贸、经济运行态势,税收监管政策等因素,以及经济特区发展的渐进式安排,目前还不宜在全国范围内过快推进。[3] 2018年4月13日,党中央决定支持海南全岛建设自由贸易试验区,支持海南逐步探索、稳步推进中国特色自由贸易港建设,分步骤、分阶段

---

[1] 孟广文:《建立中国自由贸易区的政治地理学理论基础及模式选择》,《地理科学》2015年第1期。
[2] 王佳宁:《改革开放空间新布局:由政策主线观察》,《东北财经大学学报》2019年第2期。
[3] 王鑫钢、冉婷、劳彬:《关于在广西北部湾经济区设立海关特殊监管区的若干思考》,《市场论坛》2007年第12期。

建立自由贸易港政策和制度体系。

之所以率先选择海南试点自由贸易港，是由海南的特殊发展禀赋和内在发展需求决定的。自新中国成立以来，海南的建岛方针就是"加强防卫，巩固海南"[①]，人们都视海南为国防建设的前哨。也就是说，军事建设才是海南的核心任务。据统计，1950—1987年，海南国防投入200多亿元，经济建设投入只有80多亿元。[②] 在这种战备体制下，海南的工业化极其薄弱，经济发展落后，只有一些初级的农产品和农产品加工业，人们收入水平很低，基础设施非常薄弱。直到改革开放后，中央和地方领导逐渐认识到转变发展战略的必要性，开发海南岛的设想开始酝酿并且不断完善。1980年7月，国务院和广东省围绕如何开发海南岛召开了座谈会，形成了《海南岛问题座谈会纪要》，标志着海南的建设重心开始转向改革开放和经济建设。1981年6月，广东省委第一书记任仲夷提出"要让海南有更多的自主权"，"以开放促开发"开始成为海南新的建设方针。1983年，中央进一步向全国转发了《加快海南岛开发建设问题讨论纪要》，不仅向全世界宣告了在海南改革开放的决心，还赋予了海南许多优惠政策。[③] 1984年，随着深圳、珠海、厦门、汕头经济特区建设初见成效，中央开始考虑进一步扩大特区范围。全国人大通过了海南行政区新的建制，海南开始在实质上拥有了省级权力和职能。1987年，中央决定在海南全岛试办更大范围的特区。1988年，海南省正式成立，海南经济特区正式成立。当时的媒体甚至宣称海南的政策是当时中国最特殊、最灵活、最优惠的政策。来自世界各地的各类型要素快速向海南聚集，甚至出现了"十万人才下海南"的壮举。[④] 区域开放的同时，海南同时也在探索产业开放之路。基于海南的比较优势，同时又不能以污染环境为代价，海南重点发展

[①] 陈克勤：《对邓小平决策海南建省办经济特区的回顾》，《海南师范大学学报》（社会科学版）2018年第6期。

[②] 同上。

[③] 同上。

[④] 当然，海南经济特区的建设过程中也不乏争议。例如面对资金短缺问题，海南在洋浦进行了划定区域引进外资成片承包开发建设的试验就遭到了很多质疑，甚至指责海南的洋浦开发模式是在制造新的租界。

和对外开放的产业主要是热带高效农业和旅游业。到了2000年前后，海南正式推出了建设"国际旅游岛"的设想，并以旅游业为核心逐渐扩展至现代服务业的全面开放。2009年，国务院正式出台了《关于推进海南国际旅游岛建设发展的若干意见》，海南的国际旅游岛建设正式上升为国家战略。① 2018年，党中央正式决定在海南全岛建设自由贸易区，支持海南探索建设中国特色的自由贸易港。

由此可见，以海南为试点建设自由贸易港是我国对外开放政策的进一步深化，同时选择海南作为试点有其内在的必然性，海南的对外开放也经历了一个由浅入深的过程。海南建省之初就提出将海南全省建设成为境内关外的特别关税区，以此将海南全岛直接推向全国，从而探索出一条比深圳等其他特区更特、全国最大的特区，但是这一设想并未实现。② 海南在建省之初就实行了省直管县的扁平化体制，率先探索推进了企业股份制改革，率先推进了粮食价格和主要生产资料价格的改革，近年来还在"多规合一"改革上走在了全国前列。③ 在自由港的框架下，海南进一步探索了"小政府、大社会"的新体制，这与此前的改革试验也是一脉相承的。总之，作为一个"两头在外"的岛屿经济体，海南只有以更加开放的姿态释放经济活力才能实现持续的发展，④ 这既标志着海南站到了更高的起点，也标志着全国形成了对外开放的新格局。

第四节　中外经济特区的结果差异

从时间维度上看，无论是中国还是国外的经济特区都经历了一

---

① 夏锋、郭达：《海南经济特区开放型经济发展的基本经验与战略选择》，《改革》2018年第5期。
② 陈克勤：《对邓小平决策海南建省办经济特区的回顾》，《海南师范大学学报》2018年第6期。
③ 张健：《浅谈海南建省办特区30年来的经济成就与经验》，《改革与开放》2018年第21期。
④ 夏锋、郭达：《海南经济特区开放型经济发展的基本经验与战略选择》，《改革》2018年第5期。

个动态演化过程，这种过程与经济特区面临的环境变化密切相关。但是，中外经济特区在发展演化过程中面临的体制背景和经济背景存在很大差异，因此发展结果也大不一样。具体地，相比国外经济特区，中国经济特区在以下三个方面更具创造性。

一 中国经济特区通过内引外联发挥各地优势实现了帕累托改进

中外经济特区在发展过程中都非常重视引进外资实现经济发展，但是，中国经济特区在实现自身经济发展的同时还在很大程度上引领了中国整体的发展，超越了只追求自身经济发展的狭隘功能，这是中国经济特区之所以能够产生全局性影响的原因。最终，中国经济特区超越了外资引进的单一性经济功能，它所承担的功能更为全面，这是中国经济特区显著区别于国外经济特区之处，这是国外经济特区所不具备的。[1] 中国经济特区通过市场化改革破除了计划经济体制束缚，在特区内率先创造了发展红利，迅速解决了要素稀缺问题。对内，特区引进丰富廉价的劳动力；对外，特区联合港澳台等外资共同开发。加工贸易和出口导向的发展模式就此形成，这令特区抓住了国际产业转移机遇，成为连接海内外、特区内外商品和信息的重要集散地，带来了先进的生产和管理技术，提高了要素生产率，迅速改变了传统的经济结构，实现了经济起飞和跨越式发展。客观来看，这种"内引外联"的协作模式聚集了各个区域的比较优势，因而给其他区域带来的是正向溢出，使特区与其他区域的发展形成互补，这种安排既克服了国内资本短缺的劣势，又避免了对国内既有经济体系造成冲击。与国外许多经济特区相比，中国经济特区在动态发展过程中给各个区域、各个主体带来了增量利益，因而对于中国整体来讲，特区的增量改革试验完全是一次帕累托改进[2]，这是中国经济特区的第一个创新之处。

---

[1] 袁易明：《中国经济特区建立与发展的三大制度贡献》，《深圳大学学报》（人文社会科学版）2018年第4期。

[2] 帕累托改进是指在不减少一方的福利时，通过改变现有的资源配置而提高另一方的福利。

二 中国经济特区通过非常规、非正规的制度实践实现了标准化理论的结果

越来越多的事实表明，在促进发展的问题上指望所有国家遵循某一种"良好的经济行为"模式是一种不切实际的想法，多数国家也不会接受……归根结底，所有成功的国家都会发展出具有自己民族特色的发展模式。二战以来，发展较快的国家之所以能成功，就是因为它们都无一例外地采取了离经叛道的独特政策。[1] 中国经济特区的实践鲜明地体现了这一点，中国的经济特区试验没有被教科书理论或意识形态束缚，始终坚持问题导向、实践导向是特区成功的关键。例如，招商局在开发蛇口工业区中获得的自主权限之大甚至超越了新古典经济理论中的代表性厂商，政府在特区试验中也将"守夜人"角色发挥到了另一个极致，许多本属于政府的权限也暂时赋予了招商局，这在当时可谓是一次"非常规、非标准"的制度实践，但是却达到了"标准化理论"[2]所产生的结果，包括市场激励、产权保护、宏观经济和社会稳定等。在中国经济特区的试验过程中，为了解决许多地方特色明显的现实难题，灵活、务实地采用一些非常规、非标准的制度安排是非常必要的，这也是中国经济特区的第二个创新之处。

三 中国经济特区在实践中实现了内生性的制度供给

从时间维度上看，中外经济特区虽然都经历了一个动态演化过程，但是具体到某个经济特区时，国外的经济特区多是局限于静态的区域开发，其主动创新实现转型发展的动力远远不如中国经济特区。中国经济特区的重要内容是建设社会主义市场经济体制，吸收、借鉴、学习国际上的先进体制实践和制度创造的文明成果，在此基础上对其进行改良、试验、推广，这是经济特区建立初期的制

---

[1] ［土耳其］丹尼·罗德里克：《新全球经济与发展中国家：让开放起作用》，王勇译，世界知识出版社2004年版，第14页。

[2] 这里的"标准化理论"指的是当前处于主流的西方新自由主义经济理论，在该理论中，政府和市场的边界分明，政治领域和经济领域相互分离，经济功能由企业家（资本家）履行，政治功能由政治家（政府）履行。

度实践路径。在这个过程中,经济特区制度实践的首要内容是制度的选择与引进,其次是在引进吸收基础上的制度创新。经验表明,在中国经济特区经济的起步阶段,单纯复制学习欧美国家的企业管理和市场运营经验对于当地经济增长具有很大的促进作用。但当特区经济发展到一定高度时,原有制度模仿的正向作用就开始递减,甚至不发挥作用。当制度红利释放完毕时,简单复制模仿发达国家的制度已经不能适应持续发展的要求,这就要求经济特区必须随着环境变化主动提供新的制度保障。[①] 事实证明,中国经济特区在进行制度试验的时候的确体现了一种完全不同的思维模式,与国外许多经济特区直接照搬新自由主义的发展理念不同,中国经济特区的制度实践不是新古典经济增长模式的简单应用或改良,而是在实践中根据特定发展阶段,依照转型发展需求,相应地在不同领域进行了制度创新,最终逐步完善了中国特色的社会主义市场制度体系,依据自身经济社会基础探索出来的制度在实践当中也具有了更好的适应性、持续性,这也是中国经济特区的第三个创新之处。

---

① 姬超:《渐进式发展道路的中国实践与区域发展战略——基于深圳的实验》,《江西社会科学》2017 年第 10 期。

第三章 经济特区发展的理论逻辑

第一节 经济特区发展的理论原因

一 均衡理论与经济起飞的失灵

均衡理论取自于发展经济学的1.0版本，即结构主义范式，发展经济学又起始于二战之后民族国家现代化建设的尝试。20世纪50年代，发展中国家大多缺乏完善的现代市场经济体制，资源性产业和农业等基础产业是经济的主体产业，产业结构较为单一，产业层次和生产力水平较低。在这种情况下，许多人认为发展中国家落后的根源就在于刚性的结构问题，导致价格失灵和资源错配，一些发展中国家因而尝试通过积极的国家力量实现国内产业结构向发达国家的直接看齐和迅速转变。其中，P. N. 罗森斯坦和罗丹发表于1943年的论文《东欧与东南欧国家的工业化问题》和K. 曼德尔鲍姆《落后地区的工业化》标志着发展经济学正式登上历史舞台。[①] 随后，W. A. 刘易斯通过一个二元结构模型描述了发展中国家如何通过资本积累消化吸收"无限的劳动力供给"和"边际生产率为零的传统部门"来推动经济发展。[②] R. 普雷维什和H. W. 辛格认为发展中国家在与发达国家贸易时由于落后的产品结构而遭受发达国家盘剥，导致贸易条件长期恶化，因此必须通过进口替代政策快速实

[①] 任保平、洪银兴：《发展经济学的工业化理论述评》，《学术月刊》2004年第4期。

[②] ［英］刘易斯：《经济增长理论》，梁小民译，上海人民出版社1997年版，第56页。

现工业化。① 罗森斯坦－罗丹进一步在其"大推进"理论中强调分散的个人投资无法达到最佳的资源配置和合意的规模经济，尤其是不完善的市场将不能正确地利用价格机制解决外部性等问题，因此必须依靠国家力量实现"大推进"式的投资和工业化。② R. 纳克斯认为要消除发展中国家"贫困恶性循环"就必须通过国民经济各部门的平衡增长为其他行业提供广阔市场。③

按照均衡发展理论，发展中国家必须通过国家力量在各个区域、各个部门均衡投资，建立部门之间的联系，同时还要采取进口替代战略，优先扶持保护民族产业，从而在根本上改变落后的经济和产业结构。显然经济特区政策是不符合均衡发展理论要求的，也不可能取得成功，一些学者因而将经济特区视为次优选择，其成功仅限于有限时间范围内的特定条件，④ 并且有很大的可能成为"飞地"。但是事实走向了理论的另一面，在均衡发展理论指导下，许多发展中国家和地区往往通过国家大规模的均衡投资实现了短暂的增长，随后却是经济停滞和持续的危机。与此同时，经济特区在实践中却成功吸引了发达国家的直接投资并创造了就业和出口，经济特区作为一种发展政策工具的吸引力不断提高。20 世纪 80 年代中期以来，几乎所有国家新建的经济特区数量都在迅速增长，尤其是发展中国家，目前全球经济特区的全球出口额估计超过 2000 亿美元，直接雇用了至少 4000 万工人。⑤

二 增长极理论与中国经济特区的实践

由于均衡发展理论在实践中的失败，许多国家开始寻求经济发

---

① Prebisch R., "Commericial Policy in the Underdeveloped Countries", *American Economic Review*, Vol. 49, No. 3, May 1959, pp. 251 – 273.

② Rosenstein-Rodan P. N., "Problems of Industrialisation of Eastern and South-Eastern Europe", *The Economic Journal*, Vol. 53, No. 210/211, Jun. – Sep. 1943, pp. 202 – 211.

③ Nurkse R., "Period Analysis and Inventory Cycles", *Oxford Economic Papers*, Vol. 6, No. 3, September 1954, pp. 203 – 225.

④ Madani D., "A Review of the Role and Impact of Export Processing Zones", *Policy Research Working Paper*, Vol. 17, No. 2, December 1999, pp. 33 – 37.

⑤ FIAS (Foreign Investment Advisory Service), *Special Economic Zones. Performance, Lessons Learned, and Implications for Zone Development*, Washington DC: World Bank, 2008.

展的新方向。J. 瓦伊纳反驳了发展中国家贸易条件长期恶化和进口替代的主张，指出不应忽略对外开放和贸易的正向作用，包括降低产品成本和技术引进等。[①] G. 哈伯勒也强调了参与国际分工和贸易对发展中国家的动态间接效应。现实中，东亚几个国家迅速从进口替代战略转向出口促进战略，从均衡发展思路转向非均衡发展思路。随后，赫希曼依据联系效应提出了产业、部门之间的非均衡增长理论，[②] H. B. 钱纳里就欠发达国家的储蓄约束和外汇约束提出了"两缺口"理论，[③] G. 缪尔达尔提出了"循环累积因果关系"理论，[④] H. 莱宾斯坦提出了"临界最小努力"理论，[⑤] 等等，非均衡的发展思路逐渐形成，通过一些基础较好地区率先发展的探索开始了。

在很多发展中国家，最基本的经济起飞都很难发生，偶然实现的经济增长也很难持续下去，人民的生活条件长期得不到改善，贫穷和疾病始终笼罩着这些国家。本书认为，引起这一现象的原因是普遍存在的制度锁定和要素聚合锁定，如何突破这种要素锁定是发展中国家经济起飞的关键。具体地，在发展中国家寻求经济起飞时，首先面临的问题大多是资本短缺和劳动力过剩的矛盾，资本稀缺在事实上成为制约发展中国家经济起飞的首要因素。考虑到发展中国家广泛存在的剩余劳动力问题，资本积累的速度还必须快于人口增长速度。在这种情况下，通过一些特殊地区的优先发展形成增长极，进而通过溢出效应辐射带动整体的经济发展就成为一种可行路径。经济特区从而成为一种突破制度锁定与要素聚合锁定的重要手段，通过经济特区这一增长极的率先起飞，进而实现整个国家、

[①] 马颖：《发展经济学60年的演进》，《国外社会科学》2001年第4期。

[②] Hirschman A. O., "Philosophers and Kings: Studies in Leadership Underdevelopment, Obstacles to the Perception of Change, and Leadership", *Daedalus*, Vol. 97, No. 3, Summer 1968, pp. 925 – 937.

[③] Chenery H. B., "The Two Gap Approach to Aid and Development: A Reply to Bruton", *American Economic Review*, Vol. 59, No. 3, June 1969, pp. 446 – 449.

[④] ［瑞典］冈纳·缪尔达尔：《亚洲的戏剧：对一些国家贫困问题的研究》，方福前译，首都经济贸易大学出版社2001年版，第70页。

[⑤] Leibenstein H., "Incremental Capital-Output Ratios and Growth Rates in the Short Run", *The Review of Economics and Statistics*, Vol. 48, No. 1, February 1966, pp. 20 – 27.

区域的"雁阵"发展模式,这一点在东亚国家已经得到证实。与此同时,增长极引致的非均衡发展以及随之而来的区域分化也不能视而不见,这就需要在发展过程中实现增长极的动态调整和演变,最终形成一种渐进式的、相互继起的发展局面。

(一)经济特区成为中国整体经济发展的增长极

无论是在发达国家还是发展中国家,经济特区都是一种用于促进特定地理区域和经济部门率先发展的政策工具,建立经济特区意味着打破现状和寻求新的增长点。政府通常优先支持经济特区的基础设施发展并且为之提供诱人的优惠政策,从而吸引先进生产性要素尤其是外资进入,由此产生的资本和产业集聚有望增加上下游更密集的资本投入和劳动力需求,产业发展和集聚过程中还会在企业和工人之间产生知识溢出效应,最终形成一个相互促进的循环累积。以中国的经济特区为例,作为一个后发地区,中国经济特区的发展是一个从无到有、从小到大的过程,因而在计划经济体制向市场经济体制转型时,面临的压力相对较小,试验失败的成本相对较低,风险也较小,在国际分工格局演变和产业转移的背景下,中国通过在经济特区率先开放,抓住了这些难得的机遇,通过部分地区优先发展的非均衡增长方式,渐进地实现了整体经济的快速起飞。

(二)经济特区强化了对市场主体生产性努力的激励

作为经济起飞的增长极,最鲜明地,经济特区体现为一种非均衡式发展策略,国家通过各种倾斜性政策鼓励特区优先发展,促进资源优先向经济特区流动,形成以经济特区为中心的增长极。根据利特瓦克(John M. Litwack)和钱颖一(1998),作为制度供给的主体,政府在制定政策时一方面面临满足社会大众需求的政治压力,另一方面又不可能对政府掠夺行为进行完全的规制或约束,从而产生政府寻租的可能,这在法治较为薄弱的发展中国家尤其明显,市场主体对这一点也有充分的预期。考虑到发展中国家糟糕的初始条件,进一步加强了市场主体放弃生产性努力的可能,这对政府同样没有好处。面临这种情况,政府要么通过提高税率等方式加大对全体市场和社会的榨取,以获取更多的资源,要么实行偏向性政策(例如经济特区)以分化瓦解社会压力。前者从长时期来看会进一步抑制市场主体从事生产性活动的积极性，最终导致低水平均衡陷阱，这也刻画了许多掠夺性国家的现状。因此，设立经济特区在客观上就成为发展中国家最为行之有效的手段之一。设立经济特区并在区内实施优惠的激励政策，提供配套的基础设施服务，能够强化对市场主体生产性努力的激励，上述低水平均衡陷阱就有可能被突破。原因在于建设特区需要大量投入，包括资金投入和政策投入等，这就相当于政府激励企业投资的一种抵押物，这种担保的好处在于承诺的不可逆性，即使这种承诺并不完全可信。事实上，当政府承诺的可信度很高或很低的极端情形下，设立特区都不会是最优策略，只有当政府承诺的可信度处于中间强度时，设立特区的效果才是最优的，这也是许多发展中国家在特区建设方面取得更大成功的原因所在。[1]

（三）经济特区强化了地方政府为创新而竞争的机制

在现实中，为了快速实现宏观经济增进、国民生产总值增长、生活水平的提高，发展中国家通常需要执行非均衡的、偏向型的经济政策，例如利用大量的出口和投资补贴导向特定区域、特定产业甚至是特定企业，[2] 一些特殊部门的利益会得到增进，另一些部门则会受损，例如农民、消费者、工人和小企业等在很大程度上是被忽视的。不过在中国经济特区发展过程中，尽管政府实施了大量的偏向型政策，但是却没有产生大规模的社会分化。一方面的原因在于政府对经济特区的扶持并非无条件的，政府为经济特区提供优惠政策的同时也施加了纪律和业绩标准，这决定了未来继续获得政府扶持的资格，也是经济特区持续创新的内在动力之一，这就使得整个蛋糕越做越大，例如中国经济特区"内引外联"的增长方式对于其他区域而言也是一种增量利益。另一方面，经济特区并非一旦确立就一成不变，而是一个动态演变的过程，例如中国的经济特区就

---

[1] John M. Litwack, Yingyi Qian, "Balanced or Unbalanced Development: Special Economic Zones as Catalysts for Transition", *Journal of Comparative Economics*, Vol. 26, No. 1, March 1998, pp. 117–141.

[2] 禹贞恩：《发展型国家》，曹海军译，吉林出版社2008年版，第178页。

遵循了"试验—推广—趋同"的空间渐进推进路径。① 在这个过程中，不同发展阶段、不同类型的经济特区的创新相互继起、相互示范，不断完善整个制度体系，推动经济社会持续发展。

第二节 经济特区与经济发展的阶段论

一 世界经济发展的整体图景

在过去上千年的绝大部分时间里，世界始终处于较为贫困状态，各国经济基本上都以农业为主体，人均国内生产总值和人均收入水平的提高长期落后于人口增长。马尔萨斯认为随着人口数量的不断增长，人们的消费模式随之发生变化，人均消费水平不断提高，自然资源的数量却在不断减少。既有的技术条件逐渐无法承载人类的消费需求，人口扩张与资源约束之间的紧张关系日益明显，最终不可避免地限制经济发展和人口无限膨胀，经济就此陷入一个低水平的恶性循环。②

事实也的确如此，全球经济总量在19世纪以前相当长时期内的增长速度都是极其缓慢的。Angus Madison（麦迪逊，2003）的估计表明，在公元1000年以前的一千年当中，世界人均收入一直在450＄（1990年国际元，下同）左右徘徊，增长率几乎为零。在公元1000—1820年之间，世界人均收入的年均水平一直低于670＄，平均增长率仅为0.05%。与此同时，世界人口也呈现出缓慢增长的趋势，表明在这一时期经济增长与人口增长密不可分，经济增长在很大程度上依靠人口增长推动，最终又被人口增长所抵消。这种情况下，报酬递减不可避免，供不应求也是一个必然的经常现象，人们的日常生活几乎是一成不变的，人口过剩与农业内卷造成了"马尔

---

① 徐现祥、陈小飞：《经济特区：中国渐进改革开放的起点》，《世界经济文汇》2008年第1期。
② ［英］托马斯·罗伯特·马尔萨斯：《人口原理》，王惠惠译，陕西师范大学出版社2008年版，第40页。

萨斯循环"的永久轮回。① 但是对于这种依靠人口增长推动的"增长",许多学者并不承认。诺斯曾经指出,增长必须是:"人均收入的长期增长,真正的经济增长意味着社会总收入必然比人均消费增长得更快。另一方面,经济停滞意味着人均收入非持续的增长,虽然平均收入在相当长的时间周期中可能表现为有升有降。"②

直到1820年之后,也就是工业革命以来,世界经济才开始呈现强劲增长态势,人均国内生产总值年均增速从之前的0.05%逐渐提高至2%,人均收入增长速度开始超过人口增长率。但世界各国的经济增长并非同步发生,各国之间的增长情况存在巨大差异。增长较快的主要包括西欧、美国、加拿大、澳大利亚、新西兰和亚洲的日本等国家和地区,这些地区与其他地区的人均收入差距由初始的相近水平拉大到了7比1,最富有地区和最贫困地区的人均收入差距甚至达到了19比1。③

此外,在欠发达地区内部的经济增长也存在很大差异,拉丁美洲国家的人均收入增长相对快于东欧、亚洲和非洲国家,然而拉美许多国家却在20世纪末段陷入了诸如债务危机的各种困境,经济形势急剧恶化,东欧许多国家在效仿和复制西方经济增长方式后也没有实现预期的效果。进入到21世纪以来,经历长期高速增长的东南亚发达经济体逐渐面临转型困境,增长开始乏力,欧美发达国家则深陷债务与金融危机不能自拔,世界经济前景持续阴霾,收入不平等、地区发展不平衡、人口老龄化、环境污染、技术创新瓶颈等各种问题都在制约着经济和社会的长远发展。

二 世界经济发展的主要阶段

综合考察世界各国的增长经验,一个经济体的增长过程通常类似于一个S形曲线,这种增长包括了以下三个阶段:缓慢增长、快

---

① [美] S. R. 爱泼斯坦:《自由与增长:1300—1750年欧洲国家与市场的兴起》,宋丙涛译,商务印书馆2011年版,第168页。
② [美] 道格拉斯·C. 诺斯:《经济史上的结构与变革》,厉以平译,商务印书馆1992年版,第9页。
③ [英] 安格斯·麦迪森:《世界经济千年史》,伍晓鹰等译,北京大学出版社2003年版,第55页。

速增长和低速增长。① 与之对应地，世界经济论坛在每年发布的全球竞争力报告中将不同国家划分为要素驱动阶段（人均 GDP 低于 3000 美元）、效率驱动阶段（人均 GDP 在 3000 美元和 9000 美元之间）、创新驱动阶段（人均 GDP 高于 17000 美元）。②

在第一个阶段，人均收入水平很低，经济增长速度非常慢，年均增长率最多不会超过 4%，处于这一阶段的国家与发达国家以及世界平均水平之间的收入差距也会越来越大。而且，从第一阶段向第二阶段的转型并不容易，世界上只有少数国家和地区成功地上升到第二阶段，绝大多数国家仍然徘徊于低水平均衡陷阱，这些国家的基础设施长期得不到改善，政府治理能力极差，腐败问题极其严重。

在第二个阶段，成功跨越第一个阶段来到这一区间的国家，通常具有很高的储蓄率和很强的资本积累能力，这些国家不断地强化投资和引进更为先进的技术，以获得更高的产出。它们长期维持较快的增长速度，年均增长率通常在 5% 以上，与发达国家的收入差距也在不断缩小。

相比之下，能够成功转型进入第三个阶段的国家数量就更少了。许多国家即使进入到了快速增长的第二阶段，由于不能维持足够长时间的经济增长，不可持续的增长使它们迟迟无法跨越到更高的发展阶段，甚至可能滑落到第一阶段。当然，一旦进入到第三阶段，经济增长速度也会迅速下降，更高的年均增长率对于这些国家几乎是不可能的。

几千年以来，人类世界长期处于第一阶段。只有极少数国家能够仅凭自身力量积累足够的剩余，实现第一阶段向第二阶段的转型，能够从第二阶段成功跨入第三阶段的国家非常少。二战后世界上的众多发展中经济体当中，能够从低收入进入中等收入，并且成功跨入高收入群体的只有两个：韩国和中国台湾；经济增长率超过 7%、持续增长超过 25 年的经济体只有 13 个，它们分别是博茨瓦

---

① Hui Ying Sng, *Economic Growth and Transition: Econometric Analysis of Lim's S-curve Hypothesis*, Singapore: World Scientific Publishing Co. Pte. Ltd., 2010, p. 55.

② Xavier Sala-i-Martín, *The Global Competitiveness Report* 2016 – 2017, Geneva: World Economic Forum, 2016, p. 38.

纳、巴西、中国、中国香港、印度尼西亚、日本、韩国、马来西亚、马耳他、阿曼、新加坡、中国台湾和泰国。其中博茨瓦纳、马耳他和阿曼的人口规模非常小，另外十个国家无一例外地遭受了经济减速、停滞甚至倒退等不同程度的衰退。① 中国持续三十多年的高速增长固然是奇迹，但各省、地区之间的增长并非同步，相当一部分地区处于并将继续处于贫困和落后状态，而且根据巴罗和萨拉·伊·马丁的计量检验，各个国家之间并不存在收敛趋势。②

由此可见，没有任何一个经济体能够一直持续高速增长。万事万物包括国家和其他类型经济体，其增长总是有高潮有低谷，有快有慢，呈现有机的、循环往复的规则变化，通常是沿着一条 S 形曲线移动，一开始缓慢启动，然后加速，飞速发展一段时期，最后减速，③ 这描述了经济增长真实的路径和过程。线性的经济增长轨迹不仅单调乏味，而且不符合事实。也就是说，无论如何，增长都不会成为经济的单一形态，这样的增长历史至少提供了以下两点启示：

（1）并不存在一个固定的增长方式，不同国家和地区增长的动力和决定因素因时、因地而异。因此，转型问题并非只在落后国家和地区才会出现，发达国家和地区同样需要根据发展阶段以及环境变化不断寻求转型，转型是实现经济持续增长的必要条件。

（2）长期的、可持续的稳定增长优于短期的、不可持续的高速增长，这也正是转型的目标。宾斯旺格（2009）就曾认为全球的必要经济增长率是 1.8%，而只要这一稳态增长能够得到长期维持，其作用和效果便是惊人的。④ 但在现实中人们常常陷入对增长的疯狂迷信，结果反而导致了各种可持续难题。

那么接下来的问题就是：第一，是什么因素导致大多数发展中

---

① 张晓晶：《增长放缓不是"狼来了"：中国未来增长前景展望》，《国际经济评论》2012 年第 4 期。

② Barro, Robert, Xavier Sala-i-Martin, *Economic Growth*, New York: Mcgraw-Hill, 1995, p. 155.

③ 张晓晶：《增长放缓不是"狼来了"：中国未来增长前景展望》，《国际经济评论》2012 年第 4 期。

④ Hans Christoph Binswanger, *The Growth Spiral*, New York: Springer-Verlag Berlin and Heidelberg, 2012, p. 126.

国家无法迅速走上经济增长的快车道？发展中国家又能否独立地获得增长要素？第二，支撑中等收入国家经济持续增长的要素又是什么？为什么只有少数国家能够成功跨越中等收入陷阱？实现经济转型的根本原因是什么？许多学者从不同角度对此进行了回答，本书接下来着重以较为成功的中国经济特区为例，阐述其在不同阶段的适应性演变。

三　不同发展阶段的经济特区

（一）要素驱动阶段的经济特区

对于多数国家和地区的经济起飞而言，亟待解决的第一问题就是要素稀缺问题，尤其是资本稀缺问题。通过对外开放，加以一系列优惠的政策制度，经济特区能够很好地利用国际分工和产业转移提供的契机，从而避免了依靠自身的缓慢原始积累阶段，迅速实现了经济起飞。在理论上，这种增长方式体现为较高的储蓄率和快速的资本（物质和人力资本）形成能力。经验证据表明，多数经济特区在起飞阶段的增长依赖的是大量且快速的要素投入，特别是资本投入。例如，20世纪80年代，也就是中国经济特区设立的第一个十年，深圳、珠海和厦门三个特区的经济都获得了超高速的增长，其中深圳经济年均增速接近40%，厦门和珠海年均增速接近30%。其中，资本投入几乎贡献了全部增长，深圳、厦门和汕头的资本贡献均超过100%，珠海的资本贡献率也达到了90%以上。[①]

作为中国改革开放的窗口，中国经济特区在国内率先走上了经济增长的快车道。然而经济特区在起飞前夕并不具有发达地区经济起飞时所拥有的前提条件：资本极度稀缺，劳动力被禁锢在户籍所在地，工业基础薄弱，同时缺乏熟练的技能型劳动供给和工业产品市场，等等。那么，在如此恶劣的环境下，特区究竟是如何创造并迅速满足了经济起飞的各种条件？以深圳经济特区为例，该阶段的发展重点是以工业为载体的经济建设，例如蛇口工业区建设伊始明确提出"以工业

[①] 姬超：《中国经济特区经济增长的历史透视》，社会科学文献出版社2017年版，第158页。

为主，积极引进，内外结合，综合发展"的总方针。① 按照"五通一平"（通水、通电、通航、通车、通信和平整土地）建设方案，特区在硬件方面迅速建设了客货运码头、变电站、供电线路、引水工程、通信工程，以及部分商品住宅和商业服务设施，在软件方面，特区迅速引进了发达国家企业的管理经验和市场竞争机制，②"时间就是金钱，效率就是生命"这一口号鲜明地反映出当时人们思想观念的转变。通过一系列的市场化改革之后，资本、劳动力、土地，技术等生产要素市场在经济特区率先建立，从而使得要素的相对稀缺程度得以反映，吸引了大量生产要素，尤其是资本。可见，在现实的经济世界中，把握国际分工格局演变所带来的历史机遇迅速实现经济起飞对于任何国家而言都是第一位的，因而主要依赖资本投入的增长方式在特定的发展阶段有其合理性和积极意义，对于大多数发展中国家而言，在经济起飞阶段进行大量投入也是发展中国家迅速缩小与发达国家差距以取得竞争优势的前提。

（二）效率驱动阶段的经济特区

随着经济发展到一定高度，要素稀缺问题得以解决，经济增长对要素投入的依赖程度逐渐下降，要素投入对经济增长的贡献越来越小，全要素生产率（扣除劳动、资本等生产要素之后的"余值"，包括技术进步、管理水平、组织优化、制度变迁等）的贡献越来越大，甚至超过了要素投入的贡献。例如，20世纪90年代之后，中国经济特区的经济增长对资本投入的依赖程度不断下降，深圳的资本贡献率下降了近34个百分点，厦门的资本贡献率下降了近25个百分点，珠海的资本贡献率下降了近12个百分点，汕头的资本贡献率下降了近31个百分点。③ 这就意味着，通过粗放的、高投入的、资源损耗型增长即使能够实现经济起飞，但却是不可持续的，只有向更加集约的、环境友好的增长转型才能实现可持续的发展。在这个阶段，提高要素的使用效率于是成为经济持续发展的关键。

---

① 王硕：《深圳经济特区的建立（1979—1986）》，《中国经济史研究》2006年第3期。
② 吴殿卿：《叶飞与"蛇口模式"》，《党史博览》2013年第2期。
③ 姬超：《中国经济特区经济增长的历史透视》，社会科学文献出版社2017年版，第158页。

这里仍以深圳经济特区为例。在效率驱动阶段，深圳经济特区的产业结构已经发展到相当高度，此时如果继续增加投资，资本密度就会迅速提高，资本的边际生产率也将迅速下降，投资效率就得不到保证。在产业层次较低的阶段，通过产业之间的转型升级，例如三次产业之间的升级，或者承接先行地区的产业转移，就能够极大程度提高要素生产率；在产业层次较高的阶段，产业之间的转型升级开始变得困难，对要素生产率的提升作用开始减弱，持续提高要素生产率开始更多地依赖于产业内的技术进步。因此在这个阶段，为了提高要素生产率，深圳经济特区只能依靠产业内部的分工，提高产业内部的技术水平和效率水平。不过，由于产业层次已经达到相当高度，技术接近产业前沿，因而继续通过产业转型升级大幅提高技术水平的余地不大。为了进一步释放增长潜力，深圳一方面强调技术深化，通过产业之间的合理化实现更宽广领域对当前技术的采纳，增强了技术溢出效应，增加了技术革新的强度，实现了技术边界的循序渐进的外移。另一方面着力促进了要素的自由流动，特别是一些垄断性行业，从而实现了要素的跨部门再配置，进而提高了技术效率，促进了要素向高生产率行业的流动。[1]

（三）创新驱动阶段的经济特区

创新驱动阶段的经济特区已经高度发达，但是随着国内外经济形势和竞争格局的剧烈变化，该阶段的经济特区持续发展和转型的压力仍会不断增加。以中国发展程度最高的深圳经济特区为例，创新驱动已经成为深圳经济特区持续发展的唯一路径，新时代的深圳经济特区承担着中国特色社会主义先行示范区的新使命、新功能，这要求经济特区全面探索由增长到发展的模式转换路径，国家也对深圳经济特区提出了新的发展目标：到2025年，建成现代化国际化创新型城市；到2035年，成为我国建设社会主义现代化强国的城市范例；到21世纪中叶，成为竞争力、创新力、影响力卓著的全球标杆城市。根据国家赋予深圳经济特区的战略定位，未来的深圳还要成为全国的高质量发展高地、全国法治城市示范、全国城市文

---

[1] 姬超：《中国经济特区经济增长的历史透视》，社会科学文献出版社2017年版，第225页。

明典范、全国民生幸福标杆、全国可持续发展先锋，这意味着深圳在新的发展阶段，特区承担的历史使命已不仅仅限于经济领域，还要着力推动社会建设和政治完善，特别是强化各类社会力量，为经济和政治制度的深化改革创造条件，通过经济、社会和政治领域的相互继起的、渐进的改革，促进经济、社会与政治的协调发展。具体地，这一阶段的经济特区实践需要更加注重以下三个方面：

（1）社会发展导向。从中国的改革历程看来，不论是20世纪80年代初期的农村体制变革，还是其后的城市经济体制改革，其基本的目标均是创造效率，通过效率提升财富水平，因此，这样的改革是"效率导向"的制度变革，制度被"内生化"在中国经济的增长过程中。新时期经济特区的改革首先要关注社会发展过程。它是一次"公平导向"的体制变迁过程，新的制度被"内生化"在社会发展过程里，成为社会发展的一个重要因素。[①]

（2）质量增长导向。其基本特征在于通过制度变革，改变资源利用方法，提升利用效率，转变增长方式，走科学发展道路，以协调资源的日益稀缺与需求量迅速上升的矛盾。

（3）协调发展导向。这里的协调包括两层含义：区域之间发展的协调和区域内不同领域之间的协调，前者的本质内涵在于通过区域间的经济要素重组实现发展整合，这即"外溢"发展；后者以社会、经济、文化、环境的发展协调为主要内容。

第三节　中国经济特区的增量改革逻辑

改革开放40年来，"每一次重大改革都给党和国家发展注入新的动力、给事业前进增添强大动力，党和人民事业就是在不断深化改革中波浪式向前推进的"[②]。为了继续探索新时代下的中国特色社

[①] 袁易明：《中国经济特区建立与发展的三大制度贡献》，《深圳大学学报》（人文社会科学版）2018年第4期。

[②] 中共中央文献研究室：《习近平关于全面深化改革论述摘编》，中央文献出版社2014年版，第10页。

会主义，有必要认真总结过往重大改革的成功经验和发展逻辑。作为中国改革开放的起点，经济特区的发展在相当程度上体现了中国特色社会主义的探索过程。如今，经济特区的发展特征和管理体制已经成为特区建设的经典模式，随着"一带一路"倡议的推进，特区模式进一步走向世界。那么究竟什么是特区模式？中国经济特区给发展中国家和地区带来的核心经验又是什么？目前，国外多数经济特区多是复制学习了中国经济特区局部的区域开发或企业发展经验，只是概括了经济特区的特征和形态，尚未触及经济特区的本质属性。如果特区模式仅仅是一种区域或企业发展经验的话，由于发展环境和发展阶段的差异，这种经验对于其他地区即使能够产生一定的示范效应，直接复制的空间也是很有限的。因此，本书主张超越纯粹的区域开发和企业发展理论，一方面将经济特区置于中国整体改革开放进程中，另一方面强调经济特区的动态演进过程，从过程视角考察中国经济特区的核心内涵。这样一来，经济特区就不再是一块单独的产业园区，它更是中国整体发展道路的组成部分。经济特区的价值于是超越了静态的园区开发经验，而是通过不断创新和试验拓展中国整体改革开放的边界。

一　中国发展道路：渐进调适还是增量改革？

对中国经济特区的认识不能仅仅局限于一小块区域开发的经验总结，这样的解读是不完整的，而是需要一个整体、动态、过程的视角。本书认为，经济特区首先是中国发展道路的有机组成部分，一旦将经济特区置于中国整体改革开放的视野中，特区试验就不仅仅是中国对外开放的起点，更是中国整体改革发展的一项重要策略。这种策略集中体现在率先通过特区这一局部区域的市场化改革试验，进而对其他地区产生示范扩展效应，逐步带动中国整体制度存量的优化调整，渐进实现全国整体的改革和发展目标。上述过程体现的正是中国发展道路的典型特征，本书将这种动态过程概括为增量基础上的存量优化调整，即增量改革。所谓增量改革是与存量改革相对而言的，这种改革不是对现状进行剧烈的结构性变革，而是在不触动既有利益格局的前提下，选择新的领域或部门进行边际的市场化改革,首先在增量资产中引入市场机制。①

增量概念源自于林德布洛姆的 Incrementalism,他在 1959 年正式提出了渐进决策范式,认为决策者的理性是有限的,因此在一个相对稳定的社会中,不宜对政策进行大幅度改变,只有以稳健渐进的方式积小变为大变,才能获得最满意的政策效果。② 相比政策目标,林德布洛姆更加关注政策变革的过程。如果说传统的公共政策分析更加注重政策的规范性,以及对目标政策进行价值判断,那么林德布洛姆注重的则是现实中的政策是如何运行及变化的,他提出的渐进调适思路亦在西方许多国家、许多领域的公共政策实践当中得到了检验。

与之相似,中国的改革发展道路没有采用休克疗法(或曰大爆炸式疗法)在全国进行系统性变革,许多领域的改革都体现出了渐进调适特征,许多人也用"摸着石头过河""先易后难,不动存量""双规制"等说法来形象地描述中国发展道路。但是从改革内容来看,中国发展道路显然又不是某种理想或者标准改革方案(例如华盛顿共识)的渐进实现版本。以蛇口为起点的中国改革是从计划经济体制向市场经济体制的大幅度转变,而非渐进调适范式强调的集中于和现有政策稍有不同的政策调整。因此,相比成熟经济体的渐进调适范式而言,本书认为增量改革更能准确地描述中国发展道路。格申克龙认为,国家之间的发展往往呈现非常不同的特征,这种不同不仅体现在发展的水平和速度上,还体现在发展中的生产结构和组织结构等技术体系,因此直接模仿或借鉴的各种制度性手段也应因地制宜。③ 作为一个后发国家,中国的发展道路根据本国国情进行了许多适应性调整,不断丰富了 Incrementalism 的内涵和外延,因而具有新的示范意义和理论价值。

---

① 类似的增量改革方案在中国改革过程中的许多领域都得到了鲜明体现,例如从非国有经济部门开始的扩大企业自主权试验、价格双轨制改革等等,蛇口试验则是中国增量改革的又一体现。

② [美]查尔斯·林德布洛姆:《决策过程》,竺乾威、胡君芳译,上海译文出版社 1988 年版,第 40 页。

③ [俄]亚历山大·格申克龙:《经济落后的历史透视》,张凤林译,商务印书馆 2012 年版,第 11 页。

从中国整体改革开放的视角来看，选择经济特区这样的局部区域作为中国改革开放的起点是非常必要的。改革开放之初，市场经济对于全中国而言都是全新而又陌生的，市场运营经验不足，对改革的目标和方向也不清晰。由于没有先例可循，特区只能以一种"敢为天下先"的创新精神大胆去闯，并在实践当中吸取经验和教训，进而将试验成功的方面推向全国其他地区。在实践过程中，特区试验在时空上的延展逐渐形成了中国增量改革的重要组成部分，这种增量改革试验具有了高度的实践性、创造性和连续性，它的试验主体、试验地点、试验范围、试验目标、试验路径等随着环境变化不断摸索调整，中国发展道路的内涵随之而丰富，体系逐渐完善。

二　中国经济特区的实践逻辑

（一）实践地点：边缘地区

20世纪80年代初，中国对如何开放、如何引进外资、如何进行经济建设都没有现成经验，这正是改革主体有限理性的表现。因此中国的改革首先是对国外先进经验的学习，包括中国香港、菲律宾、瑞典、芬兰、新加坡等地的工业建设和管理理念都被大幅吸收引进，但是这种学习并非大规模地全面铺开。为了降低学习成本和试验风险，有必要先在一个相对封闭的区域内进行试验，该区域通常会选择在远离全国政治、经济中心的边缘地带，尽可能规避改革对全国整体的冲击。无论是从利益分配还是技术可行性角度来看，选择边缘地带的特区这一小块区域作为试点都是一个非常务实、理性的选择，一方面避免了对既得利益体系的分配压力，另一方面在发展增量和做大蛋糕的基础上自然产生示范效应，逐渐实现存量结构的调整，遭受的阻力也要小很多。实际上，即使是在特区这样的边缘地区，它在试验过程中遭受的阻力之大、非议之多都是当今时代的人们难以想象的。但是一旦试验成功，边缘地区和核心地区的反差也就越能产生示范效应。事实正是如此，特区改革试验取得的从无到有、从小到大的发展成就迅速在更多区域掀起了改革热潮。

（二）实践目标：问题导向

增量改革实际上没有一个非常清晰的目标，中国经济特区试验的主要内容尽管是市场化转型,但转型的具体目标是不确定的,试验过程中从来没有提及建立类似某个资本主义国家那样的市场经济体制,也没有对试验目标进行任何系统规划,只是通过不断试错来逐渐完善适合中国国情的社会主义市场经济体制。也就是说,增量改革的目标和方案是一个相互调适的动态过程。正如林德布洛姆在1979年将其渐进调适范式提升到"问题解决"的焦点上,认为政策调整的重点是解决现有问题,而不是制造可能"范围广大的社会政策幻影"。同时,在解决问题的过程中,不必坚持所谓的理论或意识形态"正确",重要的是务实、可行。[①]

中国经济特区试验也是坚持了问题导向,当时主要的问题即是经济如何发展。为此,中国的经济特区重点进行了市场经济体制改革。经过四十年的市场化转型试验,特区的经济、社会和政治文明都有了实质性进步,特区这一局部地区、局部领域的大胆试验和率先发展为改革提供了合法性基础,激发了更多地区的改革信心和改革共识。具体实践中,特区坚持经济优先发展原则,在工程建设制度、劳动用工制度、人事管理制度、住房制度、分配制度、文化观念等方面大胆创新:(1)实行工程招标制提高了投资者的可行性研究水平,改善了基建工程拖延现象;(2)通过租售结合,以售为主的方式实现了住宅商品化,改变了国家统包住房制度,有效调节了住宅供求关系;(3)根据按劳分配原则确立了基本工资(30%)、岗位职务工资(45%)和浮动工资(25%)的分配制度,实现了收入与个人劳动成果、企业经济效益的挂钩,激发了劳动和学习热情;(4)打破了铁饭碗的用工制度,率先实行合同工制度,面向社会公开招聘择优录用,优化了人力资源配置,同时还建立了退休养老保险、工伤保险、医疗保险等保险体系;(5)不断优化工业区管理制度,通过民主选举的董事会负责工业区的重大事务决策,董事会聘请总经理负责工业区的日常管理;(6)倡导宣扬了许多新观念,包括时间和效率观念、民主和法治观念、市场经济观念、公平

---

① [美]查尔斯·林德布洛姆:《决策过程》,竺乾威、胡君芳译,上海译文出版社1988年版,第36页。

竞争观念、开拓进取观念、创新探索等。[①]

(三) 实践主体：多元互动

如果仅从区域开发或企业发展的角度来看，许多人自然会认为中国经济特区试验的主体是政府或者园区开发商。但是若从中国整体改革的视角来看，经济特区试验的主体既不固定，也非单一主体。在经济特区试验过程中，政府主体始终发挥了重要作用，与此同时，中央政府、地方政府、普通公民、引进的外资企业等都是特区试验的主体，它们之间相互影响、相互作用、相互竞争。当然在实践过程中，不同主体进入到试验中的次序是不同的，其发挥作用的大小存在差异。这种差异既体现在政府与市场关系的变化上，也体现在主导企业的选择上。作为一项市场化改革，尤其是试验初期，特区需要优先解决经济起飞和要素稀缺问题，因此试验中首先要发挥企业的主体作用，但是根据何种标准来选择主导企业也是非常关键的。一般地，引进那些异于原有体制同时又具有较强实力和国际化运营经验的企业是必要的。以蛇口工业区为例，其最主要的特点就是政府将一块区域交由招商局全权负责投资、规划、建设和经营，建设过程中完全不使用国家财政投入，资金由企业就地自筹，或者向银行贷款，或者引进港澳、海外资本，采取边投资、边获益、再投入扩大收益的"滚雪球"式做法。政府只是提供优惠政策和必要的管理职能，因此政府在蛇口试验中不仅不会背负任何债务，还能够增加财政收入。招商局则是获得了极大的经营自主权，不仅拥有工业区投资、建设、经营等方面的自主权，还获得了人事、边防证发放、物资进口审批、企业成立审批等方面的自主权，同时承担了工业区的全部市政建设和公用事业建设，提供了医院、学校、环境卫生等全方位的社会保障功能，配套建设了水、电、码头、道路、文化、医疗等公共设施。

这样的安排在发展初期被证明是非常有效的，并且是非常必要的，特别是在政府财政资源匮乏的情况下。当经济发展到一定高度，要素稀缺问题已经得到解决，经济的持续发展就有赖于提高要

[①] 陈祖方：《蛇口模式简论》，《经济纵横》1993年第1期。

素的生产和配置效率,这时候就应引入更多的市场主体,促进市场竞争。随着政府、企业、居民等各种类型主体的加入,特区试验的多层次主体结构得以形成,主体之间的互动决定了特区在每一时期的具体改革方案。在互动过程中,主体之间建立了更为密切的合作与竞争关系,主体的积极性和生产潜力得到释放,改革的动力更加充沛,这也是增量改革的应有之义。

(四) 实践路径：渐次展开

基于上述三点,经济特区试验必然体现为一个渐进的拓展路线,包括不同区域、企业之间的次序发展和产业结构的梯度演进。以深圳经济特区为例,特区发展的起点是在蛇口工业区,即使是蛇口工业区,其改革试验也是从 2.14 平方公里的起步区开始,逐渐扩大到 9 平方公里。最终,中国经济特区的发展沿着蛇口工业区—深圳关内（福田区、罗湖区、南山区）—深圳关外（龙岗区、盐田区、宝安区）—沿海开放城市—沿边开放城市—中国腹地的路线逐渐扩展。[1] 在这个过程中,试验区内外的政策差异广泛存在,试验区在很多方面享有优先试验权,渐次展开的试验决定了发展成果是由试验中心向外围逐渐溢出的,这为试验区创造了制度红利,也在一定程度上产生了非均衡的区域发展结果。

产业发展方面,中国经济特区发展遵循了先工业化再三产化的演进路径。仍以深圳经济特区为例,结合当时的国内外环境以及自身条件,深圳首先确立了以工业为主的发展方针,先后引进了轧钢、玻璃仪器、清洁剂、水泥加工、电子、食品加工、塑料制品、纺纱、炼油、不锈钢、饲料、面粉加工等一系列劳动密集型产业。随着试验推进,深圳的产业形态不断跃迁,经过"腾笼换鸟"的转型升级,低附加值的工业制造产业陆续转变为信息技术、文化等创意、创业、创新型产业,配套的金融、港口、住宅、商业服务、社区运营、园区运营、邮轮运营等高端服务业不断增长,逐渐形成了完备、合理的产业发展体系。值得一提的是,许多地区忽略了增量改革对产业结构梯度演进的内在要求,以至于在发展初期就一味追

---

[1] 姬超：《渐进式发展道路的中国实践与区域发展战略——基于深圳的实验》,《江西社会科学》2017 年第 10 期。

求产业结构的高级化,导致产业结构的合理性难题,产业之间难以协同发展进而制约经济的持续发展。因此在改革过程中,各地必须因地制宜,在产业合理化和高级化两个方向上正确选择,兼顾产业合理化和高级化。① 一旦产业之间无法互补协调,增加投入也就失去了合理性前提,反而造成更大的资源浪费,这是许多地区发展过程中容易忽略的一点。

三 中国经济特区的世界启示

作为中国整体发展道路的一部分,中国经济特区的发展体现为一个渐进、动态的演进过程。近 40 年来,随着发展环境和发展阶段的变化,特区所要解决的问题也逐渐变化,特区始终坚持在实践中创新,在实践中探索适应中国特色社会主义市场经济的生产和组织方式,这对世界其他地区的经济特区同样具有重要的启示:

(一)政府在改革发展中具有不可替代的独特作用

中国经济特区的发展经验表明,政府在改革与发展中的作用绝不仅仅限于守夜人角色,政府应当并且可以在其中发挥突出的、积极的作用。在新自由主义理论体系中,政府的作用非常有限。但是在实践中,即使是英国这样的国家,它在经济发展的大部分时期也绝不是一个自由放任的国家。卡尔·波兰尼更是直言不讳地指出,人类史上从未有过真正自由的自律市场。即便是今日高度工业化的国家,在其转型过程中,政府都曾扮演积极的介入者角色。② 也就是说,现实中的经济始终都是一个政治经济,绝不能脱离政治因素讨论经济发展,政府通过征税、提供公共产品和社会保障等为经济发展提供了基础秩序。中国未来的深化改革同样离不开政府的统筹支持和引导,深化改革中的利益分配问题、意识形态问题、功能协调问题、产业配套问题等方面都需要政府发挥积极作用(回顾经济特区在政治、经济、意识形态等领域引起的激烈争论,这一点将更

---

① 姬超:《中国经济特区的产业转型水平测度及其增长效应》,《中国科技论坛》2016 年第 1 期。
② [英]卡尔·波兰尼:《巨变:当代政治与经济的起源》,黄树民译,社会科学文献出版社 2017 年版,第 93 页。

加明显）。

（二）构建政府—市场多元互动关系是发展改革的核心环节

中国经济特区的发展经验表明，中国特色的社会主义市场经济是一个容纳个人、市场、社会和国家的包容性生产和组织方式。未来的深化改革更须注重调动各类主体的能动性，不同区域、不同所有制类型、不同阶层的多元化主体的积极参与都是必要的。正如习近平总书记指出的，必须毫不动摇地巩固和发展公有制经济，毫不动摇地鼓励、支持、引导非公有制经济发展。特区的成功实践表明公有制经济和非公有制经济都是社会主义市场经济的重要组成部分。随着改革的深化，两者相辅相成、互为补充的局面不会改变，反而会进一步增强。随着发展程度的提高和利益主体的增多，在事实上参与到我国改革与发展事业中的主体会更加多元，不同类型的主体，包括政府主体、市场主体、地方政府主体、社会主体等都是改革的重要参与者和利益相关者，各个主体以市场价值链为联结关系，最终形成了中国特色社会主义市场经济的利益相关者网络。在这个网络中，积极构建政府、市场、社会主体的互动机制，一方面充分发挥政府在区域规划、国家持续发展、国民能力提高、社会效益改善等方面的协调作用，另一方面政府必须坚守中立的价值立场和商业化原则，充分发挥企业的主导作用，逐渐形成公共部门和私人部门共同参与的发展格局。

（三）坚持对外开放是发展改革必不可少的条件

中国经济特区的发展经验表明，积极融入世界分工体系是发展中国家和地区经济起飞的重要前提。中国经济特区40年的发展经验印证了开放与合作对于区域繁荣的重要性，中国经济特区从封闭走向开放与合作，走向与国际市场紧密融合，其每一步成长都与世界环境息息相关。国际市场分工为特区的跨越式发展创造了条件，开放、年轻、包容的特区抓住了这次机遇，通过积极融入国际市场，承接国际产业转移，自身产业体系逐渐建立、发展，区域分工体系日趋完善，地区融合发展程度不断提高。因此，继续坚持对外开放既是特区也是中国整体深化改革的必要条件。在后全球化时代，伴随着地方保护主义和民族主义的抬头，全球化进程开始遇阻，全球分工体系和治理秩序面临新的变化。中国未来的深化改革必须因应形势，整合区域力量，积极探索改革与开放之间融合发展、相互促进的新机制，主动重塑全球治理体系，以新的姿态推进全球化和区域一体化进程，在此基础上寻求进一步深化改革。

（四）渐进式道路始终是中国发展改革的重要策略

经济特区作为中国增量改革的起点，它的成功经验是逐渐推广至全国其他区域的，这是中国在实践过程中探索出来的一条适合中国国情的发展道路，高速且持续的经济和社会发展彰显了这条道路的正确性。中国改革开放的总体设计和目标是让一部分人先富起来，通过先富带动后富最终实现共同富裕。中国的增量改革实践体现了这种战略部署，先富起来的群体无疑是以经济特区为代表的沿海开放城市。也就是说，中国的增量改革试验并不是同步展开的，不同区域在不同阶段的试验重点是很不一样的。在改革开放初期，由于主体的发展能力、信息和理性都非常有限，增量改革体现为一个"摸着石头过河"的探索发现过程。换而言之，渐进式改革实际上构成了中国发展道路的一项重要策略，考虑当时特定的国内外环境以及自身的资源限制条件，率先进行特区试验的策略安排应当是阻力最小也最为现实可行的。随着改革深化，增量与存量之间的力量对比也会发生变化，增量改革的空间和局限性随之显现。特别是当改革逐步进入到深水区，增量改革的同时亦可能给其他领域带来意想不到的负外部性，优先改革权甚至会带来垄断利润和寻租现象，利益冲突问题也会随之加剧。此时通过增量改革带来帕累托改进的空间就会越来越小，中国深化改革的原则也将从帕累托改进逐渐变成卡尔多—希克斯改进①，这为中国发展道路提出了新的命题，但是渐进式道路依然是社会主义改革事业稳妥推进中必须坚持的路径。

---

① 与帕累托改进相比，卡尔多—希克斯改进实际上是依据总的财富最大化标准。当改革给某个集团带来的收益大于其为另一些集团带来的损失时，即可以实现卡尔多—希克斯意义上的社会福利改进。在这种情况下，政府可以通过适当的转移支付手段向获益者征税来补偿受损人，详见孙蕾《非对称信息下的卡尔多—希克斯改进》，《南开经济研究》2008年第2期。

第 二 篇

率先实践与行动

第四章 开拓性探索：中外经济特区的实践

历史经验证明：当代的世界，是开放的世界，尽管国际关系错综复杂，矛盾重重，但国家、地区之间的经济却在日益密切地联系着。一个国家关门搞建设，没有世界经济、技术的渗透和参与，是不容易获得成功的。世界上一些发达国家的经济发展历程，无不证明了这一点。日本在战后主要依靠美国的技术和资本援助，其经济才得以恢复和发展；新加坡和韩国这两个国家，也是依靠着美国和日本的技术输出，经济才得以较快发展并被授予"亚洲四小龙"的称号。

经济特区的对外开放，反映在经济领域，突出的表现就是经济的相互合作与融合发展。各国经济特区的首要任务，就是发展外向型经济，这其中就包括了经济特区自身的经济外向型建设以及通过经济特区的作用而带动整个国家的外向型经济发展。

第一节 率先开放行动与开放窗口形成

一 开放实践缘起

（一）世界经济特区开放实践的兴起与发展

14世纪欧洲的文艺复兴运动，确立了资本主义的发展萌芽。自此，封建的生产方式和关系在欧洲开始逐渐瓦解，资本主义的生产方式逐步确立。在此过程中，代表资产阶级利益的经济思想——重商主义开始盛行，日渐成为资本主义发展的基础学说，这为欧洲各国打开国门、开放市场、走向世界做了思想上的准备，亦为世界经济特区的出现奠定了理论基础。

　　重商主义思想认为，货币在运动中才能够创造更多的价值，所以在国家间的贸易中，既要多卖，又要允许多买，以此来实现资本主义的原始积累。在实践操作中，随着广大无产阶级贫困化程度的加深，国内市场趋于饱和，日益满足不了资产阶级实现资本原始积累的需求，所以多卖少买成为了共识，实现商品输出成了资本家的贸易追求。继而出现了欧洲国家间频繁的贸易往来以及欧洲国家向殖民地、半殖民地国家或地区倾销商品的现象，欧洲较早的一批经济特区正是在此背景下成立和运行的。

　　重商主义的出现为经济特区的建立奠定了思想基础，而新航路的开辟、国际市场的形成以及国际贸易的扩大为经济特区的产生与发展创造了极其有利的实践条件。15世纪至17世纪，随着资本主义的发展，欧洲各国急于开拓市场，开辟了通往非洲、亚洲的新航线，发现了美洲新大陆，并完成了环球航行，从而打通了欧洲、非洲、亚洲、美洲之间的海上通道，促进了各国人财物的往来以及工商业的发展，使得国际市场初步形成，国际贸易进一步扩大。在此背景下，欧洲的一些资本主义国家，为了扩大国际贸易，深度参与国际市场，推动本国资本主义的发展，通常在国内沿海地带划定一定的区域，设立自由港或者自由贸易区，以扩大贸易为追求，从而促进了这些国家经济特区的起步和发展。如德意志的汉堡自由贸易区和不来梅自由贸易区以及意大利的莱克亨自由港和热那亚自由港等。

　　此外，西方殖民主义的发展推动了经济特区的扩散和进一步发展。随着新航路的开辟以及世界市场的发展，西方的资本主义强国纷纷向海外扩张，寻求资本的原始积累以及国际市场的扩大，因此它们大肆将所探索和到达之地变为自己的殖民地或半殖民地。继而，在殖民地或半殖民地的港口等便利地区，它们开辟了自由港或自由贸易区，以发展对本国与其他国家或殖民地之间的贸易。其中，摩洛哥丹吉尔自由港、也门亚丁自由港和亚丁自由贸易区、吉布提自由港、中国香港自由港和中国澳门自由港就是其中的典型代表。很显然，建立在殖民地和半殖民地基础上的自由港和自由贸易区，是充满血与火、带有残酷和反抗的土地，但不得不承认，因为殖民统治者采用的这种经济开发手段，使本是处在闭塞、孤独大陆上的土地多了几分开放的色彩，也在一定程度上奠定了这些地区未来的发展基础和方向。

总之，在世界经济的开放实践与经济特区的诞生与发展中，资本主义的发展起了重要的客观作用。资本主义的发展，打破了各大洲之间的孤立状态，使世界成为了相互联系的整体，各国家和地区之间相互联系、相互依赖，任何一个国家和地区的发展都离不开相互联系的世界所带来的便利。马克思、恩格斯早在100多年前就指出，由于资本主义发展开拓了世界市场，那种地方和民族的自给自足的闭关自守状态被各民族、各地方之间的往来交流所冲破和替代，所有国家的生产和消费行为都变得相互联系和不可分割（张海莹，2015）。

（二）中国经济特区开放实践的历史与转变

西方的殖民主义，也打开了中国的大门，使中国面临着被动开放的局面。19世纪中叶的鸦片战争，资本主义的英国武力侵占中国，中国开始进入半殖民地半封建社会。1842年签订的《南京条约》开放广州、厦门、福州、宁波、上海为通商口岸，使中国丧失了贸易主权；第二次鸦片战争后于1860年签订的《北京条约》又增开天津为商埠；1876年签订的中英《烟台条约》增开宜昌、芜湖、温州、北海为通商口岸；1895年签订的中日《马关条约》，开放沙市、重庆、苏州、杭州为商埠；1901年签订的《辛丑条约》则使中国完全沦为半殖民地半封建社会。19世纪中叶开始签订的各个不平等条约，基本都规定开放中国的几个城市作为通商口岸，允许外国商人和商品往来以及对外贸易，但是这种开放完全是被动和无奈的，是在贸易主权丧失的情况下的一种开放。西方殖民主义国家从中牟取巨额利益，而作为辉煌一时的泱泱大国却变得越来越贫弱，印证着"落后就要挨打"的历史铁律。

除了开放通商口岸外，西方殖民者还强占了我国的香港和澳门，开发其为自由港，使两个地区走上了上百年的"背井离乡"之路。1842年，鸦片战争结束后，英国侵占了香港岛，并宣布其为自由港，之后又陆续侵占了九龙半岛南端尖沙咀一带和九龙半岛深圳河以南地区及附近诸岛，前后共侵占包括香港岛、九龙和新界在内的总面积1092平方公里的中国领土。香港地处欧亚大陆的东南部，是太平洋和印度洋之间的航运要道。香港岛与九龙半岛之间有一带深水海港，港口条件优越。英国正是看中香港有望成为东亚地区优良港口的潜力，从清政府手中抢占香港，发展海上贸易事业。依托天然的港口条件和位置优势，使得香港自由港成为了全球最繁忙和最高效率的国际集装箱港口之一，同时也成为全球供应链上的主要枢纽港。其中，维多利亚港最为世界所熟悉，它影响着香港的历史、文化、经济等各方面的发展，香港也因其而拥有着"东方之珠""世界三大夜景"的美誉。维多利亚港区拥有平均超过10米深的港内航道，使大型远洋货轮可以随时进入码头和装卸区，为世界各地船舶提供安全而便利的停泊地。同时，香港港还拥有卓越的港口设施和高效的港口作业流程，大大提高了船舶在港内的周转时间，增强了运转效率。此外，香港港除了集装箱码头，还建设有石油、煤炭、水泥等专用码头，提高了各个码头的专业化运营水平。再加上香港背靠大陆的优势条件，承接大陆商品的转口流通，与大陆优势互补，种种优势条件造就了香港"亚洲四小龙"的成就。

  中国澳门也是在殖民主义的侵占下建立的自由港。1517年，葡萄牙船只抵达澳门，行贿地方官员，开展贸易。1553年，葡萄牙殖民借口上岸晾晒水渍货物，强行租占澳门土地。1887年，葡萄牙正式通过外交文书的手续占领了澳门，澳门成为了葡萄牙的殖民地，随后建立了澳门自由港。自由港的设立，一度带动了澳门对外贸易的繁荣。但是由于澳门的港口条件远逊于香港，港口航道浅，2500吨以上的船只不能通航，严重限制了其对外贸易的发展。加之葡萄牙此时的经济实力远不及英国，没有为澳门的发展带来足够多的经济上的支持。在产业方面，澳门长期以娱乐事业为主，政府的财政收入主要来源于赌博税，造成了产业结构单一。加之澳门此时的行政效率低下，进出口手续繁杂，也抑制了澳门进出口贸易的发展。种种原因使得澳门自由港没有成长为像香港那样世界著名的贸易港口，但是在20世纪60年代以后，澳门当局实行"吸收外资，繁荣澳门"的政策,大量外资的涌入使得澳门经济快速发展起来,逐渐形成了以制造业、进出口贸易、建筑和旅游业为主、金融业发达的多元化产业结构,也成就了澳门"国际自由港"和"世界旅游休闲中心"的美誉。

1949年10月1日,中华人民共和国正式成立,整个国家结束了任人欺凌的历史,中国人民也真正拥有了当家做主的权利。虽然中国取得了独立,但是经过几十年的动乱和战争洗礼,使得国家的经济基础薄弱,物质生活匮乏,经济建设缺乏资金,百姓生活困难。并且新中国成立之初,由于受到西方大国的经济、外交封锁,使得我国与世界交往的范围狭窄。特别是在"文化大革命"时期,我国进入了"闭关锁国"状态,国民经济陷入崩溃边缘,对外开放发展成为极其困难而又不可能实现的选择。虽然在20世纪70年代初,中国与美国为首的大国间的关系出现缓和,中美、中日相继建交,随后西方国家纷纷与中国建立了外交关系,并且我国在联合国的合法席位也得到了恢复,但是真正意义上的国家层面的对外开放仍没有实现。[①] 在此期间,我国仍然受长此以往的"关门搞建设"思想的影响,被封建小生产者的狭隘理念所支配,所以目光短浅、封闭发展,给我国经济的发展和人民生活水平的提升带来了巨大的影响。虽然截至1978年我国的国内生产总值达3624亿元,比1965年的1716亿元增长了一倍多,也基本建立起了门类齐全的工业体系,但是我国人民的生活依然穷苦,经济发展的质量水平仍然较低。

1978年,面对"文化大革命"给国家带来的经济社会发展创伤以及全社会经济发展水平的低下,在世界经济蓬勃发展与我国经济萎靡不振的强烈对比下,党的十一届三中全会做出了以经济建设为中心,实行改革开放、加快社会主义现代化建设的战略决策。从此,我国开始了对外开放的历史进程,进入了改革开放和社会主义现代化建设的新时期,也标志着我国实现了从"被动开放"到"主动开放"的历史性转变。

---

① 《新中国60周年系列报告之二:从封闭半封闭到全方位开放的伟大历史转折》,国家统计局,2009年9月8日。

作为对外开放战略的具体实践，1979年5月，中共中央、国务院批准了广东和福建两省关于申请在对外经济活动中享受特殊政策和措施的两个文件，充分发挥两省靠近港澳台、华侨众多的优越条件，在对外经济活动中给予更多的自主权和灵活性，从而扩大对外贸易。8月，国务院为了进一步扩大出口，出台了《关于大力发展对外贸易增加外汇收入若干问题的规定》，强调要扩大地方政府和出口企业的对外贸易权限，从而做大外汇收入。1980年，中央决定设立深圳、珠海、汕头、厦门四个经济特区，打造我国对外开放的桥头堡，这标志着我国对外开放实践的缘起，拉开了一场声势浩大、关乎亿万中国人民命运的改革开放战役的序幕。

二　开放内涵比较

作为一个国家或地区开放实践的具体形式，经济特区的设立对其本地区以及周边地区的发展起着至关重要的作用，在开放的内涵方面表现出同一性，具有发展的共同特点。但是由于各个国家或地区的社会制度、经济发展基础、市场环境等的差异，使得经济特区在发展中也表现出差异性，存在着各自发展的逻辑，在经济特区的发展浪潮中独树一帜。

（一）开放的根本目的相同

纵观世界经济特区的发展，虽然设立的时间有前有后，开设的面积有大有小，设立的形式有易有难，但是它们设立的根本目的基本相同，那就是以经济特区为桥梁，扩大对外贸易，带动经济特区本身及其东道国的整个国家、地区国民经济的发展。

德国建设有汉堡自由港、不来梅自由港和埃姆登自由港等经济特区，其设立的目的在于促进转口贸易的发展，从而拉动国内其他行业经济的发展，增加外汇储备和扩大财政收入。英国自1980年起设立了7个工业区，后来又增设了6个自由港，企图通过特殊政策的实施，吸引外商投入的增加，拉动国内就业的增长。巴西设立玛瑙斯综合性自由贸易区，目的在于通过充实的资金和先进技术的流入，重振玛瑙斯的经济。印度尼西亚创办了巴淡岛综合自由贸易区等，目的是利用外资进行地方性开发，创造更多的就业机会，促进进出口贸易的发展。马来西亚在 1971 年以来，先后创办了十几个出口加工区，意图通过经济特区的建设来扩大自由贸易，增加本国外汇收入，通过先进技术的引进而推动本国工业的发展。韩国设立了马山等出口加工区，目的是提高生产技术水平，发展对外贸易，开展地方性的开发，从而促进整个国家经济的快速发展。菲律宾加快建设巴丹等出口加工区，企图加快改善外汇收入状况，加速国家的工业化发展进程，促进国家经济的全面迅速发展。中国于 1980 年设立深圳、珠海、汕头和厦门经济特区，并于 1988 年增设海南省经济特区，也是想通过行使特殊的政策，开展先行先试，提高国家的对外开放水平，充分利用国外资本和技术，促进经济特区以及拉动整个国家经济的发展。

由此可见，国内外经济特区的设立均以扩大对外贸易、促进经济发展为根本目的，具体来看，又可以划分为以下几方面的细分目的：

1. 改善就业

绝大部分经济特区设立的地区拥有充足而廉价的劳动力资源，特区内工厂的设立以及服务业的发展会创造更多的就业岗位，帮助缓和就业矛盾，提高就业率。并且政府会设定相应政策条件，力图提高当地就业水平。比如马来西亚政府规定，只有新兴产业企业并且能够雇用当地工人和面向出口的企业才能被允许在经济特区内设厂。

2. 吸引资金、技术和先进的管理经验

资金不足以及技术落后往往是一个国家或地区经济发展落后的重要原因，管理经验的缺失又往往会造成企业管理水平的低下。经济特区的设立，通过优惠的政策条件以及特殊的政策支持，会吸引国外资金和技术等生产要素的大量流入，弥补本地区资本和技术等要素的不足或缺失，并且又有助于区内企业学习国外先进的管理经验，从而提升企业发展水平。

3. 扩大对外贸易，创造外汇收入

经济特区的设立，以吸引外向型出口企业为主。如韩国规定，凡申请在出口加工区投资的外资企业必须是能够赚取大量外汇的企业。经济特区内出口型企业的大量集聚，能够有效提升本地区乃至整个国家的对外贸易水平，增加外汇收入，从而改善本国的国家收支状况。

(二) 开放的平台优势一致

经济特区是指在国家（地区）内划定一定的范围，在对外经济活动中采取较国内（地区内）其他地区更加开放和灵活的特殊政策的特定地区。从经济特区的定义来看，很多国家或地区在开放的过程中都选择在国内划定一定的区域范围设定为经济特区，区域的面积有大有小，如刚设立时深圳经济特区的面积为327.5平方公里，巴西玛瑙斯自由贸易区的面积为10000平方公里。这些地区绝大部分都处于沿海或沿江区域，有着便捷的海运或河运等交通条件，有着方便的交通方式与陆路相接，有利于原料和货物的流转、运输，能够有效减少企业的物流费用，降低企业的运输成本，为企业产生更多的利润创造条件。即使是设立在内陆地区的经济特区，也拥有着显著的区位和便利的交通条件，方便对外贸易的开展。如2010年设立的新疆喀什经济特区，周边与塔吉克斯坦、阿富汗、巴基斯坦、吉尔吉斯斯坦和印度五国接壤，拥有红其拉甫、吐尔尕特、伊尔克什坦、卡拉苏等一级口岸，区位优势明显，对外贸易条件便利。

当特区设立时间较长，经济社会不断发展时，原有设区的面积不能满足经济特区的实际发展需要时，又会出现同一特区面积的不断扩张，来满足特区开放需求，实现经济发展所需的广阔空间。如深圳经济特区的范围在2010年延伸至了全市的1948平方公里，2011年又延伸至了深汕特别合作区；巴西玛瑙斯自由贸易区的面积由刚设立时的10000平方公里扩大到了后来的220万平方公里。

(三) 开放的基本特征相近

综观国内外的经济特区，在初期设立和后期的发展中均表现出了共性的特征，这种特殊的表现，是经济特区有别于其他非经济特区的显著特征。

1. 实行开放、灵活的特殊政策

所谓经济特区的"特"即代表实行特殊的管理体制和特殊的经济政策。特殊的政策条件是经济特区的安身立命之本，由于有了这些"我有他无"的政策体系，经济特区在引进外资以及助力企业发展方面才表现得优势明显、游刃有余。特殊政策具体表现在税收、土地使用费、出入境管理等方方面面，除此之外，国家还会赋予经济特区更多的经济活动自主权，实行更加灵活的措施助推经济特区的开放发展。

2. 特区内企业多具有出口导向型特征

经济特区的主要任务是吸引外资，发展外向型经济，它的主要任务决定了经济特区在引进企业时要特别注重外向型企业的招商，要提高特区内产品的外销比例，以此获取外汇收入，改善国家的外汇收入状况。而企业主要面向出口，也是经济特区开放的重要特征。此外，国家和特区在制定经济政策时，也特别偏向于对出口导向型企业的政策倾斜，如制定减免关税政策、简化报关手续等，以便企业快捷、方便、有效地开展出口贸易。

3. 实行自由市场经济的运转模式

国内外的经济特区，在实际运行过程中，国家在适度干预的情况下，均充分尊重市场的调节作用，按照市场规律办事。一方面表现在企业拥有相当的自主权，企业在特区内的生产、决策等行为不会受到政府的干预，企业在尊重当地法律的情况下拥有生产经营的自由；另一方面表现在特区政府有权依据自身发展情况制定因地制宜的条例制度和规范，增强制度的适用性和有效性，保障特区在运行和管理上更加规范、有序，维护市场主体合法权益，维护政府权威。

（四）开放的制度载体不同

西方资本主义国家的经济特区，都是在资本主义制度的大背景下，并且在市场经济的基础上设立的，其目的在于利用境内关外的便利条件，扩大和活跃对外贸易，提高整个国家经济发展的活力。总体来看，经济特区内的社会制度与特区外并无本质差别，并且区内区外都是市场经济。因此，经济特区在设立、发展和进行对外开放时就不会与国家本体的根本社会体制发生冲突，大大降低了发展阻力。

而中国的经济特区则是在社会主义制度内，在全国实行计划经济的大背景下设立的一块市场经济体制飞地，是为了发展民族经济而采取的特殊方式和措施，是民族资本主义的组成部分。中国经济特区的设立，以学习国外的先进技术和管理经验，充分发挥国内的土地和劳动力要素优势，扩大对外贸易，增加外汇收入为重要使命。为了这一使命的达成，经济特区必然要加大开放步伐，加快开放节奏，充分借鉴国外的发展经验，这就与在全国范围内实行的计划经济体制形成了鲜明的对比，受到了部分声音的质疑和挑战。20世纪90年代关于经济特区姓社还是姓资的讨论就是质疑声的重要表现，成为了经济特区快速发展的精神枷锁，束缚着特区人民的头脑。1992年1月19日下午，小平同志视察完深圳皇岗口岸后谈论创办经济特区问题时指出："对办特区，从一开始就有不同意见，担心是不是搞资本主义，深圳的建设成就明确回答了那些有这样那样担心的人，特区姓'社'不姓'资'！"从此，对外开放的特区飞地成为了经济体制改革的试验田，把中国引向了市场化改革之路。

综合来看，中国的经济特区虽然允许在特区内采取相对特殊、灵活和便利的经济政策，但是这并不是为了发展资本主义，而是利用国外的资金、技术和市场来发展中国特色的社会主义市场经济。所以从本质上来讲，中国的经济特区是在改革开放的重要思想指引下成立的，是坚持我国社会主义发展方向的，而且在政治上是坚持人民民主专政和人民当家做主的。与之相反，外国的经济特区大多是建立在资本主义制度基础上，是在资本主义条件下设立的，其在经济特区内部奉行的是西方的经济政策，坚持自由资本主义的发展方向，这与中国的经济特区迥然不同。

此外，中国的经济特区还可以发挥社会主义制度的强大优越性，在国家经济错综复杂与经济特区内部经济发展困难时，发挥政府强有力的宏观调控作用，做出准确、有效的应对举措，从而促进经济特区经济发展的繁荣。可以说，这一优越性是其他国家经济特区所不具备的，也是中国经济特区的独特优势和重要特色。

（五）开放的面向对象不同

国内外的经济特区，由于所承担的主要任务有所差异，所以在发展过程中所面向的主要对象也有所差异。

国外的经济特区，大多设置在沿海或者交通物流便利的地区，主要以发展对外贸易、加大与世界经济的联系程度为重要任务，所以在特区的发展过程中不会限制特定地面向某一具体的区域，而是以"广交朋友"式的贸易为主。虽然像墨西哥的蒂华纳、墨西卡利等边境自由贸易区主要是面向美国开展对外贸易，但也不会特定于美国的某一具体地区，合作的范围具有广阔性。

但中国的经济特区在设定的考量上则具有针对性。深圳靠近香港，珠海靠近澳门，厦门则与台湾地区隔海相望，汕头则拥有众多的侨乡分布在港澳和海外，选定以上四个地方作为中国经济特区建设的起点，必是充分考虑了以上地区所占有的区位优势和资源优势，想借助"点对点式"的对接和联系拉动经济特区的建设和发展。此外，深圳、珠海、厦门经济特区是中国大陆（内地）与港澳台地区沟通的桥梁，其建设和发展拥有着巨大的政治意义，在推动香港、澳门回归，促进祖国统一方面发挥着积极的作用，同时，向世界展示着"一国两制"制度的优越性。

（六）开放的载体类型各异

作为对外开放的重要载体，国内外经济特区的主要类型存在着一定的差异。国外设立的经济特区，其功能多具有单一性的特点，多为自由港、出口加工区或者自由贸易区等，如马来西亚的自由贸易区、罗马尼亚苏利纳自由港、巴西玛瑙斯自由港、南斯拉夫的自由关税区以及韩国的马山、里里出口加工区等，这些经济特区职能明确，主要以扩大对外贸易为主要职责。

而我国设立的深圳、珠海、汕头、厦门、海南等经济特区，以综合性和多功能性为主要特点，在发展过程中工、农、商、旅并重，在发展对外贸易的同时，注重先进技术和管理经验的引进，促进内地经济的发展和经济体制改革的推进。与国外经济特区相比，中国的经济特区具有更大的综合性，其不仅仅是具有某项单一职能或某几项职能的出口加工区、自由港或自由贸易区，而是拥有综合性、复合性、多样性职能的综合性经济发展区域，但单一职能型经济特区的那些功能在中国的经济特区中又有不同程度、不同时间的存在和体现。此外，中国的经济特区不仅仅涉及经济领域的改革发展，而且还涉及社会、政治、文化、国际交流等全方位、多层面的改革发展。同时，在发展过程中，还充分发挥经济特区技术的窗口、知识的窗口、管理的窗口和对外开放政策的窗口的示范带头作用，扩大经济特区的对内、对外辐射面，使之在国家改革开放的浪潮中发挥着不可替代的多重的重要作用。

三 开放领域异同

（一）开放领域的相同点

1. 金融领域开放

金融领域的开放是国内外经济特区所采取的共同措施。在现代经济活动和国际贸易往来中，银行的作用至关重要。一方面，在经济特区引进外资银行开展业务，可以为外资企业提供发展所需的各项服务，特别是资金的支持，这让外国投资者的信心大增。因为在经济特区内，外商所掌握的资金有限，设立外资银行为外商提供资金融通的支持，可以让外商在投资建厂、开展贸易的过程中更加游刃有余。另一方面，外资银行在特区经济发展中扮演着媒介角色，起着链接的重要作用。在外资银行的客户中，往往不乏一批大的跨国公司和资金雄厚的外商，开放金融领域让外资银行在经济特区内合法经营，可以吸引外商投资者和跨国公司在特区内投资建厂、开展经营，提高特区经济的发展质量。基于以上优势，经济特区在设立和发展过程中，往往都伴随着金融业的发展繁荣。

巴拿马科隆自由贸易区内的金融业发达，世界上实力雄厚的大银行都在自贸区内设立分行或者在巴拿马城设立分行或代表机构，巴拿马域内的国际银行达到一百多家，其中就包括了于1993年在巴拿马设立了分行的中国银行。这些国际银行的进入，使得自贸区内的企业信贷融资和汇兑等业务需求得到充分满足，并且在巴拿马内的银行存款无须缴纳税收及其他任何费用，加之资本和利润汇出无任何限制，为特区内资本的有效流通做了充足的准备。此外，菲律宾、斯里兰卡、印度、巴西、坦桑尼亚、塞内加尔等很多国家的经济特区，也都允许金融业的开放，设立了很多外资银行的分支机构，成为经济特区发展的重要推动力量。

新加坡和中国香港也正是由于在金融领域的开放，使得世界上许多著名的银行在其域内设立分支机构，帮助它们成长为亚太地区重要的国际金融中心。香港在 20 世纪 70 年代末期，宣布取消外币存款利息收入的预扣税，并且废除其他各种关于利息收入的税收，推行金融自由化政策，推动着香港金融业的现代化、国际化发展进程。而新加坡国内 500 多家当地和外国的金融机构提供着包括贸易融资、衍生产品、外汇交易、证券承销、资产管理等一系列的金融产品和服务，极大地活跃了新加坡的金融市场，推动了裕廊等经济特区的快速发展。

深圳经济特区在金融领域的开放也走在了前列。1982 年 1 月，引进了新中国第一家外资银行——南洋商业银行深圳分行；1983 年 3 月，日本拓银国际有限公司深圳代表处在深圳开业，这是深圳引进的第一家外国银行的代表机构。除此之外，深圳经济特区在 1985 年 12 月成立了全国第一家外汇调剂中心——深圳外汇调剂中心；1986 年全国第一家中外合资财务公司——中国国际财务有限公司在深圳诞生；1987 年 4 月，标志着由企业集团开办银行开端的招商银行正式成立，其也成为全中国第一家由企业法人持股的股份制商业银行；紧接着，在同年 5 月，组建成功的深圳发展银行开辟了新中国成立以来股票交易市场的先河，成为全中国第一家公开发行股票进行上市的股份制商业银行。[①] 以上种种创新性的开端，标志着深圳经济特区在金融领域开放的丰硕成果。

2. 国际资本领域开放

吸引外国资本投入本国的经济建设是经济特区设立的一个重要目的，国内外的经济特区均大力支持外商资本在经济特区内成立外资企业，促进经济特区企业质量的提升。

美国的自由贸易区不仅大力发展转口贸易，还极其鼓励外国公司和资本进入到自由贸易区内开设企业，发展加工和制造业；爱尔兰的自由贸易区重点鼓励与航空和出口加工业相关的企业的设立；日本的经济特区重视尖端产业的发展，所以大力推进外商资本投入

---

① 《辉煌历程，改革开放 40 年深圳金融业发展巡礼》，http://www.financial-news.com.cn/gc/ch/201805/t20180521_138446.html。

到与集成电路有关的企业设立当中；巴西和阿根廷等国家对外国资本投入到公共服务、金融、石油开采和工矿业等行业予以支持。可见，国外的经济特区对国际资本的流入以及外资企业的设立抱着非常开放和支持的心态。

中国经济特区的设立初衷就是充分利用粤闽靠近港澳和海外，海外华侨众多的优势，鼓励港澳同胞和华侨利用外资投资建厂，或者与内地资本合作兴办合资企业，从而引进先进的技术和管理经验，创造更多的就业机会。厦门在1978年共有工业企业370余家，其中全民和集体所有制企业分别为173家和197家。在经济特区成立后，在1982年厦门引入了第一家外资企业，从此，外商资本在经济发展中的作用越发重要（方和荣，2019）。到2017年，厦门市拥有规上"三资"企业共计687家，实际利用外资361.66亿美元，外资对厦门市经济增长的贡献率达到了70%以上。深圳经济特区亦是相同，截至1985年，100余家"三资"企业分布在经济特区的各行各业，成为特区经济发展的重要力量（见表4-1）。

表4-1　　1985年深圳"三资"企业的行业分布情况[①]

行业	企业数量	中外合资	中外合作	外商独资
农、林、牧、渔业	16	9	7	
工业	535	292	119	24
地质勘探业	1	1		
建筑业	81	27	47	7
交通、运输、邮电通信业	50	7	40	3
商业、公共饮食业	151	62	75	14
旅游、宾馆	52	16	35	1
房地产（管理、咨询服务）业	112	58	45	9
文化、教育事业	2	2		

同时，国内外经济特区都充分重视保障外商投资企业的经营管理自由，大力支持外资企业借鉴或参照国际上先进的、成熟的、科

[①] 曾凡益：《世界经济特区与发展战略》，中山大学出版社1990年版，第126、127页。

学的企业管理方法来管理和发展企业，从而保障企业的经营管理自主权。此外，外资企业还可以自己选择独资或与特区合资、合作的经营方式。外商投资企业可以根据生产经营需要，自行确定其机构设置和人员编制。外商投资企业可以自行确定工资标准、工资形式和奖励、津贴制度。此外，政府还赋予企业一定的权力，如我国的汕头经济特区规定取消原向企业收取的另外28项行政事业性收费项目，免除办理建筑许可证、临时设施许可证等9项收费。外商投资企业遇有未经合法程序批准的收费项目，可视为不合理收费予以拒交，并可向经济特区管委会申诉。

3. 劳动力领域开放

为提高经济特区乃至整个国家的就业水平，提高劳动力的生活质量，国内外经济特区的劳动力市场基本都实现了开放，并且特区管理机构都对劳动力的就业条件以及待遇水平等进行了规定。如巴拿马政府规定经济特区内的就业劳动力75%以上必须是本国人，但是管理人员和技术人员不受此标准限制；智利则规定至少80%以上的劳动者应是智利本国人；哥伦比亚则将此标准提高到了90%。除此之外，巴西政府还规定，经济特区内劳动力的社会保险福利开支要不少于工资总额的46.5%，委内瑞拉则规定为40%—50%，乌拉圭则高达65%。可见，劳动力市场的开放对提高本地的就业率和当地劳动力的生活福利水平起到了重要作用。

在中国的经济特区中，外商涌入、兴办企业高潮的兴起，对劳动力形成了巨大需求。为了适应外资企业自主选择用工形式的需要，经济特区开始变革劳动用工制度。1980年，深圳经济特区开始在中外合资企业中试行劳动合同制，并1981年通过《经济特区企业劳动工资管理暂行规定》将劳动合同制固定下来，开始大幅推行。1983年时，深圳经济特区已经明确了劳动合同制作为经济特区的主要用工方向，并对劳动力的工资、保险等保障问题做出了规定，同时，还建立了社会保险基金统筹制度，保障劳动力的基本权益。此外，为了满足劳动力供需双方的需求，还成立全国第一个劳务市场，由企业和劳动力双方自行洽谈工作合同等内容。可见，中国经济特区在劳动力领域是开放的，通过不断的变革适应了外资企业对劳动力市场的要求。汕头经济特区规定，区内企业在招收新工人时要重点招用特区范围内的以及具有汕头市区户口的工人，在适当情况下可以招收市区外的工人，但必须要报管理机构备案。

（二）开放领域的不同点

1. 产业开放环节不同

经济特区在发展初期，往往经济活动单一，几乎都从事低层次的对外贸易和转口贸易，以致这一时期的经济特区发展缓慢。1936年成立的布鲁克林对外贸易区，是美国创办的第一批经济特区之一，成立时间早。当时企图通过对外贸易区的成立，促进国家对外贸易的发展和创造更多的就业机会。在成立之初，相关制度就规定，布鲁克林对外贸易区的经营范围仅限于仓储、货物再包装和转口运输等业务，对依法进入区内的商品和货物，无须报关和缴纳关税，对从区内转口或者运往国外的商品和货物，也无须交税，但是运往国内非经济特区的地方，则需要按照规定纳税。

此外，有的自由港、自由贸易区则禁止在经济特区范围内居住和从事零售业。1948年成立的巴拿马科隆自由贸易区就是一个不允许居民居住和从事零售业务的贸易特区，只允许在自贸区内从事商品和货物的进口、存放、展出、包装、装配、精制、拼配和改制等环节。南斯拉夫的自由关税区也规定，在区内任何人包括海关人员，不准在区内居住，不得设立零售点，但是对供应给过往船只的物资和食品则不受限制。

而中国早期建设的深圳、珠海、汕头、厦门和海南等经济特区，都是综合型经济特区，这些特区在开放的产业方向上更为全面，包括了工、农、畜、旅游、住宅和建筑、技术服务等"一切在国际经济合作和技术交流中具有积极意义"的产业，开放的产业与国外经济特区相比更为全面，这就对整个特区的宏观把控能力和水平提出了更高的要求。

2. 基础设施领域开放不同

基础设施建设的完善是体现一个经济特区营商水平和基础保障能力的重要指标，是保证经济特区正常运行发展的重要服务系统。所以在每个经济特区成立之初，就首先把基础设施的建设摆上日程，并将之作为持续性和长久性的工作推进。

但是在国内外的经济特区中，基础设施领域的开放程度却有所不同。国外经济特区的基础设施建设基本不引入外国资本，大部分资金都来源于政府官方的财政拨款，如西非几内亚海湾的洛美自由贸易区，是多哥设置的经济性特区。为了把自由贸易区的经济搞活，多哥政府携巨款修建现代化的深水港，建造拥有 2400 米跑道的国际机场，这里还有矿业码头、鱼类码头、集装箱码头，仓库面积达 350000 平方米，此外，还有行政大楼可供租用。但是这种建设方式会使得这些特区的基础设施开放水平较低，并且由于长期依赖政府财政拨款，有时会导致基础设施建设进度缓慢，不利于加快经济特区的建设。

而我国经济特区的基础设施建设则主要以银行贷款和利用外资为主，充分发挥融资机构和外国资本的作用，开放水平较高，如厦门经济特区是中国第一家由地方政府自筹外资搞基础设施建设的经济特区。深圳经济特区则推行基础设施的建设贷款，其是指经济特区的银行通过信用方式为特区的"七通一平"的基础工程设施的建设提供资金上的支持和帮助；利用外资是指充分吸收外国资本进入到特区基础设施建设领域，为特区基础设施资金融通提供支持。通过基础设施领域对外资的开放，加快了特区的基础设施建设步伐，为外商在经济特区内投资兴办实业、开展对外贸易以及投资商业等创造了良好的设施环境，使之在经济特区的发展中能够快速形成生产能力，为特区发展创造更多的经济效益。

四　开放政策设计与措施对比

所谓"经济特区"，其开放政策的特殊性和独特性是其重要特征和标志。不管是自由港、自由贸易区、出口加工区、科学工业园区还是综合型经济特区，都会设计出不同于普通区域的开放政策，而且基于不同国家的现状，开放政策的类型和优惠力度有所不同，但这些都构成了国内外经济特区的政策体系，成为经济特区立足于经济竞争异常激烈的开放社会而日益强大和受到关注的原因。

（一）外汇管理政策

国内外的经济特区，都将外汇管理自由政策作为促进资本流动和对外贸易活动开展的重要举措。在蒂华纳自由贸易区，墨西哥的各大银行都在此设立分行，专门为自贸区内的企业提供金融服务；美国和其他国家的银行也都在此开展投资和信贷活动，并且在自贸区内，墨西哥货币和美元可以自由兑换，不受任何限制地同时在市场流通。外资企业在自贸区内赚取的经济利润，可以通过各大银行自由汇出。马来西亚和巴拿马等国的自贸区也不实行外汇管制政策，允许资金在国家间的自由流动。

从世界各大出口加工区制定的开放政策来看，基本都规定外资企业在出口加工区内投入的资本、赚取的利润和股息等都可以自由地汇回外资来源国或地区。中国香港和新加坡也分别于1974年和1978年宣布取消了外汇管制，以此来进一步吸引外资进入和经营。

中国经济特区也实行外汇管理自由政策，并在如下几个方面做出了外汇管理规定：

（1）外资企业在经济特区成立时，可以选择在特区内的中国银行或者其他经政府批准的银行开户，办理企业在经营过程中的外汇事宜。

（2）外资企业在经营过程中，获得的扣除所得税后的合法利润，可以按照有关规定汇出；外资企业的外籍职工，在缴纳了个人所得税后合法收入和其他正常合法的收入，可以按照有关规定汇出。

（3）在日常经营中，外资企业之间可以根据需要相互调剂外汇余缺，但是必须要在外汇管理部门的监督下公开透明进行。特区内的中国银行及其他经央行批准的银行可以通过开办现汇抵押业务向企业贷放人民币，从而满足企业发展过程中的资金需求。

（4）在外资企业中途停止经营活动时，经过向相关管理部门报备和审批，清理企业自身的债权和债务后，其剩余的资产可以转让，资金可以转出。

（二）税收优惠政策

税收优惠政策是各个经济特区最常见和普遍的一种开放政策，对外资企业的普惠性优惠力度较大，涉及的优惠税种多为进出口关税、企业所得税等。

1. 进出口关税

对于持续经营对外贸易的经济特区而言，关税的减免和优惠为外资企业所享受，但是减免的范围却不尽相同。那些转口贸易发达的自由港和自由贸易区类型的经济特区，除对少数控制的商品，如烟、酒等征收关税外，其他商品一律免征关税，免关税的范围较宽泛，这种类型的经济特区有中国香港、新加坡、罗马尼亚苏利纳自由港、巴西玛瑙斯自由港和塞尔维亚的自由关税区等。

除此之外，一部分经济特区会采取有控制地减免关税的政策，根据经济特区的实际情况和自身诉求制定关税政策。如斯里兰卡投资促进区规定，免征货物的进口关税，但是对个人消费品则一律征收关税；菲律宾巴丹出口加工区规定，对进入特区的企业免征机器设备、原材料、机器零件等的进口税，但是对出口货物则免征关税；中国内地的经济特区则规定对企业所进口的机器设备、原材料、运输工具和其他生产材料等，免征关税，对进口的烟、酒按照最低税率减半征收，化妆品类商品正常征收，其他商品的进口则均免征关税；对经济特区内企业出口的除国家限制性的产品，均免征工商统一税。总体来看，各个经济特区对出口的商品和货物的关税优惠要大于进口的商品和货物。

此外，各个国家和地区的经济特区内的关税政策基本要优惠于非经济特区区域，这也凸显出了经济特区政策的优越性（见表4-2）。

表4-2　　　　世界部分经济特区内外的关税政策对比

国家	经济特区内	经济特区外
白俄罗斯	用于投资项目建设、居民企业加工的保税商品，免征关税	5%—10%
拉脱维亚	免征关税	根据商品种类确定
立陶宛	根据商品种类确定	根据商品种类确定
俄罗斯	外国产品进入特区无须缴纳进口关税和增值税；俄罗斯产品进入特区无须缴纳出口关税，但要缴纳消费税；产品从特区进入俄罗斯其他地区需要缴纳进口关税、增值税和消费税；产品从特区出口到国外需要缴纳出口关税	5%—15%

2. 企业所得税及其他税收

除企业的进出口关税优惠外，很多国家和地区的经济特区也对企业所得税、消费税、增值税等的优惠政策进行了规定。如智利经济特区对企业所得税和增值税采取免征的政策，同时对货物免征地方税；菲律宾只对经济特区内的企业征收5%的营业税，其他的税收均予以免除；哈萨克斯坦对进入经济特区符合产业支持目录的企业，享受25年免征企业所得税、土地税、财产税等优惠政策；美国对进入自由贸易区内的货物免征地方税；巴西对区内企业免征30年的企业所得税、产品税和流通税；葡萄牙对区内企业在一定期限内免征企业所得税；墨西哥对在经济特区内设厂的企业前10年免征所得税，之后5年则减半征收等。

中国的经济特区对企业所得税的优惠政策稍显严格，税率水平也较高。对于经济特区内的外商投资企业，其所得税率为15%。另外，根据国家规定，关于产品出口企业和技术较先进企业，可以申请一定期限内减免企业所得税；在减免期限到期后，还可以向有关部门申请另外再增加3年，通过减半方式向国家缴纳企业所得税。对于企业当年出口产品产值达到当年产品总产值的70%以上的企业，可以申请减半缴纳企业所得税。对于企业将在经济特区内生产所获得利润用于在经济特区内投资和兴办企业的，并且经营期限达到5年以上的，根据相关政策，可以申请减免用于投资和兴办企业部分的所得税等。

与关税一样，经济特区外的企业所得税与和特区内的企业所得税之间存在着较大差距，也充分显示着特区内经济政策的优惠性，这也成为了吸引外资企业布局和促进特区经济快速发展的重要举措（见表4-3）。

表4-3　　　世界部分经济特区内外的企业所得税政策对比

国家	经济特区内	经济特区外
白俄罗斯	第一阶段10年免税，第二阶段至2062年6月税率减半	18%
拉脱维亚	4%（毛利润）	20%（毛利润）
	5%（净利润）	25%（净利润）
立陶宛	初始6年免征，第二阶段10年税率减半	15%
俄罗斯	0—13.5%	20%

（三）土地优惠政策

土地的优惠政策在国内外各个经济特区中也比较常见。在土地使用年限上，印度尼西亚的经济特区规定为 35—60 年，马来西亚则规定为 60 年或 99 年，中国的经济特区则按照土地用途规定使用年限，其中，种植业、畜牧业和养殖业等用地为 20 年，工业、旅游业用地为 30 年，商品住宅用地和教育、科学以及卫生事业用地为 50 年。另外，当期租用土地期满后，经有关部分批准后可以续约，这就保障了土地使用的延续性和稳定性，消除了外商投资的疑虑。

此外，除了在使用年限上进行规定以外，在土地价格方面也给予了足够的优惠。如突尼斯的经济特区就规定，可以采取 5 年内分期付款的土地购置计划，并且在第一年购买时可以只支付费用的 20%，这可以缓解外资企业的资金紧张问题；俄罗斯的经济特区则规定，在 5 年内免征土地税；一些国家和地区则对科学工业园类的经济特区实行土地租售价优惠和办公用房、厂房或其他配套房租售优惠价的方法，其优惠折旧率一般在 10% 至 30% 之间。

中国经济特区的土地使用费探索实行优惠减免的办法，如对于新建的企业，其建设期间的土地使用费按照正常收费标准的 20%—30% 征收；对于企业填海增加的土地，可以免交 10 年土地使用费；对于经有关部门认定为达到世界先进技术水平的项目，可以免征 5 年的土地使用费，之后再减半征收 3 年；对于海外华侨和港、澳、台同胞兴建的企业，免交 5 年的土地使用费，之后可以减半缴纳。

对于土地使用费的正常征收标准，则和土地使用权限一样，按照产业类型的不同而有所差异。对于种植业、畜牧业和养殖业用地按照每平方米 0.2—0.3 元征收；工业和仓储用地每平方米 1—1.6 元；商品住宅和招待所用地为每平方米 5—9 元；旅游建筑用地为每平方米 12—18 元；商业、宾馆、酒楼用地则为最高的每平方米 13—21 元。这种按照产业细分类型而确定的土地使用价格，具有一定的合理性，使得从事不同产业类型的企业所能承担的费用负担基本相同。

（四）金融扶持政策

国内外经济特区对于企业在金融方面的扶持政策多体现在放宽

企业信贷和提供补贴优惠等方面。如毛里求斯政府规定商业银行可以根据经济特区内企业的需求提供优惠利率的企业贷款；德国对于经济特区内企业的新建生产设施可以返还设施投资额 15% 的现金补助，或者提供投资额 50% 的低息贷款等；荷兰政府规定可以为企业提供建设投资额 10% 的现金补贴；菲律宾经济特区管理机构则表明企业可以通过担保、抵押和信托等方式获得企业建设和发展资金，同时也可以通过正当的途径向国内外的金融机构获得贷款等。

（五）产品销售政策

经济特区的设立是以扩大对外贸易为主要目的，但是国内的经济特区管理机构为了提高外商投资的积极性，增强企业的盈利能力和水平，都实行放开内销管理的制度，扩大企业的内销市场，从而增强经济特区的吸引力。

美国政府规定，允许经济特区内的企业生产的产品内销国内市场 2/3；土耳其对外国的商品和货物经过经济特区进入到国内市场予以进口减税的优惠鼓励；菲律宾明确规定，区内企业生产的产品既可以外销国外，也可以内销国内市场；埃及规定，产品在经济特区内增值 40% 以上的，可以进行内销，并且可以给予减税 50% 的政策优惠。

中国大陆（内地）的经济特区虽然没有明确规定内销的比例，但是对内销行为也是允许和鼓励的。一方面，对于经济特区内的中外合资企业、中外合作企业和外商投资企业，其产品允许有一定比例的内销；另一方面，对于采用中国原材料进行生产的产品或者是外商提供了先进技术和设备进行生产、国内市场又需要进口的产品，则允许适当扩大内销的比例。

此外，中国台湾地区的出口加工区也经历了产品由限制内销到有条件允许内销的转变。1988 年以前，出口加工区的产品仅限于外销，只有地区内不能生产的产品经过有关部门批准后才允许一定程度的内销。1988 年，台湾地区的出口加工区明确规定，企业年产量 50% 以下的产品经过有关部门批准可以内销，超过部分则应送投资审查小组进行核准，审查通过后方可内销。到了 1997 年，台湾地区的出口加工区直接删除了对产品内销比例的限制，使得加工区内企业的产品可以实现无限制地内销，大大提高了企业生产的积极性。

（六）出入境管理政策

国内外经济特区的管理机构对于外商在经济特区内的往来都给予了充足的方便，行使特殊政策，保证外商出入自由。如在出入境口岸设立专门通道，安排专门工作人员，对外商在手续办理等方面提供帮助。再如我国在1988年成立的海南经济特区规定，凡与我国有外交关系或官方贸易往来的国家或地区的外国人，到海南洽谈业务或办理企业事务，停留时间不超过15天，并可临时在海口市或者三亚市办理入境手续。除此之外，海南省政府还对在海南岛常驻的外国人的家属，签发前往海南岛的多次入境签证等。

（七）法律规范的制定

开放政策的制定与开放措施的实施，要有法律规范的充分保障，国内外的经济特区建设也都充分认识到了这一点，通过颁布土地法、投资法、合同法、劳动法等法令，将各个方面的优惠政策确定下来，利于政策的稳定性和长期有效性。

如白俄罗斯自1998年以来相继签署了《自由经济区法》《关于在白俄罗斯共和国境内自由经济区经营活动的若干问题》和《关于在自由经济区内建立自由关税的批准法令》等一系列关于在经济特区投资经营的相关法律法规，来保障经济特区的建设与优惠政策的实施。此外，还通过一系列总统令的颁布，放开并优化土地、劳动力、金融、海关等政策领域，扩大经济特区的政策优惠范围，提高经济特区的服务水平。拉脱维亚也颁布了包括《文茨皮尔斯自由港法》《利耶帕亚经济特区法》《列泽克涅经济特区法》《里加自由港法》和《自由港和经济特区税收适用法》等一系列的法律，拓宽经济特区的优惠政策范围，加大政策优惠力度，通过法律和制度层面保证政策的实施落地。

中国的经济特区更加重视经济特区的法律制定工作，将各项开放政策与措施以法律法规形式予以确认。如1980年出台的《广东经济特区条例》、1981年制定的《深圳特区土地管理暂行规定》、1984年颁布的《深圳经济特区土地使用费调整及优惠减免办法》

等，为政策的实施与经济特区的加快发展奠定了法律法规基础。

> 专栏：政策不稳的教训
>
> 　　近几十年来，墨西哥的边境自由贸易区，走过了一条曲折的道路。政策的摇摆，使得自由贸易区的发展遭受了挫折，也给墨西哥的经济造成了重大损失。
>
> 　　在经济特区内，是实行自由贸易还是限制贸易，墨西哥政府的政策是摇摆不定的。虽然每届政府都承认蒂华纳、墨西卡利等自由贸易区的存在，但是政府已经对这类区域进行了限制，最后在原则上取消了自由贸易区制度。具体表现在：(1) 保护和鼓励本国内地产品到自由贸易区去销售，抑制外来产品；(2) 政府规定对于进口商品分为进口许可证批准进入和进口商品配额制度准入两种方式；(3) 在进口一定金额外国产品的同时，要进口一定数量的本国生产的同类产品作为搭配。这就使得蒂华纳、墨西卡利等一批影响广泛的自由贸易区被淹没了，其传统特色也逐渐褪去。
>
> 　　墨西哥政府总结了经验教训，决定用扩大贸易自由和方便外商投资来解决存在的问题：(1) 自由区期限延长15年；(2) 允许3000多种商品自由进出；(3) 外资在大部分工业、商业和旅游业的投资可达100%；(4) 加工出口工业的外汇收入和利润可以自由转移和汇出；(5) 放宽对当地能生产的商品的进口限制。政府对自由贸易区政策的松动，使工商业和旅游业重新有了信心与机会。1985年，美墨边境已有美商办的美墨合资工厂730家，到1987年底又增加了485家，共计1200多家。

第二节　扩大开放与驱动原因

　　综观内外，各个国家或地区创办经济特区的目的在于借助其开放的窗口作用，能够吸引更多的资金、技术和先进的管理经验，从而助推地方经济的发展以及产业结构的转型升级，提升对外贸易水平，创造更多的就业岗位，最终为全国各个地区经济的发展起到示范和引领作用。

在经济特区发展的过程中，经济管理体制的变革发挥着重要作用。通过在经济特区内部实行特殊的政策、采取灵活的措施，充分发挥市场的调节作用，调动多种经济成分的积极性，并且借助中央政府赋予的经济活动自主权，可以率先助推经济特区实现经济飞速发展，成为外资、技术和先进管理经验的集聚地，并且为特区经验推广以及推进全国经济腾飞积蓄力量。

由此可知，开放是推动改革的重要力量。中国改革开放40年，初步实现了从计划经济体制向市场经济体制的转轨，在此过程中，对外开放起了极为重要的推动作用。在全面深化改革的今天，新一轮的对外开放浪潮仍将对国家经济发展和社会进步产生重大推动作用。

但是，从经济特区的发展实践可以看出，对外开放如同社会事物发展一样，并不是一步到位的，其必须要遵守依次推进、渐进展开的发展规律，要经历一个由局部开放到全局开放的过程，即从最初处于边缘外围的特区试验逐渐延展到核心腹地的开放拓展，最终推开到全国，形成国家层面对外开放的大格局。在此过程中，不仅经历着空间上由单向开放转向全方位开放，而且在产业发展内容上也经历着不断变化和转变，这也是经济特区从稚嫩走向成熟的必经阶段。

一 经济特区扩大开放的总体趋势

20世纪后半叶，伴随着西方殖民体系的逐渐瓦解，一些刚刚取得民族独立的国家开始走上经济发展之路；并且国家间的经贸往来越来越密切，在世界范围内形成了不可分割的经济共同体；加之第三次科技革命的影响，全球经济的自由化程度日益加深。基于以上种种因素，全球范围内的经济特区开始不断增加，经历了第二次蓬勃发展。

在世界经济特区蓬勃发展的过程中，先进的经济发展经验也带来了地区和国家观念的更新和思想解放浪潮，对传统经济思想形成了有力冲击，反过来推动了思想解放运动的进一步发展。

（一）经济特区扩大开放的原因

1. 第二次世界大战结束后，西方殖民体系瓦解，发展经济成为各个国家的共识第二次世界大战前，许多发展中国家处在西方资本主义的殖民统治之下，经济发展严重滞后，国家的殖民地或半殖民地性质使得其在发展经济过程中力不从心，造成国家经济发展落后。但在第二次世界大战结束后，很多国家获得了独立，开始拥有决心和能力去发展经济，所以在战后，恢复在战争中遭受严重打击的经济以及推动国家经济走向繁荣成为各个国家和地区所面临的重要论题和使命。

因此，在第二次世界大战后，世界各个国家开始不断扩大经济特区布局版图。如在世界上的重要运输航线上布局一批经济特区，比如50年代爱尔兰成立的香农自由贸易区、60年代中国台湾地区成立的高雄出口加工区等，都是依托临近重要运输航线的优势基础上设立起来的。

此外，对于已经设立的旧的经济特区，各个国家也非常重视对之进行改造和升级，使其在世界经济特区的发展浪潮中焕发出新的活力。德国的汉堡和不来梅两个自由港，在战后都分别开设了新的港区，并且扩大了经营范围，将加工生产轻工产品和造船业纳入其中，带动了老港区发展活力的提升。美国刚开始设立的对外贸易区，仅限于开展转口贸易等单一功能，1980年通过法案将其经营范围扩大到了制造业，并允许在对外贸易区内将美国生产的零部件与外国进口的原材料装配为成品，这促进了美国对外贸易区的飞速发展。在经济特区的数量上，截至1984年，美国的经济特区就发展到了83个，成为了发达国家中设立经济特区最多的国家。

2. 世界经济发展为相互联系的整体，各国家和地区间的联系日益紧密

世界经济的全球化发展是近些年来全球经济所面临的重要特征，突出表现为各个国家和地区之间经济联系的加强以及相互依赖程度的加深。同时，在世界经济发展过程中，发展中国家经济的参与度不断增强，深度参与到世界经济分工与合作中；并且经济发展对社会制度的区分度愈加不明显，社会主义国家与资本主义国家在世界经济中的发展机会平等。

作为参与世界经济分工的重要力量，发展中国家加快了经济特

区的建设和发展步伐，努力开创世界经济特区发展的崭新局面。在二战后，发展中国家振兴国家经济的需求日益迫切，创办经济特区的进度也不断加快，截至20世纪80年代末，世界各地设立的521个经济特区中，68个发展中国家拥有343个，占世界经济特区总数的2/3。可见，发展中国家在世界经济特区的发展过程中扮演着重要的角色。

同时，社会主义国家的经济特区建设也卓有成效。中国在80年代设立的深圳、珠海、汕头、厦门、海南五大经济特区飞快发展，在对外开放国家战略中的地位愈加重要；同时又设立14个沿海开放城市，将对外开放推向深入。越南的第一个出口加工区——新顺出口加工区正式设立并成为越南融入世界经济以及尝试市场经济的重要试验基地，推动着越南的《投资法》《新企业法》《土地法》等一系列有关经济特区的法律的出台和实施。

3. 破除贸易保护主义，维护公平贸易环境的需要

虽然世界各国和地区之间的经济联系日益紧密，并且在1982年的关贸总协定部长级会议和1983年的贝尔格莱德第6届贸发大会上，对限制贸易保护主义做出了承诺和要求，但是各个国家间的贸易保护主义却愈演愈烈，贸易战屡见不鲜。这种贸易保护主义的不断蔓延，严重影响了各个国家和地区之间的贸易往来，同时也成为经济特区发展的一大重要障碍。

所以，在面对贸易保护主义的问题上，许多国家和地区都采取了加快经济特区建设步伐、扩大对外开放的策略，充分实行自由贸易，打破贸易壁垒，从而保障国家经济的长期稳定发展。

在这一过程中，拉美国家经济特区建设的加快成为了典型代表。20世纪七八十年代，拉美国家在贸易港口和机场加快出口加工区的规划布局，并加快建设发展，截至80年代中期，22个拉美国家中已拥有出口加工区62个，成为推动出口加工贸易的重要平台和载体。这些出口加工区鼓励区内企业开展商品的进口、储存、包装、批售、零售等业务，以此坚持自由贸易。此外，出口加工区还加快创办使用进口的半成品和元件生产出口商品的工业企业，在区内提高产品的附加值。并且，拉美国家的出口加工区基本都对进出口商

品实行免税的政策，这就对贸易保护主义形成了冲击，维护了自由贸易的原则。

(二) 经济特区扩大开放的趋势

在以上原因的引导下，世界各地经济特区的开放程度不断加深，扩大开放的趋势也愈加明显，并且总体呈现出以下几种趋势：

1. 由职能单一型经济特区向技术型、综合型经济特区扩展

世界上早期成立的经济特区，多为职能较为单一的自由港或加工贸易型经济特区，这些经济特区主要以扩大对外贸易为主要职责，没有被赋予发展制造业、商业等其他产业以及实施经济改革的使命，导致这些经济特区的职能和作用有限，对地区和国家经济发展的带动效应不足。

经过经济特区的不断发展和总结后，各个国家和地区均对经济特区的发展寄予了厚望，并开始调整经济特区的设立形式和方向，开始突破职能单一的贸易型经济特区的模式，向着多元的贸易型、工业—贸易型、技术型、综合型经济特区的模式方向发展。

发展技术型经济特区是经济特区发展模式转变的一个重要方向，代表着经济特区向着技术专一化方向发展。科学工业园区自50年代开始形成，并在之后蓬勃发展，仅截至1997年，世界上的科学工业园区就多达一千余个，其中北美科学园最多，为429个，占比42.5%，其次为西欧和东亚，分别有216个和171个，剩余的193个则分布在世界其他地区。其中，较为大家熟知的有美国"硅谷"、英国剑桥科学园、北京中关村和深圳高新区等。这些科学工业园区在运行的过程中，"官产学"是不可或缺的三大主体，其中，政府在园区运行中起着主导作用，企业承担着研究、开发和生产的重要职责，而大学则是研究人才和研究成果的来源地，这三大主体共同支撑着科学工业园区的发展，缺一不可。

而综合型经济特区的设区面积大，经营范围广，集多种行业发展和多种功能载体于一身，是经济特区扩大开放的又一重要产物。综合型经济特区的开放领域广阔，往往涉及经济社会发展的方方面面，覆盖面全，所以外资在经济特区各领域的发展机会多，对经济社会发展的促进作用大。如巴西的玛瑙斯经济特区，其涉及的工业

项目多达 600 余项，年平均收益超过 10 亿美元，共创造了超过 5 万个直接工作岗位和 35 万个间接工作岗位，为解决当地的劳动力就业和拉动经济发展起到了至关重要的作用。

2. 由局部开放向全局开放转变

鉴于经济特区发展现实，其开放进程必然是循序渐进、逐步展开的，任何一步到位的开放举措都是不存在和不可能实现的，不管是从国家或地区层面还是从经济特区内部开放层面都是如此。

中国经济特区的对外开放就经历了从沿海、沿江再到沿边和内陆地区的过程，也渐次实现了由局部范围和领域的开放向全方位、多层次、宽领域开放的转变，这是由点到线到面的伟大成就。1980年，作为经济特区的开拓性实践，广东和福建两省建立了深圳、珠海、汕头和厦门四个经济特区，以引进资金、技术和先进管理经验为己任，在对外开放的浪潮中不断开拓进取。1984 年，国家扩大开放，大连、秦皇岛、天津等 14 个沿海港口城市被赋予开放使命，实行特殊的政策，加快对外开放和自身发展。1988 年，又将海南从广东省中划出成立海南省并设立为最大的经济特区，在先行先试以及对外开放过程中继续引领发展和积累经验。1990 年，国家开放了上海浦东并将浦东新区设立为经济特区，在长三角地区形成了开放发展的高地。之后，国家开放的范围就陆续扩大到了内陆边境城市和省份，将对外开放的浪潮从沿海边缘地带扩展到了国家核心地带并铺开到全国。

不仅是从国家整体布局上经济特区所涉猎的范围越来越大，而且在经济特区内部，其范围也在不断扩大，使得特殊政策所适用的范围更加广阔。1967 年，巴西政府颁布法律正式确定在亚马孙森林腹地玛瑙斯附近开辟出 10000 平方公里的土地，用于建立兼营工商农牧业的自由贸易区。1968 年，巴西政府又宣布，玛瑙斯自由贸易区所拥有的一切优惠政策适用于整个西亚马孙地区，即包括了帕拉、朗多尼亚、阿克里等州，代表着将整个亚马孙地区 220 万平方公里的区域划定为自由贸易区，其占巴西总面积的 26%，成为世界上面积最大的经济特区。深圳经济特区的范围也经历了不断扩大的过程。在 1980 年全国人大常委会颁布的《广东省经济特区条例》

中规定，深圳经济特区的范围为395平方公里，包括了现今的南山区、福田区、罗湖区和盐田区。发展到2010年，随着深圳经济特区内外的深度融合，国家正式批准了深圳扩大经济特区版图的申请，将深圳经济特区的范围延伸至了全市，经济特区的面积也由最初的395平方公里扩大到1948平方公里。2011年，深圳经济特区又延伸至了深汕特别合作区。2018年，国家同意撤销了深圳经济特区管理线，为新时代深圳经济特区的一体化发展和引领作用的进一步发挥奠定了基础。

3. 由学习型开放向引领型开放发展

设立经济特区的目的就是引进国外的资金和技术，学习国外先进的管理经验，并通过实施特殊政策，发挥市场在经济发展中的调节作用，获取更多经济活动的自主权，从而率先实现经济的起飞，形成对外开放的经济发展高地，并对国内经济的发展起着示范带头作用，最终形成"先富带后富"的良性局面，从而促进全国经济发展水平提升。

从经济特区的设立原因和初衷来看，经济特区在设立之初，主要以学习型开放为主，并在向国外开放学习的过程中，努力提升经济特区自身以及国家经济的发展水平。但是当经济特区开放到一定程度后，将由最初的"摸着石头过河"发展到引领型开放发展，注重总结开放发展的宝贵经验并在全国进行推广，不断在实践中应用和总结学习成果，加快对外开放的步伐，提升对外开放的水平，深入地融入世界经济发展，推动国际经济政治制度变革，争取更多的国际发展话语权。

近年来，中国对外开放"走出去"的步伐不断加快，成为引领型开放发展的重要表现。2013年，中国国家主席习近平分别提出了建设"新丝绸之路经济带"和"21世纪海上丝绸之路"的合作倡议，简称为"一带一路"倡议，现已成为国家级顶层合作倡议。其旨在通过中国与有关国家间的双多边合作机制，借助有效的区域合作平台，积极发展与沿线国家的经济合作，并打造利益共同体和命运共同体。在此过程中，我们还倡导成立了亚洲基础设施投资银行，设立了丝路基金，创建了金砖国家新开发银行，加快了中欧班列的运行等,旨在全面推动国家的开放和合作步伐,形成陆海内外联动、东西双向互济的开放格局。在此过程中,经济特区发挥着重要的作用。如厦门在"一带一路"中被赋予海上丝绸之路战略支点城市的地位,其作为国际性综合交通枢纽城市,是我国唯一实现海上丝绸之路和陆上丝绸之路无缝对接的海路枢纽城市,在"一带一路"倡议中被赋予重要的使命。

在区域合作开放方面,2017年7月,《深化粤港澳合作、推进大湾区建设框架协议》在香港正式签署,并于2019年2月正式出台《粤港澳大湾区发展规划纲要》,强调要发挥香港—深圳、广州—佛山和澳门—珠海的联合带动作用,提升经济发展的质量,扩大在全球的影响力并深度参与国际合作与交流。由此可见,深圳、珠海等经济特区在当今区域开放合作以及促进粤港澳合作乃至配合国家经济整体布局中发挥着极其重要的引领型开放作用。

二 经济特区开放的阶段与特征

(一)世界经济特区的开放阶段与特征

国外经济特区的开放发展大概可以分为单一开放、扩大开放和综合开放三个阶段。每个阶段均表现出不同的特点与特质。

1. 世界经济特区的单一开放阶段

自经济特区创办以来到第二次世界大战前,称为国外经济特区的单一开放阶段。这一时期的经济特区,以扩大对外贸易为主要目的,职能较为单一,多属于传统的自由港和自由贸易区,如法国的马赛、德国的汉堡、丹麦的哥本哈根、西班牙的直布罗陀等。这些自由港和自由贸易区设立在交通便利的沿海地带,借助优越的地理位置和开展国际贸易的优越条件,通过实施进出口免税、方便人员往来等措施,扩大转口贸易,发挥商品集散中心的重要作用。

这一阶段的经济特区,数量还较少,主要分布在西方资本主义国家及其殖民地国家或地区,共有75个左右,分布在26个不同的国家或地区。这些经济特区开放的经济活动较单一,具有发展缓慢、规模小、分布地域狭小等明显特点,但是这些经济特区在资本主义的发展过程中发挥了重要作用,促进了西方的资本原始积累。

此外，这时的一些经济特区还是西方资本主义列强进行殖民掠夺的重要场所，具有被动开放的属性。

2. 世界经济特区的扩大开放阶段

第二次世界大战后，随着西方殖民主义统治的逐步瓦解以及民族国家的独立，经济特区的建设进入加速阶段，经济特区的开放范围也逐步扩大。如战后重建的荷兰鹿特丹自由港和意大利的热那亚自由港等经济特区，其重建后的地域范围和经营范围都进一步扩大，开放规模远远大于战前。

一些国家则随着科学技术的发展以及国际经贸联系的加强，通过出台相关法律扩大经济特区的开放和经营范围。如美国通过1950年和1980年两次修改《对外贸易区法案》的行为，将制造业纳入到对外贸易区进一步扩大开放的范畴，并对在对外贸易区内流转的产品免征由于国内加工成本产生的关税。

另外一些在此时期新建的经济特区，其也早已突破了传统的自由港和自由贸易区的形式，朝着具有加工、制造功能的新型自由港和自由贸易区转化。如智利的阿里卡自由贸易区、百慕大自由港和马来西亚的槟城自由港等。

与此同时，一种新的经济特区形式——出口加工区也出现并蓬勃发展。这缘于战后发达国家进行产业结构调整，将劳动密集型资本和生产转移到了拥有大量廉价劳动力的发展中国家。发展中国家承接了劳动密集型产业的转移后，就建立了兼具自由贸易区和工业区功能的出口加工区，如印度的坎德拉、菲律宾的巴丹和多米尼加的拉罗马纳等。这种出口加工区拥有工业生产和出口贸易两种功能，实现了生产与贸易的结合。

3. 世界经济特区的综合开放阶段

到了20世纪70、80年代，科技革命开展得如火如荼，并且各个国家和地区间的经贸往来愈加紧密，经济全球化进程不断加快。

在科技要素的促进下，许多国家的出口加工区内的劳动密集型产业开始向技术密集型产业转变，这就催生了另外一种新型的经济特区形式——科学工业园区，也即科技型经济特区。如日本在1983年的一年时间里就新增建立了十多个"技术城"特别开发区，这主要得益于《高技术工业集约地促进开发法》的出台。中国台湾地区的"新竹科学工业园区"和新加坡的"肯特岗科学工业园"等也是科学工业园区的典型代表。这种科学工业园区，有其特有的趋势和特征：特区内科技型企业众多，技术、知识密集型产业占据主导位置；特区内产品生产的自动化水平高，产品的附加值较高等。

除此之外，为了适应世界经济发展的需要，许多国家的经济特区开始向综合型经济特区转型，并且世界上很多国家兴办了一批新的综合型经济特区，如新加坡的裕廊工业区、巴西的玛瑙斯自由贸易区和中国的深圳、珠海、汕头、厦门等经济特区。这些经济特区开放的领域和范围更为广阔，不仅关系到对外贸易的范畴，而且涉及国民经济的方方面面，成为经济特区中最具综合性和全面性的开放区域。

(二) 中国经济特区的开放阶段与特征

中国主动的经济特区建设起步于1978年的改革开放，之后由沿海扩展到了内陆，形成了经济特区—沿海开放城市—沿海经济开放区—沿江、内陆和沿边开放—自由贸易试验区的开放体系，并形成了全方位、多层次、宽领域的对外开放格局。

1. 沿海经济特区建设阶段

1978年党的十一届三中全会做出了把党和国家的工作中心转移到经济建设上来，并实行改革开放的伟大决策，这为新中国第一批经济特区的设立奠定了思想和制度基础。1979年，党中央根据广东、福建两省靠近港澳、华侨众多、利于引进外资的优越条件，给予两个省份更多的经济自主权，让其在对外开放中先行先试、勇于突破，抓住世界经济发展机遇。1980年5月，党中央确定成立深圳、珠海、汕头、厦门四个经济特区。1988年4月，经过对成立海南经济特区的不断研讨以及《加快海南岛开发建设问题讨论纪要》的出台后，国家正式通过建立海南省和设立海南经济特区的决定。自此，我国拥有了第五个、同时也是最大的一个经济特区。

20世纪80年代中国5个经济特区的设立，标志着我国在对外开放问题上的坚定探索。此外，经济特区的成立，也代表着开放窗口的形成，经济特区在我国对外学习和对内改革中的作用异常显著。

2. 沿海港口城市开放阶段

1984年5月，党中央和国务院批转了《沿海部分城市座谈会纪要》，决定进一步扩大对外开放步伐，开放包括大连、秦皇岛、天津、烟台等在内的由南到北的14个沿海城市。1990年，党中央和国务院又做出了一个重大决策——开发开放浦东，成立上海浦东新区，之后，将浦东新区正式定位为经济特区，要把浦东建设成为现代化上海的象征。

以上开放的沿海港口城市，位于国内经济和世界经济的接合部，其快速稳定发展既可以为内地经济发展提供示范带动，又可以有效链接世界经济发展新态势、新形势，为国内经济提供动力源泉。

3. 沿海经济开放区发展阶段

1985年2月，党中央和国务院批准了《长江、珠江三角洲和闽南厦漳泉三角地区座谈会纪要》，将长江三角洲、珠江三角洲和闽南三角区划定为沿海经济开放区。这是我国进一步扩大开放的又一举措，也标志着对外开放区域由城市向地区的转变。1988年初，国家又进一步开放了辽东半岛和山东半岛，并与先前开放的大连、秦皇岛、天津、烟台等沿海开放城市形成有效互动和紧密联系，共同构成了环渤海开放区。

沿海经济开放区的设立，标志着我国对外开放的布局实现了由点到线、由线及面的重要变化，表明我国经济特区对外开放的有序、深入推进。

4. 沿江、内陆和沿边开放阶段

经济特区开放的深入伴随着开放区域由沿海到内陆的转变。1992年6月，党中央、国务院决定开放芜湖、九江、岳阳、武汉和重庆5个沿江城市，这对于带动整个长江流域地区经济的发展以及我国全方位对外开放格局的形成具有极其重要的作用。在这之后，国家又批准了合肥、南昌、长沙、成都、郑州、西安等17个省会城市为内陆开放城市。与此同时，黑河、珲春、伊宁、塔城等沿边城市也逐步开放，成为内陆边境发展的重要推动力量。

在此阶段，2006年，又将天津滨海新区确定为经济特区。2010年5月，中央新疆工作会议上正式批准喀什设立经济特区，这也代表着经济特区由沿海向沿边地区布局的转变。喀什经济特区的设立，推动我国形成了"陆上开放"和"海上开放"并重的对外开放新格局。并且喀什经济特区在建设过程中，得到了深圳经济特区的对口帮扶，相比于中国80年代设立的经济特区，喀什经济特区的建设更加有章可循、有经验可借鉴，这也为喀什经济特区的发展奠定了坚实的基础。

5. 自由贸易试验区建设阶段

2013年9月，国家正式发布了《国务院关于印发中国（上海）自由贸易试验区总体方案的通知》，标志着上海自贸区的正式成立。其实施范围共28.78平方公里，包括了外高桥保税区、外高桥保税物流园区、洋山保税港区和上海浦东机场综合保税区四个片区。2015年4月，在上海自贸区的基础上，又成立了广东、天津和福建自贸区。2017年3月，中国自由贸易区的范围进一步扩大，辽宁、浙江、河南、湖北、重庆、四川和陕西自贸区相继成立。2018年4月，习近平总书记在庆祝海南建省办经济特区30周年大会上郑重宣布，党中央决定支持海南全岛建设中国（海南）自由贸易试验区和中国特色自由港。10月，相关文件正式出台，海南自贸区正式成立，实施范围为海南全岛。2019年7月，先行启动面积达到119.5平方公里的上海自贸区临港新片区正式揭牌，其被国家赋予重要使命，致力于对标国际上公认的竞争力最强的自由贸易园区，将其自身打造成更具国际市场影响力和竞争力的特殊经济功能区。8月，中国自贸区的"家族"进一步扩大，山东、江苏、广西、河北、云南和黑龙江自贸区正式成立。自此，中国初步形成了"1+3+7+1+6"的自贸区基本格局，形成了东西南北中协调、陆海统筹的开放态势，推动形成了我国新一轮的全面开放格局。

由此可见，创办经济特区是改革开放的突破口，设立自由贸易试验区是改革开放的全面深化。自贸区的设立将探索实现外商投资的更加便利化，并在国家改革层面推进政府机构改革和政府职能转变，不断优化区内的营商环境，并且在将来与其他国家探索设立跨境自由贸易区，在更大范围、更广领域和更高层次上参与国际经济技术合作，并为"一带一路"倡议等的实施搭建新的更高的平台。

从单个经济特区的发展来看，自由贸易区是在原来经济特区的基础上所进行的进一步的、全方位的开放。从现有的自贸区国家布局来看，很多经济特区都承担了自由贸易区的职责，如在深圳经济特区内成立广东自贸区前海片区、珠海经济特区内成立广东自贸区横琴片区、厦门经济特区内成立福建自贸区厦门片区、海南经济特区内成立海南自贸区和中国特色自由港等，这些自贸区功能的叠加，代表着经济特区在新时代承担着新的功能。在当今对外开放格局中，经济特区要利用好自身的开放基础和政策优势，着力推进经济特区的基本功能由"窗口"向进一步扩大开放的前沿转换，即经济特区应由外向型经济向开放型经济转变。着力深化国际分工和合作，将开放作为市场化、制度化和常态化的安排，让市场充分发挥其在资源配置中的基础性作用。

三　经济特区开放重点与领域拓展

（一）经济特区赋予定位的拓展

经济特区开放重点和领域的拓展，与经济特区设立的目的和被赋予的定位息息相关：

首先，比如中国最开始设立的深圳、珠海、汕头和厦门经济特区，都是在计划经济的背景下成立的，那时候市场经济体制在中国还未出现，所以这些经济特区的设立主要是以改革计划经济体制、探索建立市场经济体制为目的；而之后设立的海南、喀什等经济特区都是在市场经济体制在中国已经基本确立的背景下设立的，所以其目的主要是完善市场经济体制。

其次，较早设立的经济特区主要以打开国门、解决对外开放问题为主要使命，通过实行税收优惠政策和地区差别政策来吸引外资进入，从而解决国内资金不足困难；而之后成立的经济特区，主要是致力于建立与国际规则接轨的体制机制，解决国内经济发展过程中各种深层次矛盾，通过建立公开、透明、高效、创新的营商环境吸引外商投资。

再次，最早成立的经济特区主要是分布在沿海省份和城市，借助优越的地理位置首先加快沿海地区的发展，从而形成可借鉴的特区发展模式向内陆地区扩展；而新成立的特区不局限在沿海地区，而是从国家区域发展总体战略的角度出发，探索区域协调发展的新模式、新思路，为实现国内经济平衡发展积累经验。

如我国的海南经济特区，作为1988年设立的经济特区，2018年又被赋予了自由贸易区和中国特色自由贸易港的重要角色。自从国家"一带一路"倡议提出以来，海南就充分发挥其处在中国最南端的地理优势和在生态方面的巨大优势，积极参与国际合作，充分融入到国家的"一带一路"建设和海洋强国战略中。海南同"一带一路"沿线国家间建立了深入联系，在健康医疗、旅游和金融等方面充分开展合作，促成了对外合作项目30多个，签署协议60多项，充分展现了自身的区位和资源优势。为了大力发展旅游业，海南开通了海口或者三亚飞往曼谷、新加坡和普吉等空中航线，赴各个国家举办专场促销活动，为海南旅游业的发展吸引了稳定的国外客流。此外，在对外贸易方面，海南省也不断完善相关政策法规，出台促进外贸出口的相关措施，推进国际贸易"单一窗口"建设，加快办理出口退税的进度，力图营造良好的贸易营商环境。

（二）经济特区经营范围的拓展

在第二次世界大战之前，西方资本主义国家设立的经济特区数量偏多，并且这些经济特区主要集中在自由港和自由贸易区类型的开放区域上，据不完全统计，此时期共有大概75个经济特区分布在26个国家或地区。但是这些自由港或自由贸易区，在特定范围内可经营的领域却有限，主要属于单纯贸易型的经济特区。如一些经济特区允许在区内从事一些简单的商品包装活动，可针对客户和消费者的需要，对商品进行分类、清洗、挑拣和贴标签等；对于比较大宗的散装货物，可以在区内进行整理和重新包装作业等；对于尚未装配的机器和家具等可拆卸零部件物品，可以在区内进行装配和调试等。（见表4-4）

表 4 – 4　　　　　　　各类型经济特区的经营范围比较

类型	贸易型经济特区	贸易加工型经济特区	科技型经济特区	综合型经济特区
典型代表	汉堡、不来梅、巴塞罗那、热那亚、布鲁克林等	香农、高雄、坎德拉、裕廊等	硅谷、剑桥科学园、新竹、大德、中关村等	玛瑙斯、深圳、海南等
经营范围	港口装卸、货物储运、货物商品性加工和货物转运，兼以加工和制造等	以出口加工业为主，兼营进出口贸易等	高科技产业等	工业、农牧业、旅游业、商业、金融业等

在第二次世界大战后，经济特区得以重建和新建，为了配合满目疮痍的战后经济的恢复，经济特区的地域范围和经营范围都进一步扩大，使得经济特区在国家经济发展中扮演着更加重要的角色。意大利的热那亚、德国的汉堡自由港等经济特区重建后，地域和经营范围都远远超过了二战前。在经营范围方面，这些经济特区除了上述的二战前的业务外，还允许引进外资，进口机器、零部件和原材料，在特区内进行生产、加工，发展以出口为主要导向的加工和制造业，实现了工业与贸易的结合。

美国就在 1950 年和 1980 年两次对《对外贸易区法案》进行调整和修改。使得原本只限于经营仓储、货物再包装以及转运等低层次业务的布鲁克林自由贸易区的经营范围在 1950 年扩大到了制造业，在 1980 年又规定对在自贸区内的产品的国内加工成本免予征收关税。可见，经济特区的经营范围和内容实现了由单一到综合、从初级到高级的重要转变。

此外，对于综合型的经济特区而言，如深圳、玛瑙斯等，其经营的范围就更为宽广，允许外商投资和经营的行业除了工业和贸易外，在旅游业、文化教育事业、金融业、房地产开发业等多方面都允许外商进入，并且在各方面提供更加优惠的条件。

第五章　中外经济特区的改革实践

　　世界范围内的经济特区，大多承担着两重重要任务：一是开放的窗口，二是改革的试验田。国外经济特区如此，中国经济特区亦是。经济特区作为不同于一般经济范围的特殊区域，实行着特殊的政策条件，并在其内部开展一系列的改革实践，其中包括金融管理体制改革、价格调整机制改革、劳动用工制度改革等。这些改革实践在经济特区内部开始萌生、成熟并推广开来，成为经济特区对整个地区和国家的重要贡献。

　　经济特区的这种改革探索往往是改革现有的不适宜市场发展的制度环境，或者开拓性地建立未有的政策制度，这两种改革的方式均得益于经济特区拥有领先于内陆地区的市场取向改革的先行优势，给予了经济特区改革的机遇并使之成为制度创新的试错环节，对制度的创立和发展起着重要的保障作用。

　　同时这种改革任务不是独立存在的，它是与对外开放相辅相成、相互促进的。改革是为了扫除开放过程中的制度障碍，而开放则是改革在对外开放领域的具体实践。但是与对外开放一样，经济特区的改革也不是一蹴而就的，是需要根据经济特区发展的现实与改革的阶段效果而进行调整的，长期坚持，才会形成适合经济特区发展以及可以为其他地区所效仿的制度体系。此外，在改革的过程中，也会逐步形成敢于探索、创新和试错的特区精神，支撑着经济特区改革实践进程的不断推进。

第一节　改革担当与试验区功能实现

　　经济特区概念的提出，使得自由港、自由贸易区、出口加工区等的功能和作用发生了变化。经济特区不仅要扩大对外贸易，而且更需要进行改革的试验，探索建立新的体制机制，成为一个改革的试验田。所以从特区成立之时起，就深深被烙上了改革的印记，改革成为了经济特区的基本功能和责任担当。这种功能和责任是国家所赋予的，是国家所期望的，同时也是国家在发展过程中所真实、迫切需要的。

那么，在经济特区改革试验区功能实现的过程中，也需要国家赋予经济特区某些特殊的权力，例如立法权等，同时需要经济特区自身采取管理机构调整和改革等措施，建立与经济特区改革试验区功能实现所相符的制度保障，从而为经济特区的改革实践提供动力源泉。

一　经济特区推进改革的原因

经济特区改革进程的推进，有其所处国家或地区推动的原因，也是其自身对外开放和经济发展的需要，与整个经济特区的发展和国家整体战略的布局息息相关。

（一）经济特区推进改革是国家和时代赋予的特殊使命

与对外开放一样，经济特区的改革实践也是世界经济特区在设立和创办时所在国家或地区所赋予其的重要使命，与国家或地区整体发展战略和所处的时代环境息息相关。

如印度是世界上人口第二大国，其主要的经济活动都集中在首都新德里和孟买、加尔各答等经济中心，其在发展过程中农业和工业并存，并且为了保护国内的产业，采取了相对封闭的发展体制，虽然拥有着廉价而丰富的劳动力，但是国内外资却十分稀缺，导致国家经济发展缺乏活力。所以，印度政府在目睹了邻近国家和地区在外资的带动下经济获得快速发展后，也采取了设立出口加工区的方案，并通过出口加工区的设立与改革吸引外资，充分利用国内的资源，提高产品的增加值。

中国第一批综合型经济特区的改革实践也是在国家经济面临困境的基础上实施的。20世纪70年代末期的中国刚从"文革"中走出来，国家经济百废待兴，并且计划经济体制限制了经济发展的活力，改变落后的经济面貌并探索出一条适合中国发展的经济道路迫在眉睫。此时设立的深圳、珠海、汕头、厦门经济特区被国家赋予了双重使命，即进行政治体制改革和经济管理体制改革的探索，这正是国家和那个时代赋予他们的神圣使命。

而从中国和世界其他地区的对比来看，中国对经济特区的改革定位远高于其他经济特区，其具有高远的战略目标。中国经济特区是经济体制转型的试验场，是对计划经济转型到市场经济的模式探索。所以，国家在经济、立法和行政方面都赋予了经济特区较大的自主权，如深圳经济特区的人民代表大会拥有立法权，可以决定经济特区内管理方面的相关法案等，这对经济特区探索市场经济体制的实践提供了充足的保障。

（二）经济特区的改革实践是适应国际惯例的具体要求

经济特区的改革开放历程就是一条国际化的发展道路，并且经济特区的改革实践就是在探索按照国际惯例办事的基本规则。

经济特区往往处在与国际经济交流的最前沿，其所受到的风险挑战、所面临的矛盾冲突都是最严峻和最复杂的。以深圳为例，从最开始开辟以蛇口工业区为代表的园区吸引外资，开办合资企业，到外资参与到深圳基础设施等领域的建设，到承接香港等地区的制造业企业转移，再到跨国公司等大型国际企业和机构的进驻，深圳与国际交流和合作的机会越来越多，并且外向型因素不断涌入并参与到深圳的发展过程中。此时，对深圳与国际惯例接轨的能力提出了更高的要求，能否做到与国际资源的无缝对接并充分利用这些资源支持到经济特区的发展，并且参与到国际经济的发展浪潮中，成为对经济特区国际化发展道路的重大考验。

所以，经济特区的改革实践过程其实也是经济特区乃至整个国家在探索与国际惯例接轨的过程。在经济特区接触国际人才、资金、技术和管理等生产要素时，必须要提供与以上要素相匹配和协调的制度环境和政策环境，这也"逼迫"着经济特区做出相应的改革措施和姿态，以应对不断变化着的和国际化过程中必不可少的惯例规则。长此以往，这种对国际惯例的被动适应会变成主动的变革，为经济特区和整个国家的国际化发展道路指明方向。

（三）经济特区的改革探索可以降低国内改革的风险

任何一项制度的完善成熟都是从小众到大众的拓展，都是从个性到共性的铺开，经济特区的具体改革措施也要实现从特区向全国的应用扩展。

经济特区作为改革的试验区，承担着各项改革措施的试验职能，这就包含着经济管理体制和行政管理体制的方方面面。那么凡是改革措施，必然要破除各种不合时宜的体制和机制弊端，必然是对原有体制机制的一次革新和突破，必然要受到某些顽固势力的坚决抵抗，也必然面临着失败的巨大风险，即使最终取得成功，其过程也必然是艰辛和艰难的。所以在经济特区这样开放而且小众的区域进行制度改革的探索，可以将改革失败的风险降到最低。

而且，国家给予了经济特区试错的特权，经济特区本身承担着降低全国改革开放的风险成本并为其铺路搭桥的使命。当经济特区的改革实践一旦取得成功，其进一步深入的探索就会继续，其成熟并且成功的经验就会推广至全国，在各种适宜的地区铺开，成为国家普遍并且常态化的一种制度。这种改革的探索路径相比于起初就全面探索的方法更加切实可行，可以有效降低改革的风险，将失败的可能性降至最低。

（四）经济特区的改革实践可以建立与对外开放相协调的制度环境

在经济特区的发展过程中，改革与对外开放相互促进、相互协调，是经济特区发展的两个重要属性。从国内外经济特区的具体发展实践来看，很多经济特区的改革实践都是在对外开放的过程中引起和推动的。在对外开放的过程中，必然面临着各种各样的问题和困难，这些难题的提出为改革的推行提供了导向，推动着改革措施的施行。所以说，改革既是开放的手段，又是一种目的。

因此，经济特区的开放离不开改革，并且这种改革是具有方向性和针对性的，具有直接动力和目的导向，帮助解决经济特区在开放过程中面临的现实问题，并不断推广应用到全国的改革实践中去，为全国开放水平的提升提供制度环境的保障。

二 经济特区改革内容与任务

在世界经济特区的发展过程中,改革是经济特区所被赋予的重要使命。国内外的经济特区,基于其设区国的实际要求和诉求不同,所承担的改革任务和所进行的改革内容也有所不同,但大多涉及价格管理体制改革、金融管理体制改革、基建管理体制改革、财政管理制度改革、土地管理制度改革和劳动用工制度改革等。而且,这些经济特区的改革,都经历着由不自觉到主观意愿、由单一到全面、由表面到深层的发展过程。

深圳经济特区在全国乃至全世界的经济特区发展中名列前茅,其改革成果丰硕,已经成为全球经济特区改革发展的标杆。所以我们通过介绍深圳经济特区的改革内容和任务,从而剖析和学习其改革经验。

深圳经济特区自成立以来,其改革主要集中在以下几个方面:

(一) 土地使用制度改革

在新中国成立以来,国家就规定"任何组织和个人不得侵占、买卖、出租或者以其他形式非法转让土地"。深圳经济特区成立后,在土地使用制度上发生了根本性的变化。

1979年,深圳经济特区为了吸引外资,发展外资经济,开始将土地使用权授予中外合资企业,并以土地使用费形式收取成本。此后,1981年出台的《深圳经济特区土地管理暂行规定》在制度层面保证了经济特区实行土地制度改革的合理性,确定了"行政划拨,分片开发,分散经营,征收使用费"的土地使用办法。1987年,深圳出台了具有标志性意义的《深圳经济特区土地管理改革方案》,在这份方案中,首次提出了土地的商品化经营概念,并且将土地的有偿使用制度全面铺开推行。此外,还将土地的权属划分为土地所有权和土地使用权,政府可以将土地的使用权转给土地开发者,但是必须要经过公开的程序,即拍卖、招标或协议等,强调过程的公开透明。更进一步,政府还让土地作为商品真正地在市场上流通起来,其可以被用来转让、买卖,甚至被抵押。

深圳经济特区的土地改革措施,很快得到了国家的认可和肯定,并通过国家大法的形式确定下来得以在全国实行。1988年，在全国人大七届一次会议上通过的《中华人民共和国宪法修正案》对土地使用制度做出规定，国家依法实行国有土地有偿使用制度，土地使用权可以依法出让、转让、出租和抵押。深圳经济特区的土地使用制度改革，走出了一条由土地资源管理到土地资产管理的道路，对整个国家的改革发展都起到了积极的推动作用，甚至推动了对国家宪法的修改。由此可见，深圳经济特区的改革在国家层面改革发展中所发挥的重要作用。

（二）国有企业改革

在1986年之前，国有企业的改革主要集中在经营权改革方面，并且国家颁布了《关于扩大国营工业企业经营管理自主权的若干规定》等制度文件，力图扩大企业的自主权。

1986年，国家提出了国有企业股份制试点工作，并开始在内地实行试点，但是效果并不理想。同年10月，深圳颁布了《深圳经济特区企业股份化试点暂行规定》，这是我国第一个关于国有企业股份制改造的政府规范性文件，正式开启了深圳经济特区的国有企业股份制改造步伐。1987年，深圳又颁布了《深圳经济特区国营企业股份制试点登记注册暂行办法》，对国有企业股份化的有关法规和实际操作流程进行了规定。同年5月，深圳发展银行率先发行股票，其是第一家由国家、企业、个人三方共同出资成立的一个商业银行，其区域性和股份制的特征决定了其发展的特殊意义。1988年12月，深圳万科企业股份有限公司按照国际规范公开向国内外发行股票，成为了国内第一家通过股票向国内外融资的企业。1992年，深圳出台的《股份有限公司暂行规定》对股份有限公司的地位在法律上给予了确定，同时也拉开了企业股份制改造的大幕，为国内企业的上市发展积累了充足的经验。并且对股份公司从设立到终止清算进行了明确的规定，自此确定了股份有限公司的法律地位，也成为深圳经济特区企业股份制改造由点及面铺开的重要标志。

（三）价格体制改革

价格体制的改革涉及的居民生活和经济发展的方方面面，影响面极其广阔,所以国家在进行价格体制改革时也特别慎重。1984年前,国家主要是有计划地调整价格,主要以调节副食品销售价格和重要原材料、燃料价格为主。1984年,国家开始放开部分商品的价格,实行生产资料价格的"双轨制"。

从1982年起,深圳经济特区开始进行价格改革,改革的步调是"以调为主,调放结合,分步理顺价格体系和价格体制"。在此期间,深圳经济特区主要是调高主要农副产品的收购价格,扩大差价。并且对企业下放定价权,允许存在一定幅度的浮动价格。在1984年,深圳实行了新的工资制度,使得物价和工资直接挂钩,从根本上解决了国内在价格改革上面临的"低工资、高补贴"的发展困境。发展到1984年,深圳已经放开价格的商品零售额比重占全社会商品零售额的比重高达80%,而此时全国的比重仅为30%。由此可见,深圳经济特区在价格体制改革中所取得的重大成就。

(四)文化体制改革

深圳经济特区的文化体制改革,通过"四局合一"的形式,搭建了文化发展的重要管理架构。深圳经济特区首先设立了深圳市文化稽查队,这是全国设立的第一支文化市场行政综合执法队,标志着深圳经济特区的文化管理实现了专业化和法治化。在1995年召开的深圳市文化工作会议上提出了建设"现代文化名城"的战略目标,并且在1999年开始了文化审批制度改革和艺术团体体制改革,代表着深圳以市场为取向推进文化体制改革的信心和决心。

进入到21世纪,深圳市于2003年成为全国文化体制改革的试点城市,提出了改革文化管理体制、健全文化微观运行机制、改革文化投融资机制、培育和完善文化市场体系、加快发展文化产业、完善文化经济政策、加强文化法制建设、扩大文化交流与合作八项改革举措,力争建立一套与社会主义市场经济体制相适应、与社会主义精神文明建设要求相符合的文化管理体制和文化产品生产体制。

(五)股票市场的建立

随着国家改革开放步伐的加快,中国的证券市场也得到了形成和发展的机会。1981年,国家财政部首次发行了国库券,标志着中国证券市场的开端。深圳经济特区证券市场的探索建立几乎是与上海市同步进行的。

1988年，深圳发展银行股票正式进行柜台交易，成为中国第一支公开上市发行的股票。1990年11月，上海证券交易所正式成立。紧接着，同年12月，深圳证券交易所开始试运行，并于1991年4月，正式得到批准成立。与此同时，深圳经济特区在1991年5月颁布了《深圳市股票发行和交易管理暂行规定》，成为新中国第一部股票管理条例。

深圳证券交易所的成立，首先得益于深圳经济特区的对外开放，证券市场是国际通行的融资渠道，开拓这一市场不仅是本地企业和居民投资的需要，也是内地企业和海外机构资金融通的确切需要。再者，深圳毗邻位列全球十大证券市场之一的香港，其证券交易所的设立，也是充分借鉴了香港成熟的市场规则和经验，并在此基础上结合了自身的发展特色，从而构建了深圳股票市场的发展体系。

（六）市场中介组织的发展与改革

在律师行业的发展方面，1988年，全国第一家私人律师事务所——段毅、武伟文、刘雪坛律师事务所在深圳成立；1989年，全国第一家个体性质的律师事务所——李全禄律师事务所在深圳挂牌开业，这些都标志着深圳开启了职业化律所的发展道路。同时，深圳还出台了包括《关于律师工作改革的决定》等在内的13份文件，对律师机构的设置等问题进行了详细的说明。此外，1995年，深圳市人大常委会通过了《深圳经济特区律师条例》，使得律师事务所走上了自主经营、自负盈亏、自我发展和自我约束的道路（樊纲，2009）。

在会计审计行业发展方面，深圳经济特区于1994年出台了社会审计行业改革方案，要求会计师、审计师事务所与党政机关彻底脱钩，使得社会审计行业走上了独立的市场化发展道路。1995年，深圳出台了《深圳经济特区注册会计师管理条例》，成立新的会计师协会，并且开始事务所的改制工作。

此外，深圳市还于1996年发布了《关于整顿市场中介组织的决定》，提出要加强行业自律和规范化管理，加强对市场中介组织的监管，这代表着中介组织走上了规范化的发展道路。

三 经济特区改革方式与动力

作为实行特殊政策的特殊经济发展区域，经济特区的改革在其发展过程中的作用越发明显和重要。在经济特区推进改革的进程中，其改革方式正确与否和动力充足与否对改革能否取得成功至关重要。纵观国内外的经济特区，在改革过程中基本都采取自上而下的改革方式，那么建立一个廉洁、高效的经济特区管理机构，形成一套完善的经济特区管理体制就显得尤为重要。此外，在经济特区改革进程中，中央或地方政府对经济特区的重视及其赋予经济特区的重要改革发展使命对经济特区的长远发展也极其重要，并且经济特区力争获得立法权并颁布一系列有利于经济特区改革实施的法律制度，从而保障经济特区的改革成果等是经济特区加大改革力度、加快改革进程的重要动力源泉。

（一）建立权责统一的管理机构和廉洁、高效的管理体制

经济特区的政府管理机构是否清廉、高效，直接关系到外商进入到经济特区的意愿以及经济特区改革政策的实施与贯彻落实。当一个经济特区的行政管理机构官僚主义之风盛行，工作效率低下时，那么经济特区的改革与开放事业发展必然受挫，必将影响到一个国家或地区整体的经济特区发展布局。鉴于此原因，各个国家或地区在设立经济特区时，都非常重视其行政管理机构的设置与发展，保障其管理和服务职能的实现。

美国设立的对外贸易区是由美国商务部下属的对外贸易区管理局直接领导，并且由财政部海关局进行监督指导。对外贸易区的经营活动则受到美国联邦政府的法律和《对外贸易法案》的管控和制约。对外贸易区的成立由对外贸易区管理局审核，但是要根据国家政府机构或者私人公司的意愿进行申请申报。美国对外贸易区的这种管理体制，保障了对外贸易区在设立与运行上符合国家的相关法律规定以及政府的操作流程，还可以在一定程度上拓宽对外贸易区的操作渠道和方式。

菲律宾出口加工区的管辖权则属于出口加工区管理局，它是在总统直接领导下的国营公司。出口加工区管理局的理事会是其最高领导和决策机构，其由1名主席和6名理事共同组成，并且都由总统直接任命，这其中还包括了出口加工区有关部门的副部长，这种高层级的管理局统筹集中行使对出口加工区的管理权，并对出口加工区的发展负主要责任。此外，韩国的马山、里里等自由出口区则由政府当局授权经济企划院领导下的一个管理集团统筹负责，并且其管理权限不受任何其他政府部门的干预和约束。

　　巴拿马科隆自贸区的管理体制则类似于股份公司的管理框架。自贸区的管理权归于根据国家法律产生的董事会。这个董事会由自贸区的相关管理部门的负责人，如工商部长、财政部长、经济计划部长和董事会的执行委员会委员共同组成，并且在董事会下设执行委员会，日常主要负责自贸区的领导和管理事宜。但是遇到重大的事情，则需报给董事会进行决策和审核。

　　同时，经济特区的管理机构大多人员精简，职责明确，办事效率高。如斯里兰卡的大科伦坡投资促进区的管理机构只下设了5个管理部门，并且对外商的投资申请等业务，一般要在4天内予以答复。菲律宾巴丹出口加工区管理局的一切管理事务都集中安排在出口加工区的办公大楼内，这样方便了企业和个人业务的办理，使得每次的业务手续，在48小时内即可全部完成。

　　由以上可知，绝大部分的经济特区在管理上都实行一体化的管理体制，经济特区的管理机构拥有统筹管理一切经济特区事务的权力，包括审批外商投资申请、报关、外汇管理、外籍人员的出入境管理等。这种管理体制使得经济特区管理机构集各种权责于一身，办公地点集中，办事效率高效，可以有效提升经济特区的管理水平。

　　反之，如果经济特区的管理权限不统一，业务办理分散无序，就会严重影响经济特区的发展及其改革进程的推进。如印度的坎德拉出口加工区的管理局没有统筹负责加工区内的所有事务，使得加工区的相关事务需要向50多个有关中央政府部门和邦政府的管理机构进行反复协调沟通，严重影响了加工区的办事效率提升，减慢了加工区的开放、改革进程。

（二）政府赋予经济特区重要的改革发展使命

国内外经济特区的改革探索和安排，都离不开政府对其发展的定位和期待。政府对经济特区改革发展使命的赋予，为其改革发展和创新前行指明了方向，并且经济特区改革进程的有序推进也得益于政府的支持和引导。

国内外设立经济特区的国家或地区，大都为经济特区发展制定特殊的政策，赋予经济特区较大的自主权，为经济特区的发展破除障碍和消除疑虑。如新加坡政府的经济发展局，对于外商投资申请的审批权、减税免税政策的释放权等拥有独立决策权力，不需要同政府内的其他任何部门进行协商，这就极大减少了审批流程，提高了行政决策效率。韩国的自由出口区管理局，享有政府赋予的各项决定权，其可以代表财政部、商工部、内务部、卫生和社会事务部等处理涉及投资合约签署、进出口管理、土地审批和公共安全事务等事宜。这些管理权限的下放，使得经济特区享有行政决策的自由，为经济特区的做大做强发展提供了充足的便利条件。

还有的国家或地区，赋予经济特区发展特殊的试验和先行先试使命，将经济特区的改革发展提升到国家改革发展战略的层面和高度。如我国在2011年，批准厦门经济特区实施《厦门市深化两岸交流合作综合配套改革试验总体方案》，积极推动厦门经济特区在深化两岸交流合作方面试验出新方法和新思路，为两岸友好往来、合作共赢提供可靠发展路径。此外，厦门经济特区还承担了自由贸易试验区、自主创新示范区等国家级、高层面的综合改革试点任务，改革效果日益显著。海南经济特区则在2018年被党中央赋予了建设自由贸易试验区的职责和使命，并要借此时机建设中国特色自由贸易港，尝试探索建立关于自由贸易港的相关制度体系，逐步形成成熟的政策制度。此外，国家还不断推进海南的体制机制创新，积极推进"多规合一"改革，实行"小政府、大社会"改革试点，为全国的改革推进提供了宝贵的经验。2019年7月召开的中央全面深化改革委员会第九次会议审议通过了《关于支持深圳建设中国特色社会主义先行示范区的意见》，指出深圳要坚持改革开放，深入实施创新驱动发展战略，努力创建社会主义现代化国家的城市范例。此《意见》的出台，标志着国家对深圳的发展提出了更高的要求，也代表着深圳改革使命的不断深化，在全国改革的布局中发挥着越来越重要的作用。

（三）经济特区享有独特的立法权

经济特区被授予立法权，是经济特区改革发展和国家法治建设中非常重要、关键和独特的改革尝试。这种立法权力的授予，使得经济特区在改革中享有更多的自主权和"试错权"。制定的相关法律法规，为经济特区改革措施的实施提供了法律保障。

1992年，全国人大常委会授予了深圳经济特区立法权，使得深圳经济特区成为立法领域先行先试的试验田。由于深圳经济特区的立法权是由国家最高权力机构——全国人民代表大会所授权的，所以其也代表了国家最高权力机构在深圳经济特区的立法，所以在法律效力的等级上要高于一般的地方立法权，这也保障了经济特区立法的合理性和权威性。

从1993年开始，深圳领先于全国出台了股份有限公司和有限责任公司条例，并且还在1998年出台了第一部有关政府采购的专门性、地方性法规，自此加强各方面的法律法规建设。在此过程中，深圳经济特区始终坚持立法助改革、促发展、惠民生，先后制定了一大批质量很高的特区法规和规章。截至2019年，深圳共制定法规229件，现行有效法规168件，其中经济特区法规130件。这些法规的制定，有效促进了深圳改革开放和经济社会的繁荣发展，并且为国家层面的立法积累了很多有益的经验。

深圳经济特区的立法，主要以创新、包容为主要特色。创新是指深圳经济特区的立法具有很大的先行性，有很多根据经济特区实际发展需要先于国家制定的法规制度，如《深圳经济特区住宅区物业管理条例》《深圳经济特区欠薪保障条例》等，这些法律的制定，既为解决特区实际问题提供了实质性帮助，又为国家立法提供了先行先试的经验积累。包容是指深圳经济特区的立法既借鉴中国自古以来优秀的法律思想和经验，又参考临近香港地区的法律法规体系，学习其先进的立法经验，为经济特区的立法发展所应用。在新的历史时期,深圳经济特区的立法权仍然是深圳推进改革的重要"武器",必将在深圳新时期的改革和发展中发挥更大的积极作用。

第二节 改革的相机调整

原国务院发展研究中心主任马洪针对经济特区的设立及其改革问题曾说过:"通过举办经济特区来总结经验,解决改革开放中的新问题,仍将是中国坚持渐进式改革开放战略的一个重要战略选择。作为一个经济特区,深圳应继续保持其特殊地位。"由此可见,从国家整体层面,其实行的是渐进式的改革开放战略,而设立经济特区作为这一战略实施的重要举措,在发展过程中保持特殊性和先进性是对其的必然要求。为了配合国家的改革开放战略,深圳等经济特区的改革属性尤其重要,但是鉴于改革本身的特殊性和艰难性,其在实施和推进过程也必然是循序渐进、缓慢拓展的,并且要根据现实情况和改革过程中出现的特殊情况进行调整和改变,这正是改革的特色与魅力。

一 经济特区改革实践的递进性及内在原因

设立经济特区的主要任务就是要解决国家或地区经济社会发展过程中对内改革和对外开放的问题,而经济特区也正是因为改革和开放这两项任务的存在而得以生存和持续繁荣发展。所以在经济特区的发展过程中,坚定推进改革的信念和信心,始终传承和保持改革基因,是进一步实现经济特区改革"试验田"功能的必由之路。

同对外开放一样,对内改革也不是一步到位和一蹴而就的,必然要经过由局部到全面、由表面到深层次的递进过程,这与改革自身的属性和地区经济社会发展现实等原因息息相关。如在中国经济特区的发展初期,国家偏重于在财政、税收、外汇和金融等方面给予经济特区改革优惠,而在经济特区发展成熟后,国家更加注重赋予经济特区自主改革的种种特权,积极鼓励经济特区大胆改革创新、探索实践，立足本地实际，探索出一条既符合经济特区自身发展又可为全国经济发展所学习和效仿的改革之路。可见，经济特区的改革充满必要性，但又要遵循递进性的发展规律，其主要原因在于：

(一) 改革的基本属性决定了其递进性的发展特点

经济特区的改革是对旧体制的冲击，是对原有制度的革新和发展，以求建立一套与经济特区的经济社会发展相符合的制度体系。那么，在推进改革的过程中，所采取的举措必然会触及经济特区原有旧体制的根基及其既得利益者的根本利益。一旦进入到旧体制的深层次和内核部分，改革就会充满荆棘，步履维艰（樊纲，2009）。

基于改革对旧体制的毁灭性冲击属性，如果在经济特区的改革过程中采取激进式的改革策略，就会对社会的稳定和发展造成巨大威胁，不利于实现改革的效果。所以稳定和发展已经成为检验经济特区改革成功与否的重要标准之一，邓小平曾在改革开放过程中也提出"稳定压倒一切"的重要命题。因此，在推进改革的过程中要充分考虑稳定和发展的问题，不宜采取激进式的策略，要通过设置过渡性的制度安排推进改革实践的深入开展。如在中国经济特区的国企改革方面，先对国有企业采取放权让利的政策措施，进而探索建立现代企业制度和对国有经济的布局进行渐次调整；在经济特区的价格体制调整方面，首先实行的是"双轨制"，依据发展情况逐步并轨并探索实行市场价格体制。以上都是经济特区递进式推进改革、维护市场和社会稳定的重要体现。

(二) 对经济特区改革认识的不断深入

在经济特区改革设计之初，既面临着经济发展严重滞后、对外开放水平低下的困境，又没有现成的成功经验可以学习，这使得国内外的各个经济特区在改革之初基本都面临着认识局限、眼光狭窄的问题。如深圳经济特区的改革目标大致是针对市场经济体制这一模糊的概念，但是涉及市场经济体制改革的具体方面、领域、细节和未来方向，大家都没有形成全面清晰的发展思路。但是在改革推进过程中，这一概念开始逐渐清晰起来，甚至是在盲目的探索和不自觉的认知中，逐渐认识清楚和深入人心的。

此外，经济特区改革的推进也要经历一个由局部到全局的过程。在各个领域的改革中，并不是一开始就在经济特区全域范围内推进改革，而是在局部范围内先行试验和实施，待成熟完善后再陆续推向全域范围。在改革范围扩大的过程中，虽然政策趋于成熟，但是由于政策实施载体的实际情况发生变化，那么政策在具体实施过程中难免要有变通和修改，使之不断契合政策实施地区的实际发展情况，从而不断扩大政策的实施范围和适用范围。

所以可以看出，对经济特区改革的认识经历了从模糊到清晰、从混乱到有条理的过程，这就决定了经济特区的改革实践并不是一步到位的，要随着认识的不断深入、清晰而加快改革的进度和步伐。同时，改革措施由局面向全局的实施过程，也是改革进行递进式、相机调整的过程，也体现了经济特区在推进改革过程中的有序性和实践性。

(三) 经济特区改革成本的高昂和改革动力的转化

随着经济特区改革的不断深入和经济社会的不断发展，经济特区的改革成本也在不断地攀升，不仅土地、建筑物等各方面的价格在迅速增长，而且经济特区内的商务成本也在不断上涨。由于改革本身就充满了风险性，并且在改革过程中又涉及现有利益格局的调整和变化，使得经济特区制度改革的成本在飞快地增长。所以在经济特区的改革过程中，经济、政治、社会、文化等各方面改革的协调推进显得尤为困难，因此，这时的渐进式改革变得更为重要。

同时，经济特区改革的动力效应随着改革的不断深入和扩大而出现下降。在经济特区改革之初，单是一项小小的改革措施的实施，就会释放出巨大的制度能量，创造出大小的改革实效，成为全国所谈论和效仿学习的对象。但是随着改革领域的扩展和改革范围的扩大，这种巨大的改革动力不复存在，改革所引发的巨大威力也在不断减小。并且在此过程中，改革的动力来源也在不断发生着变化。比如在深圳的改革之初，其动力来自于一大批具有改革精神的政府官员，他们以推进特区改革为己任，在经济特区的改革实践中实现其理想和抱负。外商企业的进入以及国内企业的发展也形成了重要的利益集团，他们以特区改革为契机，敢想、敢干、敢闯，在经济特区开拓出新的天地。但是这种经济特区的改革动力也在不断地转化，原有动力逐渐退出或弱化，新的动力开始出现并形成强大实力。比如当今深圳市场的主体——民营经济，其在发展之初，力量弱，产业规模小，技术研发能力不强，没有形成集聚效应。但随着政府对民营经济改革的调整以及市场环境的不断完善，使得民营经济的实力和规模都有所增强，渐渐成为推动经济特区改革的主要动力。

因此，面对经济特区改革成本的上涨以及改革动力的转换，其改革必须要根据这些因素的变化而进行积极的调整，只有这样，改革才会动力十足，在新的时期和背景下焕发出新的风采。

(四) 经济特区改革试验功能的淡化和进一步强化

随着经济特区改革的日渐成熟，其改革成果由局部扩展到了全局，由整个国家和地区所尝试和实施。内地的省份和城市在推进改革过程中更为积极主动，纷纷效仿经济特区，采取较之更为灵活、开放和优越的政策措施，所以经济特区的政策优势成为非经济特区所独有的优势，特区的政策优势空间已较为有限，并面临着由外生推动向内生发展转型的挑战。对于深圳经济特区而言，随着改革的深入发展，"市场经济"已经不是特区经济发展的专利了，国家在1994年开始税制、外贸等制度的全国统一化改革，使得深圳经济特区所独享的很多优势在全国各地推进改革开放的过程中开始表现得日益弱化。

与此同时，世界各地改革发展的创新载体日益增多。除了传统意义上的经济特区外，各国所设立的特殊性经济发展区域不断增多。如中国在1992年后，先后批准设立了上海、天津、重庆等12个综合配套改革试验区；此后，又开展新一轮的开发开放和改革，先后设立了上海浦东新区、天津滨海新区、重庆两江新区和浙江舟山群岛新区等20多个国家级新区；从2013年设立上海自贸区至今，我国自贸区的"家族"进一步扩大，现今已经形成了"1＋3＋7＋1＋6"的发展格局，特别是2018年，党中央决定支持海南全岛建设自由贸易试验区和中国特色自由贸易港，分步骤、分阶段建立自由贸易港政策和制度体系，开创了自贸区和自贸港发展的新征程。

各个国家新的开放和改革平台的增多，使特区之间形成了相互竞争的格局，迫使着这些经济特区要深化改革，在改革历程中再创新功。如深圳经济特区自2003年以来，其改革的领域已从单一经济层面扩展到了社会、行政、文化等各个方面，并且已经逐渐形成由"外来型"向"内源式"转变的改革模式，而且更加注重改革、发展和稳定的关系。在改革过程中既与国家的实际需求相结合，又切合自身发展的特点和优势，在新一轮的国家对外开放中引领发展。由此可见，经济特区改革功能的弱化迫使着经济特区要根据国家和社会新的需求进行相机调整，进一步强化自身改革功能，为国家经济社会发展贡献自己新的更大的力量。

二　经济特区改革的阶段重点与突破方略

对于一个国家而言，经济特区的改革也是分阶段和分重点进行的，遵循着试验—推广—创新的改革路径，这即为渐进式改革路径。在每个改革的阶段，由于所面临的问题和挑战不同，所以经济特区改革的突破方略也有所不同。

（一）制度试验改革阶段

这一阶段典型的经济特区包括中国的深圳、珠海、汕头、厦门和海南经济特区。在以上经济特区成立之前，中国大陆（内地）尚没有成立过经济特区。并且此时的中国，经济百废待兴，计划经济体制严重限制了经济的快速发展，整个国家还处在半封闭的状态，亟须通过设立经济特区的方式探索新的发展体制和发展模式，所以此时成立的经济特区承担着制度试验导向功能，成为中国探索社会主义市场经济体制的"试验田"。

此外，在这些经济特区设立时，对合作和学习的对象具有明确的指向性。如深圳经济特区学习香港、珠海经济特区学习澳门、汕头经济特区学习广大侨胞的成功经验、厦门经济特区学习台湾等，使得此时的经济特区发展具有明确的目的性和方向性，为经济特区成功探索社会主义市场经济体制奠定了基础。

（二）区域发展改革阶段

在前一阶段的经济特区改革发展相对成熟后，经济特区的改革方式也在发生着变化，已由先前的局部探索发展到普遍的、全面的改革上。并且在经济特区的设置上开始兼顾区域发展的需求，力图使经济特区拉动区域经济的发展，如设立的上海浦东新区、天津滨海新区、重庆两江新区、浙江舟山群岛新区等 20 多个国家级新区等。

同时，沿边区域的发展也为经济特区的覆盖范围。如中国先后将喀什、霍尔果斯、珲春、满洲里等口岸城市列为沿边开发开放先行区，并在 2010 年将喀什、霍尔果斯设立为经济特区等，都体现了此阶段经济特区设立的区域发展导向倾向。

（三）问题导向改革阶段

此阶段的经济特区，不同于前两个阶段经济特区设立的背景和方向，其设立是为了解决具体的问题，如资源环境、人口、农业农村问题等。如重庆、成都综合配套改革试验区专注于探索城乡统筹问题；武汉城市圈、长株潭城市群探索"两型"社会的建设；沈阳经济区探索新型工业化发展道路；山西探索解决资源型经济转型问题等。

以上类型的经济特区，除了具有"经济开发区""经济特区"等内涵外，还涉及经济社会发展方方面面的改革，其设立是为了解决当今社会所面临的各种现实问题，是为了探索建设和谐社会、创新区域发展模式、提升区域乃至国家的整体竞争力，并为全国的政治、经济、文化等各方面的改革提供思路和经验。

除了国家层面经济特区改革的渐进性以外，单个经济特区内部的改革也可以划分为不同的阶段，每个阶段表现出不同的特征并有不同的突破和改革方向。以深圳经济特区为例，其改革进程可以分为以下五个阶段：

（一）改革的起步阶段（1980—1985 年）

在深圳经济特区成立之初，其改革主要集中在某些个别领域，并表现出单项突破、局部推进的显著特征。在经济特区设立之初，国内没有现成的经验可供借鉴，并且在改革的理论与实践之间充满着矛盾与冲突，传统思维严重束缚着改革进程的推进。面对此时的种种压力，不能采取全面的、根本性的改革，只能在某些具体的领域先开展改革的实践，打开改革的口子。

在此时期，深圳经济特区的改革主要集中在价格管制、劳动用工和工资制度等具体方面，以局部改革为主要特征。深圳经济特区在1984年开始放开部分商品的价格，实行生产资料价格的"双轨制"。到1984年底，深圳已开放价格的商品比重约占社会商品零售额的80%，而当时全国仅仅为30%。在土地使用制度改革上，开始实行以土地入股，合作营建，收取土地使用费等。在住房制度改革方面，提出了"住房商品化"的改革目标，在职工住房上开始实行优惠价、成本价和商品价，从而迈出了我国住房制度改革的第一步。

(二) 改革的重点突破阶段（1986—1992年）

此时期的改革是艰难的，但又是非常重要的。因为此时期的改革已经由单项、局部的改革向全局、综合性的改革转变，改革由浅入深的过程也是改革遇到的困难和挑战由少及多的过程。并且此时的经济特区正在为建立社会主义市场经济体制而进行努力探索，改革方向的确定与改革措施的实行，为此后社会主义市场经济体制的建立奠定了重要基础。

这一阶段的改革，主要包括建立外汇市场、土地公开拍卖、国有企业股份制改革、开辟股票市场等。深圳在1985年成立了外汇市场，称为外汇调剂中心，开辟了由市场调节外汇分配的途径，之后全国各地纷纷效仿，成立了外汇调剂中心。继续推进土地使用制度改革，并进行了全国首次土地公开拍卖，推动了国家制度的改革。1988年，全国人大通过的《中华人民共和国宪法修正案》规定，国家依法实行国有土地有偿使用制度，土地使用权可以依法出让、转让、出租和抵押。1986年10月，深圳市颁布了中国第一份关于国有企业股份制改造的政府规范性文件——《深圳经济特区国营企业股份试点暂行规定》，对股份有限公司的内部组织机构和企业领域体制都做出了规定。继上海证券交易所后，深圳于1991年4月成立了深圳证券交易所，并在当年5月出台了新中国第一份股票管理条例——《股票发行和交易办法》，为全国证券市场的规范化发展做出了重要贡献。

(三) 市场经济体制初步形成阶段 (1993—2002 年)

在市场经济体制初步形成的 10 年中，深圳经济特区的改革由最初的主要由中央政府赋予的改革优惠政策，发展到向主要依靠提升劳动力素质、增强科技创新优势转变。在此时期，整个国家层面的改革取得了突破性进展：1992 年，国家明确提出建立社会主义市场经济体制是中国经济体制改革的目标，并在 1993 年，将社会主义市场经济写进宪法；1995 年，在中共十四届五中全会上提出，经济体制从传统计划经济体制向社会主义市场经济体制、经济增长方式从粗放型向集约型转变；1999 年，国家明确提出非公有制经济是社会主义市场经济的重要组成部分；2001 年，中国正式成为世界贸易组织成员，在参与国际贸易规则制定方面取得重要成果。

在国家经济体制改革取得以上突破性进展的过程中，深圳市也在现代企业制度、完善现代市场体系、完善价格体系和价格管理制度、完善社会保障制度等方面取得了重要成果。从 1994 年起，深圳市就加快了转换企业经营机制的改革步伐。1994 年 3 月，成立了企业制度改革领导小组，统筹负责企业改革事宜；同年 4 月，在深圳市的 20 家企业中建立现代企业制度的试点；8 月，率先于全国实行企业无行政主管部门改革，取消了企业的行政隶属关系。同时，深圳市还通过完善商品市场，重点发展要素市场，建立起了一套比较完整的现代市场体系，颁布了一系列法律法规，在降低市场准入限制、健全市场进入和退出等方面做出了规定。在价格机制方面，深圳市政府颁布了《深圳经济特区价格管理条例》，从而使得其价格管理走上了法制化的轨道。在社会保障制度上，对基本医疗保险制度、养老保险制度、失业保险制度、医疗卫生制度和药品生产流通体制等方面进行了改革，探索建立了完善的社会保障制度体系。

(四) 持续推进改革阶段 (2003—2012 年)

进入到了 21 世纪，深圳乃至整个国家的改革从未停歇，并且整个国家层面都面临着土地、资源、环境等社会问题。在此背景下，国家积极践行科学发展观，先后提出了西部大开发发展战略和振兴东北老工业基地战略等，并于 2005 年废除了延续千年的农业税，标志着中国进入到了改革开放转型新时期。2006年，党的十六届六中全会提出了构建社会主义和谐社会的美好目标。以上国家重大战略的出台和实施，标志着我国的改革进入到了以社会体制改革为重点的系统、全面深化阶段。

深圳经济特区在此期间也以解决土地、资源、人口和生态环境等问题为主要任务，面对严峻的社会发展现实，开展了一系列涉及经济、行政、社会和文化层面的体制改革。2004年，深圳市出台了《深化行政管理体制改革的实施意见》，按照"经济调节、市场监管、社会管理和公共服务"的职能定位，将公共领域纳入到政府服务的职能范围内，加大了政府在公共服务领域的投入和定位。同时，深圳不断完善行政审批制度改革，经过两轮的改革后，使得审批事项和核准事项的减幅高达42%。此外，深圳经济特区继续完善市场经济体制，2004年，全面开放了建筑市场，打破了建筑行业的企业资质等级管理体制；2005年，开始实行产业用地的"招拍挂"，成为开放土地市场的又一重要里程碑。在社会事业方面，深圳于2006年被卫生部确定为全国唯一一个医疗改革试点城市，为全国的医疗体制改革探路。为了做好改革试点工作，深圳市先后出台了《深圳市少年儿童住院及大病门诊医疗保险试行办法》《深圳市社区卫生服务体系建设工作方案》和《深圳市卫生系统分配管理办法》等一系列规章制度，从制度层面保证政策的实施效果。在文化事业方面，深圳市在2004年成立报业集团、发行集团和广电集团，助推文化立市战略的实施；2004年11月，举办了首届国际文化产业博览会，距今已举办了15届，办会水平和质量不断提高。

（五）新时代全面深化改革阶段（2013年至今）

2015年，习近平总书记对深圳经济特区的工作做出重要批示时指出，当前我国的改革已经进入攻坚期和深水区、经济发展进入新常态，国内外风险挑战增多。深圳市要牢记使命、勇于担当，进一步开动脑筋、解放思想，特别是要鼓励广大干部群众大胆探索、勇于创新，在全面建成小康社会、全面深化改革、全面依法治国、全面从严治党中创造新业绩，努力使经济特区建设不断增加创新优势、迈上新台阶。习近平总书记的指示精神，给深圳经济特区的改革赋予了新的任务和使命，使其进入到新时代全面深化改革的重要阶段。

2014年，国务院批复同意建立深圳盐田综合保税区；2015年4月，中国（广东）自由贸易试验区前海蛇口片区正式挂牌成立，创新实践自贸片区和前海合作区管理体制机制；2018年1月，国务院批复同意撤销深圳经济特区管理线，为深圳经济特区的一体化发展做出了重要贡献。同时，深圳经济特区将打造"市场化、法制化、国际化"的营商环境作为重要任务，率先加大营商环境改革力度，营造稳定公开透明、可预期的营商环境。为此，深圳出台了2018年的一号文件——《深圳市关于加大营商环境改革力度的若干措施》，将营商环境的优化作为提升经济特区发展活力和综合实力的重要指标进行推进。

特别是在2019年8月，中共中央、国务院发布的《关于支持深圳建设中国特色社会主义先行示范区的意见》指出，要深入实施创新驱动发展战略，抓住粤港澳大湾区建设重要机遇，增强核心引擎功能，朝着建设中国特色社会主义先行示范区的方向前行，努力创建社会主义现代化强国的城市范例。《意见》还提出，深圳经济特区的建设要以打造高质量发展高地、法治城市示范、城市文明典范、民生幸福标杆和可持续发展先锋为战略定位，要在建设现代化经济体系、营造民主法治环境、塑造现代城市文明、形成民生发展格局和打造美丽中国典范等方面共同发力，最终到21世纪中叶，以更加昂扬的姿态屹立于世界先进城市之林，成为竞争力、创新力、影响力卓著的全球标杆城市。中国特色社会主义先行示范区使命的赋予，是深圳经济特区在新时代承担的新的更大的使命，必将促使其在改革的先行先试方面做出更大的贡献。

三 改革文化与改革精神的形成与升华

文化和精神是一个国家或地区发展的无形力量，而改革文化和改革精神则是国内外经济特区改革发展的指导方向和力量源泉。这种文化和精神产生于经济特区的具体开放和改革的实践中，并引领经济特区乃至整个国家的发展，已上升为人类宝贵的精神财富。

（一）经济特区的移民文化

许多区域在未设立为经济特区之前，都是较荒芜和落后的区域，人口稀少，经济发展落后。如玛瑙斯自由贸易区所在的玛瑙斯市，其位于亚马孙河和其最大支流内格罗河的交汇处，原来只是亚马孙河上的一个小港，这里没有公路和铁路运输，水运和航空成为了主要运输方式。这里工业基础极差，人口较少，并且由于地理位置因素导致信息闭塞、经济发展缓慢，成为巴西最为典型的落后地区之一。深圳经济特区前身是原宝安县的县城，1978年全县的工业总产值仅为6000万元，可以说深圳经济特区经过40年的发展，实现了由"小渔村"向国际化大都市的蜕变。

在这些经济特区的发展过程中，由于设立经济特区前经济发展落后，所以人口稀疏，原著居民较少。但是在设立成为经济特区后，随着对外开放程度的加深以及工商业的不断发展，对劳动力的需求不断扩大，外地的劳动力纷纷涌入经济特区寻求就业机会并在区内长期工作生活，长此以往，经济特区内的外来人口数量就急剧增长，并成为经济特区发展的重要建设力量。据统计，深圳市2018年的年末常住人口为1302.66万人，其中常住户籍人口454.70万人，占比34.9%，常住非户籍人口847.97万人，占比为65.1%。[①]可见，外来移民占据了深圳市总人口的较大比重。

所以作为移民类的经济特区，人口从四面八方会聚到经济特区，不仅增加了劳动力，更重要的是带来了各地的风俗文化和精神面貌，并形成了移民文化。这种移民文化具有创新、开放、包容、务实、卓越的显著移民文化特质，与经济特区的发展特色和创新特性交相辉映，成为经济特区发展的文化力量和精神支柱，促进了经济特区开放包容、有容乃大的发展特质的形成，也为经济特区对外开放的拓展以及改革进程的推进提供了文化支撑，积累了经济特区发展的宝贵文化财富。

（二）经济特区的探索、创新精神

经济特区作为自上而下的制度安排，在没有先例可循的前提下，

[①] 深圳市统计局、国家统计局深圳调查队：《深圳市2018年国民经济和社会发展统计公报》。

创造了一个个经济发展的奇迹,在这个过程中,先行先试的探索精神以及敢想敢干的创新精神成为了经济特区勇往直前发展的重要品质和内涵。探索是对未知道路的尝试,充满了变动与未知,在这个过程中需要勇气和力量,并要有坚持不懈、坚忍不拔的气概,只有勇往直前才会创造一条属于自己和未来的道路。创新则是创造财富的一种要素,它不仅可以增加产品的价值从而改变国家的贸易结构,也可以通过创造更有品质的生活让人民的思想观念发生转变,更可以通过对其他生产要素的带动让社会拥有更多的资本和财富。在世界经济特区的发展过程中,这两种精神缺一不可。

深圳经济特区在成立之前只是一个小渔村,在40年的时间里,凭借着"敢为天下先"的勇气和气概,在改革开放的浪潮中"杀出了一条血路",其改革开放的进程成为了一个时代的标志,在此过程中形成的勇于探索、追求创新的精神也已经成为了这个时代的印记,鼓舞和激励着一代又一代的中国人民,在实现中华民族伟大复兴的中国梦进程中不断解放思想、追求卓越,在新时代创造出无愧于历史的丰功伟绩。

1979年,深圳招商局蛇口工业区的一声巨响,拉开了深圳改革创新的大幕,在此过程中,深圳先后对基本建设管理体制、干部制度、劳动用工制度、工资制度和土地使用管理制度等进行改革。率先实行土地有偿使用制度,打破了以往土地无偿使用的历史;强调发挥市场在生产资料和消费品价格调整中的重要作用,改变了以往计划供应时代的价格旧制度;允许"三资"企业的设立,大力发展民营经济,打破了原有的"一大二公"所有制结构。以上种种改革举措,给经济发展带来了充足的活力,推动了社会的快速发展。深圳这种敢为人先、快速发展的喜人景象,也被称为"深圳速度",在全国席卷开来。

在这40年的发展过程中,深圳创造了500多个"中国第一"和120多项世界首创。1980年,开始在"三资"企业中实行劳动合同制度;1983年,成立改革开放以来第一家经地方政府批准向社会招股集资的公司——宝安县联合投资公司;1985年,全国第一家证券公司——深圳特区证券公司成立;1987年,深圳敲响了中国土地拍卖的"第一槌";1991年,深圳市动产拍卖行开业,是我国第一家动产拍卖行;1994年,《深圳经济特区住宅区物业管理条例》作为我国第一部物业管理地方性法规正式被颁布实行;1999年,深圳蛇口尝试一种全新的劳动人事管理形式——人力资源代理制;2005年,颁布《深圳市预防职务犯罪条例》,在内地地方性法规中首次引入引咎辞职制度等。这其中的每一项改革,都足以让亿万中国人民鼓舞振奋,都是对旧的经济社会管理制度的一次冲击,不仅给经济发展带来了活力,而且大大推动了社会进步,为中国在体制、机制和发展模式上的改革发展探索了道路,积累了经验。这正是深圳经济特区不断探索、勇于创新精神的生动体现,也是对深圳特区精神的最好诠释。

(三) 经济特区的试错、包容精神

世界经济特区的探索,充满着荆棘与挫折,不管是外部环境还是内部舆论压力,都给经济特区工作的开展造成了困难,但是世界经济特区的规划和建设者们始终坚持着追求卓越、宽容失败的精神,在不断试错中形成一套稳定的发展模式,从而也形成了宽容、包容的特区文化。

在经济特区的建设过程中,所遇到的阻力是多方面的,其中国家内部最常见的就是传统观念的束缚,对开放观念和思想抱有片面的认识,并且旧制度和旧势力对经济特区的建设持消极态度,这是由于历史和现实的种种原因所造成的,所以要突破传统观念的束缚,显得难上加难。但是,在改革的过程中,传统的观念又是和传统的政治经济体制所联系在一起的,不突破这层传统的束缚,就无法对传统的政治经济体制做改革。在经济特区的外部,同样有着一种抵抗的力量,各个国家和地区在设立经济特区时,也要防备着外国敌对势力打着幌子的渗入,危害国家安全。

经济特区在建设过程中所面临的困难挑战,有时会导致经济特区建设的偶尔受挫,但是整个国家或地区给予了经济特区充分的信任与包容,让其有试错的机会,这也造就了经济特区试错与包容的精神和特质。

如墨西哥的边境自由贸易区由于国家政策的摇摆不定而屡次陷

入发展的困境，虽然每届政府都承认其的存在，但是却原则上取消了自由贸易区的制度。例如政府抑制外来产品，只保护本国产品在自由贸易区内的销售；规定要进口一定金额的外国产品，必须要进口一定金额的本国同类产品等，这使得这些自由贸易区的发展受到了严重阻碍，其经济特区的特性几近于消失和湮灭。但是墨西哥政府及时总结了自由贸易区失败的原因，决定通过扩大自由贸易和方便外商投资来解决当前经济特区面临的困境和挑战，最终迎来了经济特区发展的第二春。

（四）经济特区的实干家精神

世界经济特区的发展，是实干家精神的真实体现。对于经济特区的设区国而言，设立经济特区不只是一种权宜之计，也绝不仅仅是建设一座城市，而是要培育制度变迁路径的探索者。这是一种职责和担当，是需要用实干家的精神和努力才能完成的光荣任务。

经济特区的改革历程，也呈现出了实干家的气魄与精神。深圳40年来的改革发展，不断解放思想、真抓实干，充分发挥着改革试验田的先锋作用，并以实干家的精神进行了一系列的体制改革和创新探索，为中国的改革发展积累了足够的经验和教训。深圳的发展充分证明：没有解放思想，就没有改革开放；没有真抓实干，就没有改革开放的成功。

深圳被誉为"民企第一城"，在这里，民营企业众多，成为推动深圳经济发展的重要力量。在高科技产业的每个行业，甚至细分行业，深圳都涌现出一批全国乃至全世界领先的企业，如华为、腾讯、比亚迪、大疆和研祥等，这些民营企业的存在、民营企业家的奋斗历程，也是深圳经济特区真抓实干、勇于担当精神的一个缩影。

"民企第一城"的由来，不仅得益于有抱负的企业家，而且得益于有效的市场、有为的政府。1987年，深圳市政府出台了全国首个《关于鼓励科技人员兴办民间科技企业的暂行规定》，鼓励高科技人员以技术专利、管理等要素入股创办企业，许多民营企业就是在那时开始起步发展，如华为等。同时，深圳把营商环境作为改革的重要抓手，2018年深圳市政府的一号文件就是《关于加大营商环境改革力度的若干措施》，被称为"营商环境改革 20 条"，明确表示要率先营造最佳的国际一流营商环境。这些文件的出台以及改革措施的实施，为民营企业的发展营造了优良的发展环境和空间。

习近平总书记在庆祝海南建省办经济特区 30 周年大会上对新时代经济特区的精神状态提出了明确要求，号召经济特区要坚定舍我其谁的信念、勇当尖兵的决心，当好改革开放的实干家，以昂扬的精神状态推动改革不停顿、开放不止步。所以深圳要以改革开放 40 周年、建市 40 周年为契机，勇于先行先试，大胆开拓实践，贯彻落实习近平新时代中国特色社会主义思想，坚定不移地将改革开放事业推向深入，建设好中国特色社会主义先行示范区，通过开放"窗口"和"示范区"功能向世界展示我国改革开放的伟大成就和中国特色社会主义制度的优越性。

第 三 篇

模式借鉴与扩散

第六章 成功与失败：中外经济特区发展与制度视角

第一节 发展成就与实现路径

一 经济发展成就对比

经济特区从东亚和拉美地区开始，最初主要以出口加工区的形式出现，通过吸引国外劳动密集型的制造业来促进出口。[①] 出口加工区通常都具有严格的海关管控，产于园区的产品80%都是出口产品。利用出口加工区带动经济快速增长的发展模式在全球范围内有非常多成功的经验案例，例如新加坡、中国台湾、东南亚众国、南非、巴西、智利等。经济特区的主要作用具体表现为以下六点：（1）创造就业机会和提高人民生活水平；（2）可向当地人力资源传授更多技能和专业知识；（3）推广新技术；（4）促进出口；（5）增加外汇收入；（6）建立可纵向延伸的经济联系。

20世纪80年代中期，全球约47个国家或地区建立了出口加工区，出口加工区总数达170个左右，在随后的30余年时间里，世界经济特区高速发展，现今，全球逾130个国家拥有了出口加工区，总数约为4300个。[②] 根据国际劳工组织（ILO）于2017年3月发布的《出口加工区/经济特区的全球趋势》报告中的数据显示（见表6-1），现今全球具有出口加工区/经济特区逾3500个，其中，亚洲所具有的出口加工区/经济特区数量最多，超过900个，美国次

[①] Farole, Thomas, *Special Economic Zones in Africa: Comparing Performance and Learning from Global Experience*, Washington, DC: World Bank, 2011.

[②] "Special Economic Zones: Not So Special", The Economists, April 3, 2015.

之，具有 713 个；全球共有约 6600 万人在经济特区工作，同样，亚洲所具有的经济特区工作人员人数最多，约有 5570 万人。

表6-1　全球经济特区/出口加工区数量及其地理分布情况

国家/地区	经济特区员工数量（人）	经济特区数量（个）
亚洲	55741147	900 +
中美洲和墨西哥	5252216	155
中东	1043597	50
北美	643152	65
撒哈拉以南非洲	860474	90 +
美国	340000	713
南美洲	459825	43
转型经济国家	1400379	400
加勒比海地区	546513	250
印度洋地区	182712	1
欧洲	364818	50
太平洋地区	145930	14
总计（估计值）	65980763	3500 +

数据来源：《2017 出口加工区/经济特区的全球趋势》。

经济特区的形式也随着经济发展模式的多元化演变，逐渐丰富起来。主要包括出口加工型经济特区、贸易型经济特区、科技型经济特区和综合型经济特区。上述几种形式的特区促进了流通的国际化和世界市场的形成与发展、促进了国际分工的形成与深化、促进了生产的国际化、促进了资本的国际流动和生产要素的有效配置，历经三阶段发展，在不同的时期创造了各异的产业发展奇迹。

经济特区起步阶段：在这一时期中，全球多数国家以传统出口加工区、保税区等形式建立经济特区，该时期的经济特区大都处于初级阶段，功能相对单一，主要运用外资来发展出口导向型工业，通过出口加工来扩大国际贸易市场份额；保税区则具有进出口加工、国际贸易、保税仓储商品展示等功能。每个国家或地区最初设立经济特区的目的都是为了吸引外资，引进国外高端的生产技术和管理模式，改善本地的营商环境，从而促进国民经济高速度、高质量地发展。

从 20 世纪 70 年代开始，全球发展中国家加速建立出口加工区，发展中国家的出口加工区凭借人力成本、土地成本以及政策优惠等优势吸引了众多发达国家的劳动密集型工厂往东南亚、南美洲以及非洲的出口加工区迁移。塞内加尔、利比里亚和毛里求斯等国家是非洲率先发展经济特区的先行者，以中国为代表的社会主义国家也在积极探索特区经济的发展模式与路径，中国第一个经济特区便是以出口加工区形式出现，中国特区经济的发展获得了巨大的成就，中国发展经济特区的模式与经验成为许多发展中国家甚至是发达国家所参考和学习的榜样。

经济特区加速发展阶段：在这一时期中，传统的出口加工区或保税区向以高新技术产业为核心的高新科技园区进行转变，经济特区的主要功能已不局限于进出口加工、国际贸易、保税仓储商品展示等。

经济特区将其发展重点聚焦到高新技术的发展，该时期全球国家开始大量建立高新技术开发区，高新区主要用于发展高新技术产业，利用高端人力资源、先进技术以及开放的投资环境，并引入国外更加先进的科学技术以及管理模式，制定与实施更多政策优惠（主要以产业扶持政策为主），不断优化高新产业发展所需的产业生态环境，加快科研成果转化为有效的生产力，促进产学研高度一体化。

高新技术产业开发区带领经济特区进入新一轮的高速发展趋势中。深圳高新区在全球经济特区发展史中举世瞩目，深圳市的研发投入占 GDP 比重以及 PCT 国际专利申请量处于全国领先地位，"6 个 90%"[①] 凸显了深圳以企业为主体的自主创新活力，创新发展能力惊叹世界。

经济特区融合发展阶段：在这一阶段中，经济特区进入了大范

[①] 90% 的创新型企业为本地企业、90% 的研发人员在企业、90% 的研发投入源自企业、90% 的专利产生于企业、90% 的研发机构建在企业、90% 的重大科技项目由龙头企业承担。

围功能融合阶段，往全面、综合等方向发展，经济特区内的出口加工区、自由贸易区、金融特区以及高新技术开发区互相依存、相辅相成。随着一个国家的宏观经济状况发生了不同的变化，经济特区所承担的任务使命及其对于国家经济发展的作用也会相应做出改变。在经济特区功能高度融合的发展阶段，创新性、开放性以及综合性已经融入到经济特区的基本特性中。经济特区也非必须由国家部门统筹建立，私人部门也可对经济特区进行投资经营，经济特区的开放性进一步扩大。

经济特区最初是经济改革的产物，主要以贸易为导向，是一种单纯的经济工具，经过各个阶段的演化后，经济特区转化为社会和政治工具，以经济发展为导向，不断促进国际区域合作。在经济需求变化的过程中，经济特区中的经济活动从单纯的转口贸易向货物加工、贸易以及服务转变，传统制造业集聚的出口加工区也向技术密集型高新区转变。经济特区设立的选址变得更加灵活，不再局限于港口的周边范围，由于经济特区的用途变得更加广泛，可以根据其功能特点而设立在特定的位置。经济特区的开放性进一步扩大还有一个重要的显著特征，从全球范围来看，由私人部门投资运营的经济特区数量显著增多，经济特区不再是国家部门统筹设立的特有产物。20世纪80年代，全球不到1/4的经济特区是由私人部门投资设立的，发展至2006年，根据当年世界银行的一项研究结果显示，在2300个位于发展中国家或地区的经济特区中，由私人部门投资运营的经济特区占比高达60%，私人投资运营经济特区直接降低了政府所需要承担的成本。

随着世界宏观经济格局不断变化，经济特区的功能与目标也在不断转变，经济特区需要变得功能更加全面、更高技术集聚以及更加开放，才能实现带动国家经济高质量发展的要求。

二 产业发展奇迹对比

经济特区之所以会造就产业发展奇迹，关键在于"特"。特殊的时期，采取特殊的策略，造就特殊的结果。其中，产业发展奇迹是特殊结果的重要表现形式之一。而不同类别的经济特区，因发展的导向与侧重点的差异，也会引致多样化的产业发展奇迹，更会直接影响奇迹发生与持续，并对奇迹的升华与消亡起决定性作用。接下来，将以台湾高雄出口加工区与台湾新竹科学工业区的产业发展为例，剖析与对比出口加工型与科技创新型经济特区的成败经验与教训。在此基础上，反观深圳经济特区从"三来一补"外向型经济发展模式向自主内源型发展模式转变中产业发展奇迹的蝶变。

（一）台湾高雄外向型产业的兴衰：外向型制造向港口经济转型的典例

外向型产业是指重点发展出口产品，通过参与国际分工而拉动经济增长的产业类别，多发生在自由贸易区与出口加工区。自由贸易区的外向型产业的发展主要依托于对进出口商品豁免关税、提供设施与便利，实现商业收益（下一小节将以香港为例对该类型产业引领下的经济特区发展事实进行论述）；而出口加工区的外向型产业强调商品与生产要素的自由流动带来的增值效应，也就是说，通过允许机器、设备、原材料、中间品等的自由进出，发展符合出口导向的加工工业，因创造附加值而实现利润目标。典型的出口加工区诞生于亚洲，中国台湾于1965年在高雄创办的出口加工区是全球首例。接下来，将以台湾高雄为例，刻画外向型产业的兴衰与蜕变，并深入挖掘此类产业支撑下的经济特区发展的动力机制（见图6-1）。

1. 台湾高雄经济特区产业变革历程

台湾高雄外向型产业主导下的出口加工型经济特区最早萌发于20世纪50年代中期，这一设想被台湾"行政院"经济安定委员会最先提出，1958年美国加州大学保罗·凯姆教授对在高雄设立该特区的可行性与必要性进行了系统的论述，1965年高雄出口加工区开始建设，1966年底正式建成并投入使用。历经20世纪70年代两次石油危机、90年代全球化经济竞争格局的大变革及2008年国际金融危机，高雄经济特区的外向型产业也历经了激增、衰变与变革。

第一阶段（20世纪90年代之前），台湾高雄经济特区以制造为支撑的外向型产业加速发展，对中国台湾的投资、就业、经济增长的发展起到了强劲的支撑作用。这一时期，高雄经济特区外向型产业以制造为支撑，产品以外销为主，呈现出明显的高外资、劳动力

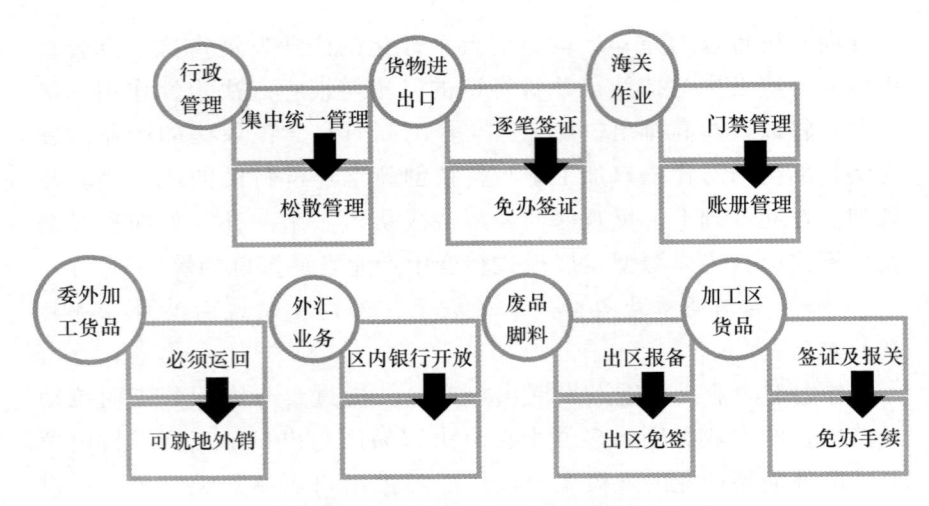

图 6-1　高雄经济特区调控管理模式

密集型及技术为辅的特征，产品类别由最初的电子产品与成衣皮革制品各占半壁江山向电子类产品为主导、成衣皮革制品逐年递减升级发展。20 世纪 70 年代，企业数量由最初的五十几家迅速扩张为近 300 家，与之相伴的是投资总额由最初的不足 5 亿新台币增长至超过 80 亿元新台币，年均增速超过 35%；就业人数由不足 5000 人到创造就业岗位近 75000 个，年均增速超过 30%；产值贡献也有 800 万美增长至近 7 亿美元，年均增速接近 56%。

　　第二阶段（20 世纪 90 年代到 21 世纪初），台湾高雄经济特区以制造为支撑的外向型产业激增发展态势逐渐弱化，转型徘徊开始显现。此时，高雄经济特区的外向型产业呈现出制造与贸易的共同支撑特征，产品类别也更偏向于技术或资本密集型，产品也不再以出口为唯一销路。企业在此生产的产品若总量的 50% 用于内销，则需向高雄经济特区产业主管部门报备审批。在此阶段，高雄经济特区的就业、投资及产业规模基本处于稳定状态。企业数量回落到 250 家左右，年投资规模放缓到 14.35%，发展至 2000 年投资规模为不足 3000 亿元新台币；就业岗位于 20 世纪 80 年代达到峰值，可供给近 10 万个就业岗位，之后则呈现出明显的下降趋势，到 2000 年就业规模仅为 7 万人；出口品产值贡献也在 20 世纪 80 年代末首次突破1000亿元新台币。1988年,高雄经济特区正式引入贸易类产业,到了20世纪90年代,制造业、贸易业及服务业对区域经济发展的贡献比呈现出43:30:27。

第三阶段(21世纪以后),台湾高雄由制造转向仓储,出口加工使命日渐消退。高雄港承担着中国台湾省进出口货物的一半以上,运量逐年大幅成长,为吞吐量超亿吨的世界大港之一,其中集装箱运量自1993年起连续多年高居世界第三。进入21世纪后,高雄港依然是台湾货物进出口、货物转运的第一大门户,整个台湾地区逾七成的集装箱装卸以及逾六成的货物装卸在高雄港进行。但随着中国台湾与中国内地及其他周边区域的经济格局不断变化,台湾的支柱产业转向附加值高、货运量低的高新技术产业(如IT产业),因此,台湾对外贸易的货运量逐渐缩减。高雄港于2000年被韩国釜山港超越,下滑至全球第四名,2002年被上海港超过,下滑至第五名,至2003年4月又被深圳盐田港赶超。

专栏1:深圳盐田从制造向港口经济转型变革历程

20世纪80年代,随着深圳经济特区的创办,盐田片区的前身沙头角管理区实行"对外开放,对内搞活经济"的政策,一改以农业经济为主的局面,工业经济与商业经济比重大大提升。1987年,兴建了全国第一个"保税工业区",以"三来一补"加工业起家,大力发展外向型经济,成为深圳经济特区东部重要的工业经济增长点,为沙头角招商引资工作和经济腾飞带来了广阔前景。

到了90年代,为进一步加快特区东部发展,成立了深圳盐田港集团有限公司,主要负责港口开发和经营、港区仓储配套服务设施的开发与经营、疏港铁路经营管理、疏港隧道与公路配套的建设与经营等,为之后港口物流业的发展打下了坚实基础。

1998年,盐田行政区正式成立,制定了"以港兴区、以区促港"的发展战略。培育港口服务业、旅游业、房地产业、商贸业、工业五大产业体系,坚持"大投入、大建设、大发展"的方针,促进产业结构不断优化升级。

自 2001 年起，盐田区大力推进港口服务业、旅游业、高新技术产业和城市信息化建设。发展至 2005 年，港口物流业和旅游业已发展成盐田区的支柱产业，加之高新技术产业以及商贸服务业的快速发展，印证了盐田区经济增长模式从以往的粗放式增长向集约式增长发生转变。

2010 年，深圳市明确制定了将盐田港建设为深圳"两翼齐飞"中重要一翼的战略决策，扶持盐田港做大做强。同时盐田区以构建盐田河临港现代服务业产业带为契机，制定出台《盐田区促进港口物流业高端发展若干措施》，明确行业发展方向，重点培育物流总部基地、打造冷链物流绿色基地、构筑保税物流商贸基地、建设供应链物流金融基地、发展"互联网+物流"创新基地，为盐田港物流业转型发展指明方向。2014 年盐田综合保税区获得国务院批复成立，这对于促进珠三角加工贸易转型升级和对外贸易发展方式转变、深化深港港口物流合作具有重要意义。

2. 与外向型制造兴衰相伴的制度变迁与启示

自 1965 年以来，中国台湾先后在高雄、楠梓、台中等地建立了外向型产业为支撑的经济特区，重点发展制造业，产品以出口为目的。高雄作为全球最成功的出口加工类经济特区，曾几何时，单位面积生产力创造了不可遗忘的成就。但是，外向型经济发展模式与生俱来的先天性问题是无法治愈的。这也导致高雄经济特区制造贡献最终走向衰败，呈现出贸易对制造的替代，以及内销限制的不断放开。

对于 20 世纪 90 年代以前高雄经济特区创造的产业发展奇迹，我国部分学者对其进行过调研分析，主要得出以下结论：第一，根据经济形势发展适时转型升级，呈现出劳动力、资本、技术密集型产业的迭代演进；第二，提供稳定的受资体制与灵活的政策机制，实现了入区条件、产业限制、优惠政策等的适时调整；第三，形成了一套涵盖行政管理、进出口货物签证、海关作业、委外加工货品、外汇业务等 7 个维度的调控管理模式。

虽然高雄经济特区在引进外资、增加外汇收入、扩大就业、创造产值等方面创造了不可小觑的成就，在一定时期对台湾的经济增长与工业发展产生了很大的促进作用，但是工业经济发达国家的工业保护主义的抬头、出口加工业的可复制性、外向型产业核心技术的受制于人、资本主义经济危机的不可逆、全球化背景下区域经济发展使命的加速转化必然引发台湾高雄外向型制造的不可持续，呈现贸易、仓储对制造的替代，致使台湾高雄经济特区制造的由盛转衰。

（二）深圳由外向型产业向科技型产业的变革之路

1. 1979—1985 年为外向型产业的起步阶段

在深圳经济特区的起步期，以加工出口为主的电子产品加工制造业成为了特区经济的支柱产业。为大力促进招商引资，经济特区推出了多项产业扶持政策，凭借着低生产成本以及政策红利的优势，许多外资企业（尤其是港资企业）以及内地企业被吸引进入深圳投资，"外引内联"的发展思路让深圳经济特区依托电子产品加工出口走上了发展外向型经济的轨道。

1979 年，深圳只有深圳市无线电工贸公司（原深圳无线电厂）这一家市属电子工业企业，该企业主要从事于收音机主板来料加工业务，全年工业产值为 121 万元，利润仅有 5000 元。随后，广东省华侨农场管理局与香港港华电子企业公司协议合建光明华侨电子厂（深圳康佳集团股份有限公司前身），成功实现吸引外商投资，打响了深圳电子工业合资发展的第一炮。

1980 年 4 月，深圳市革命委员会批准成立以中外合资形式经营的新华电子厂，该厂由深圳市工业局出让土地、香港新友贸易公司出资合建而成，主营业务是生产卡带式录音机。同一时期中，第四机械工业部在深圳投资建立中国电子进出口总公司深圳分公司；华强电子工业公司经过数月的筹备后，引进日本三洋公司的收音机、录音机生产线，为三洋公司的收录音机产品进行来料加工。由此，深圳电子工业正式进入了以"三来一补"为主的快速发展阶段。1980 年，深圳市实行独立核算的两个企业年工业总产值 427 万元，比 1979 年增长 2.5 倍，企业员工增长至 350 人以上。

1982 年，深圳市第一栋高达到 69.9 米的 20 层高层建筑（即中国电子技术进出口总公司深圳公司电子大厦）在上步工业区落成，该大厦的建成增强了深圳市对外商的吸引力，增强了外商对深圳的投资信心，以电子工业为主的外商投资量迅速提高，深圳市逐渐成为中国电子产业对外开放的首要门户。

得益于深圳经济特区正确的产业政策引导，使得深圳在充分对接香港外溢资源的同时，逐步培育出生产自产产品的技术和能力。在1979年这一时期中，深圳的电子工业仅有一家市属企业，发展至1985年，深圳电子工业已有超过170家可生产收录音机、彩色电视机、电话机、计算器及关键零部件的企业，电子工业企业员工总数接近2万人。1985年深圳市电子工业全年产值为13.75亿元，约占全市工业总产值的49.7%，比1979年增长113.5倍，在该时期中名列全国前十位。出口产值1.2亿元，约占全市电子工业产值的11%。可生产产品类型高达400种以上，产品结构形成了以电视机、收音机、录音机、电话机、计算器为主的"四机一器"形态。

2. 1986—1990年为外向型产业的迅速发展阶段

深圳电子工业在第六个五年计划阶段打下了夯实基础，"六五"后的深圳电子工业发展方向有所调整，要从简单的来料加工出口基础上有所提升，全方位发展外向型经济，提高电子工业的生产效益及规模。

1986年初，深圳市电子工业总公司通过改革重组，合并了原属于电子工业部、广东省电子局和深圳市的逾110家电子工业企业，成立了深圳电子集团公司，这是当时期全国第一家跨部门、技工贸结合的外向型企业集团。

1986年后，深圳根据自身发展优势，并依据当时政府对电子工业的发展导向，有计划地吸引一大批国内外优质厂商进入深圳投资经营高新技术产业企业，同时，深圳对与本土民营性质的高科技企业也给予了很大力度的支持。中国长城计算机集团有限公司、联想控股有限公司、华匀电子有限公司、深圳光通发展有限公司、深圳深飞激光电子系统有限公司、加拿大北方电讯公司以及日本EPSON等企业在这一时期中纷纷被吸引来深投资，电子信息产业优质企业的入驻带动了全市电子工业提级，深圳市电子工业开始从原来低端的来料加工制造向高新技术研发、制造转型。

在这一时期中，深圳市电子工业开展各类先进评优活动，企业开始注重全面质量管理，企业的管理水平不断提升，电子工业企业的经营效率得到了有效的提高。华发电子有限公司、光明华侨电子工业有限公司和深圳华强电子工业有限公司三家以1987年的营业收入为1.8亿—3.2亿元名列1988年（第1届）全国电子百强企业的第17、25、35位，有5个产品获国优称号、13个产品获部优称号，31个产品获省优称号，另外还有27个产品被国家列为替代进口产品。深圳电子行业竞争力大幅提升，外向型产业发生了四方面显著的转变：第一，低端来料加工制造向自主研发生产转变；第二，企业的产品类型由低端加工产品向高新技术产品转变；第三，产品关键零配件从完全进口向可自主研发生产转变；第四，出产产品从内销为主向既出口又满足内部需求转变。

进入90年代后，深圳市已经有超过400百家"三资"电子工业企业，其外向型电子产业体系已形成一定规模，产业技术全国领先，产品类型较内地更为丰富。其中实行独立核算的电子工业企业接近300家，企业员工总数已经超过10万人，产品种类逾千种。当期全年电子工业的产值达72.36亿元，比1985年增长5.3倍，约占全市工业产值的44.86%，出口产值49.2亿元，比1985年增长48倍。

专栏2：外向型产业向科技型产业转型原因及策略

经过20世纪80年代整整十年的努力，深圳电子工业虽然已完成从来料加工起步到建成以生产消费类电子产品为主的行业结构，以外商投资为主的投资结构，以"三资"企业为主的企业结构，以生产视听产品为主的产品结构，并初步建起以引进80年代国际先进技术水平为基础的现代电子工业体系，但是这个体系不可避免地又会同时潜在一些与国内市场变化和世界发展潮流不相适应的问题。比如在国内市场中，既要面对生产成本急剧增加的压力，又要面对内地彩电生产企业连续发动的降价战和内地收录音机生产企业的不断崛起与技术的日趋成熟等，使深圳的电子企业不断受到失去竞争优势的威胁。为了寻求出路企业因此被迫做出多元化的选择，有的企业选择将生产线迁到特区外或其他地方（如东莞），以期达到降低成本的目的，企业外迁从1992年开始出现，企业外迁后将原有的工业厂房出租给商业部门作为超市或销售电子产品的门店；有的选择以产品的升级换代，提高竞争力，如生产彩电的企业开始把发展的目光转向开发平面直角的、带画中画的彩电等；没有发展实力企业就因此先后转产其他产品或倒闭；有的选择以资产重组或通过"抓大放小"的改组谋求新的经济增长点。

由于进入20世纪90年代后，随着经济社会的飞速发展，"三来一补"的企业贸易形式逐渐不适于社会的发展，也不利于企业的可持续性发展，在1994年2月，深圳市政府果断出手调控产业发展导向，下发了《关于经济特区停止审批"三来一补"等项目的通知》，不仅要求原特区内限制发展"三来一补"企业，而且要求特区外的宝安、龙岗两区也要严格控制。同时，深圳市委市政府大力鼓励高新技术发展，积极引导原"三来一补"企业升级转型。由于信息技术的高速发展，从传统电子产业向现代电子信息产业发展的潮流正在兴起，发展高新技术产业将成为未来发展的潮流。

3. 1996年至今为科技型产业腾飞阶段

20世纪90年代初，以"三来一补"为主的低端加工制造业依然是当时的主流产业，但深圳市政府开始意识到低端制造业无法带领深圳长远、持续地高速发展，深圳制造业来到了亟须转型升级的关口。1993年珠江三角洲地区发展高新技术产业座谈会上，深圳市确立了发展高新技术产业的大方向。与此同时，敏锐的企业开始自身的转型发展之路，慢慢加大技术投入，开始转向研发，如1985年还在做电话机代工的中兴，1990年就已经研制出自己的第一台数字程控交换机，迅速占领了国内农村通信设备市场。为了统筹全市的高新技术产业发展，落实优惠政策，避免各自为政，深圳于1996年规划成立深圳高新技术产业开发区，选址于深圳湾区域，占地面积为11.5平方公里，由此，深圳的高新技术产业正式启航。

2000年至2010年是深圳高新区的龙头企业引领快速成长阶段。1998年深圳市政府出台《关于进一步扶持高新技术产业发展的若干规定》，该政策将"十五"期间深圳市科技经费推高到财政预算的2.5%，并对高新技术企业实行"两年免征所得税，八年减半征收企业所得税"的优惠政策。经过初期的筹备之后，2000年前后园区迎来了诸多知名企业的进驻，如华为、中兴、联想、TCL、创维、长城等。但是，由于众多企业入驻高新区，高新区土地缺乏的问题日益浮现，高新区土地大部分用于生产，导致用于生活配套的土地严重不足，从而限制了高新区的发展脚步。

由于土地制约这一问题对高新区的发展造成了极大的困扰，2010年后高新区进入改革扩容、蓄势再发阶段。2009年8月《深圳高新技术产业园区发展专项规划（2009—2015年）》出台，园区的发展空间大幅拓展到185.6平方公里，从根本上缓解土地空间局促的制约，并对于园区产业调整升级，淘汰落后产业和企业，促进同类产业的集聚发展具有积极的促进作用。深圳高新区还通过制定实施一系列政策措施，以寻求突破土地制约问题的出路，首先是鼓励优势企业"走出去"，同时规划建设企业孵化器、加速器，实现土地资源利用效率最大化，并为建设"深港创新圈"和"国家创新型城市"提供强而有力的保障。

近年来深圳大力实施创新发展战略，加快建设国际科技产业创新中心。目前，深圳已初步形成了战略新兴产业、未来产业、现代服务业和传统优势产业"四路纵队"梯度推进的转型升级良好格局。涌现出华为、腾讯、比亚迪、大族激光等一大批深圳本土生长出来的企业，取得了令人瞩目的发展成就。数据显示，深圳2017年PCT国际专利申请量突破2万件，占全国四成以上，连续14年位居全国大中城市第一；2018年前9个月，深圳PCT国际专利申请12929件，继续居全国第一。[1] 从"三来一补"到深圳"智造"，深圳产业的数次锐意转型，让众多科技型企业在这片热土萌芽、成长、壮大。

三 外资外贸发展速度与结构对比

外资外贸作为深港两地经济增长的动力源，细化其发展速度与

---

[1] 陈姝：《深圳国际专利申请量多年稳居全国第一》，《深圳商报》2018年11月20日。

内部结构,对于解读两地经济发展成就与实现路径具有生动的展现力。对于香港,贸易作为四大支柱产业之一,对本地就业的贡献一直维持在20%以上。且自1997年回归至2018年,香港对外贸易总额年均增速达5.28%,其中货物贸易年均增速为5.48%,服务贸易年均增速为4.28%,均高于同期本地生产总值3.22%的增长速度。[1]香港外资外贸的发展主要得益于,最初作为内地最重要的转口港,具有完善的基础设施和高效的服务体系,加之航空和港口货运发达,为香港成长为国际贸易中心及亚洲重要的贸易枢纽提供了坚实的基础。相比之下,深圳外资外贸的发展,最初则得益于毗邻香港。加之,深圳经济特区的独特身份,使得其有条件成为我国对外贸易发展最为活跃的区域,为我国对外贸易的发展起到了平台、示范与辐射的作用。改革开放40年来,深圳经济特区的贸易方式和贸易结构等方面发生了相当大的变化,对外贸易保持高速增长,贸易规模不断扩大,进出口规模居内地城市第二位,出口规模连续26年居内地城市首位。1979—2018年,深圳进出口总额从1676万美元提升到4139.50亿美元,年均增长率接近30%,高于全国年均增速15个百分点。其中,出口总额从930万美元提升到2466亿美元,年均增长29.8%;进口总额从746万美元提升到2077亿美元,年均增长30%。[2]

接下来,将从系统的梳理深港两地外资外贸的发展阶段为切入点,通过系统地介绍各阶段外资外贸的速度、结构,挖掘两地在不同阶段外资外贸发展的特点,以此把握差异背后的深层次内因。最后,还将通过比对两地外资外贸发展特征与主要动力支撑,挖掘外资外贸对区域经济增长弱项起支撑作用必须具备的动态演化机理。

(一)香港对外贸易发展概述

阶段一:香港产品出口为主的世界贸易中心阶段(1979—1985年)

1979年,香港产品出口值达559.12亿港元,占香港总出口额的73.60%,年均增长率达到18.27%,该时期香港的对外贸易主要以港

---

[1] 毛艳华、张明霞:《香港回归以来对外贸易发展趋势与应对策略》,《海外投资与出口信贷》2017年第3期。

[2] 《深圳外贸推动"中国制造"走向世界》,《深圳特区报》2018年12月7日。

产品出口为主。进入 80 年代，香港对外贸易仍继续高速增长。1980 年相关对外贸易总额为 2098.93 亿港元，增速达到 29.75%；1983 年贸易总额为 3361.42 亿港元，同比增长 24.37%；1984 年贸易总额 4448.11 亿港元，比上年增长了 32.33%。在 1980—1984 年这五年时间内，香港对外贸易总额先后突破了 2000 亿港元、3000 亿港元、4000 亿港元三个大关，年平均增长率达到 20.65%。

早在 1980 年，香港在世界各国人均外贸总额排名中已名列全球第二的领先地位，仅次于新加坡。1982 年，香港对外贸易总额占世界外贸总额的 1.3%，位居世界最大贸易国家和地区的前 20 位之内，到了 1984 年，香港外贸总额占世界外贸总额比例进一步上升，达到 1.5%，全球排名第 16 位。

在这一阶段，香港对外贸易已经达到高度繁荣的程度，是以港产品出口为主的世界贸易中心。

阶段二：转口港再度兴起的阶段（1986—2006 年）

这一时期，伴随着中国宏伟壮阔的改革开放新篇章的开启，内地经济发展迎来了史无前例的快速增长，加之中英政府"联合声明"正式生效，香港充分利用地理位置、国际市场、资本要素等优势，再次大力发展转口贸易。统计数据显示，1970 年香港的转口贸易份额仅占总出口额的 18.98%，到了 1988 年，转口贸易超越港产品出口，占出口总额的比重高达 55.86%。进入 90 年代，香港转口贸易都保持着两位数的增长率（1997 年亚洲金融危机时期除外），直至 2007 年，香港转口贸易份额占总出口份额比例超过 95%，转口贸易在这一时期占据香港对外贸易的绝对主要地位。香港的对外贸易模式再次以转口贸易为主，香港作为转口港再次兴起。

在这一时期中，香港对外贸易进出口总额从 1985 年的 4665.72 亿港元增长至 2006 年的 50608.31 亿港元，年均增长率高达 12%，在以转口贸易为主的对外贸易引领下，香港金融、运输、旅游、信息都得到了全面发展，形成一个以对外贸易为主导、多种经营为特点的国际工商业都市。

阶段三：离岸贸易发展阶段（2006 年至今）

离岸贸易取代转口贸易成为香港外资外贸的主要支撑，最为鲜明的分界线在 2006 年，这一年香港离岸贸易额的 23465 亿港元，首次超过转口贸易额的 23265 亿港元；历经 5 年的高速发展（年均增速为 13.71%），到了 2011 年香港离岸贸易凭借着 4.46 万亿港元的规模，成为转口贸易规模的 1.3 倍。离岸贸易作为外资外贸的高端业态，有效带动了香港服务贸易的发展，强化了香港在亚太贸易中的中心地位，这种外资外贸发展模式的转型也很好地促进了香港人民币离岸结算中心发展。

当然，香港外资外贸发展模式出现离岸贸易对转口贸易的替代也是顺应时代的发展及与经济发展阶段相适应的。随着中国加入 WTO 及经济全球化的不断深化，内地出口企业更多地选择从珠三角或长三角进行贸易行为。加之，内地港口基础设施不断完善，香港港口运营成本大幅上升，这一正一负的冲击，香港转口贸易的市场机会较以往大幅缩减。

（二）深圳对外贸易发展概述

阶段一：对外开放起步阶段（1979—1992 年）

在对外开放的起步阶段，深圳通过兴建港口、招商引资、创建保税工业区、组建一批外贸骨干企业、开放码头和口岸等一系列开放措施，迅速形成了以工业为主导、工贸结合的外向型经济，到 1988 年深圳出口总额居全国大中城市第二位。统计数据显示：深圳进出口规模由 1979 年的 1676 万美元提升到 1992 年的 235.77 亿美元，年均增长 61.0%。1992 年，深圳进出口贸易总额居全国大中城市第一位。

深圳出口规模由 1979 年的 930 万美元提升到 1992 年的 120.00 亿美元，年均增长 60.6%；进口规模由 1979 年的 746 万美元提升到 1992 年的 115.75 亿美元，年均增长 61.5%；1987 年，深圳出口规模再度超过进口规模，扭转 1983—1986 年连续四年的贸易逆差局面。（见图 6-2）

阶段二：对外贸易快速增长阶段（1993—2012 年）

自邓小平同志视察南方发表谈话后，我国改革开放进一步深化，深圳的对外开放也进入一个崭新的阶段。特别是 2001 年以后，随着中国加入世界贸易组织，以此为契机，深圳对外贸易加

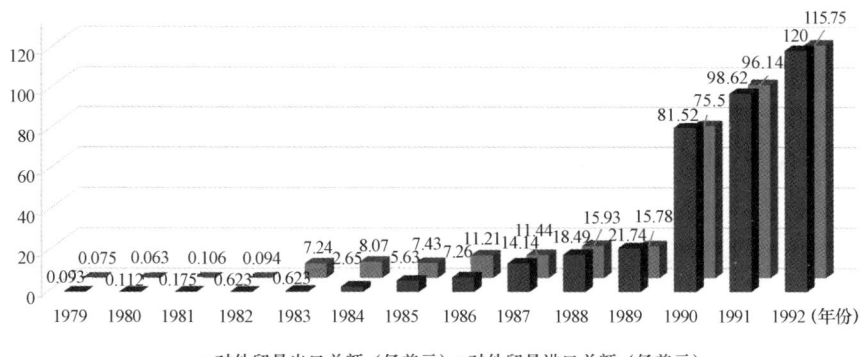

第六章 成功与失败:中外经济特区发展与制度视角

图 6-2　1979—1992 年深圳市进出口额柱状图

数据来源:《2018 年深圳统计年鉴》。

速扩张。① 这一阶段,深圳贸易规模进一步扩大,连年位居全国出口规模榜首。

统计数据显示,深圳进出口总额由 1992 年的 235.76 亿美元提升到 2012 年的 4668.30 亿美元,年均增速 16.10%。其中出口总额由 1992 年的 120.00 亿美元提升到 2012 年的 2713.62 亿美元;进口总额由 1992 年的 115.75 亿美元提升到 1992 年的 1954.69 亿美元。

从这一阶段深圳贸易规模柱状图(见图 6-3)可以看出,仅 2009 年受国际金融危机影响进出口总额下降外,其他年份均保持较高的增速。1999 年深圳进出口总额首次突破 500 亿美元,2003 年突破 1000 亿美元,2006 年突破 2000 亿美元。可见,贸易规模从 500 亿美元到 2000 亿美元,历经 7 年时间,每 3.5 年便翻一番。到了 2010 年突破 3000 亿美元,2011 年更是突破 4000 亿美元。

这一阶段深圳对外贸易的加速放大主要得益于以下几方面的原因:一是,毗邻香港,加之特区优惠的对外经贸政策,外资外贸发展环境持续优化;二是,深圳产业结构持续升级优化,技术产业化发展体系与先进的管理经验为贸易发展提供强劲支撑;三是,对外贸易结构持续优化,通过增加高新技术产品的出口占比,实现出口

---

① 《深圳外贸推动"中国制造"走向世界》,《深圳特区报》2018 年 12 月 17 日。

180　第三篇　模式借鉴与扩散

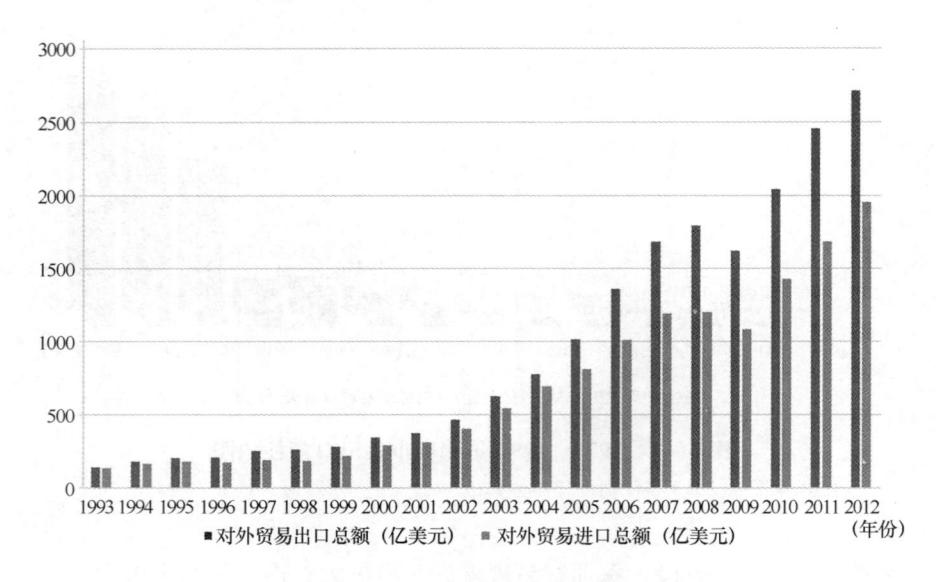

图 6-3　1993—2012 年深圳市进出口额柱状图

数据来源：《2018 年深圳统计年鉴》。

的"以智取胜"。

阶段三：对外贸易平稳增长阶段（2013 年至今）

党的十八大以来，深圳坚持深化改革、扩大开放，积极应对国际金融危机后续影响等一系列重大风险挑战，努力适应外贸发展新常态，进出口形势较好，进入平稳增长阶段。在 2016 年编制的《中国外贸百强城市排名榜》中，深圳位居榜首，不论是贸易规模竞争力、贸易结构竞争力、效益竞争力、发展竞争力、潜在竞争力五大分项指标，还是综合得分，深圳优势都十分明显。从贸易伙伴看，深圳对东盟、美国、印度、澳大利亚的贸易规模增长优势明显，均呈现年增速超过 10% 的趋势。

经历了上一阶段的飞速发展，加上一些特殊因素，深圳进出口总额从 2014 年起连续三年出现回落，到 2017 年深圳进出口增速扭负为正，实现正增长；但是出口规模仍稳居全国首位。统计数据显示，2013 年至 2016 年间，深圳市对外贸易进出口总额由 33416 亿元下降至 26307 亿元，从 2017 年开始有所回升，增长至 2018 年达到 29983.74 亿元。（见图 6-4）

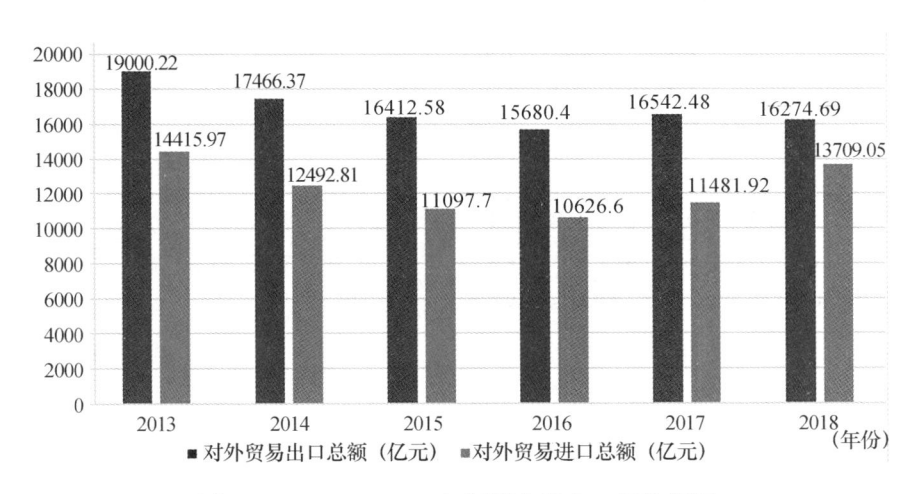

图 6-4　2013—2018 年深圳市进出口额柱状图

数据来源：《2018 年深圳统计年鉴》。

（三）深港两地对外贸易阶段性比较分析

1. 阶段一之比较：深圳对外开放处于起步阶段，香港已成为世界贸易中心，香港外贸水平全面优于深圳

直至 1992 年，深圳市外贸总额提升到 235.77 亿美元，年均增长率达到 61%，虽然增长速度极快，但总量上仍无法与香港比较。香港 1985 年时期的外贸总额达到了 598 亿美元，已是 1992 年深圳外贸总额水平的 2 倍多，1992 年香港外贸总额突破 2400 亿美元，是同期深圳市外贸总额的 10 倍以上。在阶段一中，深圳与香港的对外贸易模式都是以产品出口为主，但深圳市对外贸易在总量上和发展水平上远落后于香港。

这一时期深港对外贸易存在巨大差距主要是因为深圳对外开放起步过于落后，香港早于 1951 年开始便形成以产品加工出口为主的对外贸易模式，进入 60 年代后，得益于香港出口导向的纺织、成衣、塑料、玩具以及消费电子等工业蓬勃发展，香港的外贸规模越来越大，增长速度越来越快，20 世纪 80 年代香港已然成为全球排名前二十的对外贸易发达地区。然而，深圳市于 1979 年才开始真正意义上的对外开放，加工出口外贸仍然处于起步期，对外贸易的发展是一个漫长的过程，在短期内无法与如日中天的香港相提

并论。

2. 阶段二之比较：深圳厚积薄发，不断缩小与香港间差距

在这一时期中，香港对外贸易重新回到转口贸易为主导的外贸模式，深圳仍然保持着产品出口的模式。2006年，深圳市外贸总额突破2000亿美元，达2374亿美元，同期，香港对外贸易总额也刚突破6500亿美元大关，实现6513亿美元的外贸总额成就，是同期深圳水平的2.7倍，虽然深港两地仍然存在差距，但差距不断缩小，已从1992年10倍的差距缩减至2006年的2.7倍，可见深圳市对外贸易进步速度惊人，奋力追赶香港水平。

在这一时期中，香港对外贸易发展层次仍然高于深圳。香港是该时期中世界上最大最开放的自由港，全部或绝大多数外国商品在香港可以豁免关税，从20世纪70年代以来，香港除了维持免税和低税制度外，还坚持"积极不干预主义"的经济政策，全面开放黄金外汇进出口管制，简化进出口贸易手续，香港自由港功能已高度完善。深圳虽然在对外贸易总量上不断追赶香港水平，但香港自由港的对外开放程度以及全球自由贸易功能仍然是深圳无法比拟的。

3. 阶段三之比较：香港对外贸易发展疲态显露，深圳仍保持高速发展态势

2018年，香港对外贸易进出口额为11967.6亿美元，增速为5.0%，同期，深圳市对外贸易进出口额约为4643亿美元，增速达7.0%。与上一阶段对比，深港两地对外贸易总额差距继续缩小，深圳市对外贸易总额增速高于香港2个百分点，深圳市对外贸易的发展速度已经明显高于香港。

深圳与香港的贸易规模之所以会出现"冰火两重天"的差异，主要是因为在后金融危机时代，深圳不断加强自主创新，实现了内向型自主创新增长模式对外向型贸易型增长模式的替代，使得产业结构优化、产品不断升级，进而带动了贸易结构的优化，从而实现了贸易的高质量稳速发展。相比之下，香港贸易市场在受到经济全球化与金融危机的冲击后，改观并不大，虽然离岸贸易规模超过了转口贸易，但是新贸易种类支撑下的贸易规模并没能维持贸易对香港地区发展的支撑作用。数据显示，无论是香港输往内地的整体出

口货品还是从内地进口的货品，2016年分别跌至27.6%和39.4%。可见，香港贸易中介角色弱化趋势已无法叫停。

四 创新能力与发展路径对比

（一）硅谷创新为什么？

硅谷是全球最大的科技创新中心，是美国创新发展的核心动力源，推动着美国高新技术产业高速发展。硅谷区域所拥有的人口仅占美国全国人口的百分之一，但却能创造出美国10%以上的专利，不仅如此，硅谷还拥有逾20家世界百强科技企业，千亿美元级别企业数量全球最多，超过50位诺贝尔奖得主聚集硅谷，贡献其科研力量。从产品和服务类别角度出发对硅谷发展阶段进行划分，大致可分为以下四个阶段：第一个阶段（20世纪50年代初到60年代末），是国防产品的研发与生产阶段；第二个阶段（20世纪50年代末到70年代后期），是集成电路的研发和生产阶段；第三个阶段（20世纪70年代中期到90年代初），是个人电脑（PC）的研发和生产阶段；第四个阶段（20世纪80年代末到现在），是互联网的开发与服务阶段。

硅谷历经上述四个主要阶段的发展建设成为全球创新中心，主要得益于以下三方面的路径原因：

路径一，产学研合作互动体系与硅谷产业招商深度融合路径。通过引导斯坦福大学与引进的优质企业、科研机构和高校之间的技术合作，促进高校、科研机构等高端科技创新资源迸发更强的创新活力，市场中的企业利用高校、科研机构的研发成果，开发出更具创新性的产品，高校、科研机构的科研成果通过企业得到有效的产业化，产、学、研三者之间相辅相成，形成有机的战略合作关系。20世纪90年代初，很多大学设立了技术转让和许可办公室，研究成果的技术转让收入从1991年的1.3亿美元猛增到1995年的2.99亿美元。

路径二，风险投资助力新兴产业发展路径。20世纪90年代初期，得益于超过60亿美元的风险投资资金涌入，硅谷1700家高科技企业得以创办，充裕的风险投资拓宽了企业的融资渠道，使得企业有足够的资金去经营管理、实现技术创新,仙童公司、英特尔公司、苹果公司这类高新技术产业企业拥有全球最强大的创新能力与风险投资有着密不可分的关系。硅谷不断涌现创新型新兴企业,这些企业的存活率远高于美国全国所有企业的平均寿命。如今,硅谷地区的风险投资总量占全美风险投资总量已超过1/4。

路径三,联邦政府积极培育新兴产业,大力度扶持核心技术发展与创新的路径。1993—2004年间,硅谷的大学、实验室和私人企业获得了136亿美元以上的联邦研发经费。例如,政府大力赞助斯坦福大学的研究项目,2000年斯坦福大学的年收入为16亿美元,其中40%来源于受政府委托的研究项目。又如,通过中小企业技术创新法案,实行研发抵税的政策,利用国防、能源等部门的研发基金支持引进中小企业开展技术创新。与此同时,硅谷新增高技术公司的多元化发展和产业技术创新,也催生了多元化的供应商、基础设施等产业共享。

(二)硅谷创新是什么?

在上述三大发展路径的网状互动下,硅谷创新呈现四个主要的变现形式——技术支撑、瞪羚集聚、研发拥挤、风投集聚。

1. "技术支撑"

硅谷不断培育出可引领新时代的新兴产业,从仙童公司发明集成电路开启半导体产业时代,到个人电脑整机在车库诞生宣布个人电脑时代,再到网景公司的上市推动互联网创业成为新潮流。硅谷的公司凭借强大的技术创新能力,在产业发展中不断开拓出新兴领域,因此,硅谷每隔十年左右就能产生出一个引领全球新时代、新潮流的新兴产业,这就是以技术驱动发展的优势所在。

硅谷是全球最具创新力的高新技术产业集聚地,20世纪50年代硅谷的主导产业是国防工业,在往后的每个年代里,硅谷都能培育出一个新兴的、引领全球发展的高技术产业,如:半导体产业、计算机产业、生物技术以及新能源产业,硅谷就是通过技术的创新,开拓新兴的产业领域,促进全球的产业形态以及产业链更快的更新发展。就授予的专利数量而言,硅谷是美国授予专利数量最多的地方,专利授权量由1990年的4%增长到2013年的13%;就人均专利授予数量而言，2013年硅谷每10万人拥有581项专利（见图6-5）。根据SBIR和STTR每百万美元GDP的拨款数量，从1990年到2010年的总数约为500个，这表明硅谷的中小企业在创新和技术研究方面的投资积极性很高。

作为全球科技创新中心，硅谷最显著的特征是信息、通信和技术产业在全球领先。硅谷拥有上万家电子工业公司，它们所生产的半导体集成电路和电子计算机约占全美的1/3和1/6。美国的袖珍计算器、集成电路、现代软硬件等都在硅谷最先诞生，世界最大的前100家电子和软件公司中，有1/5在硅谷扎根。

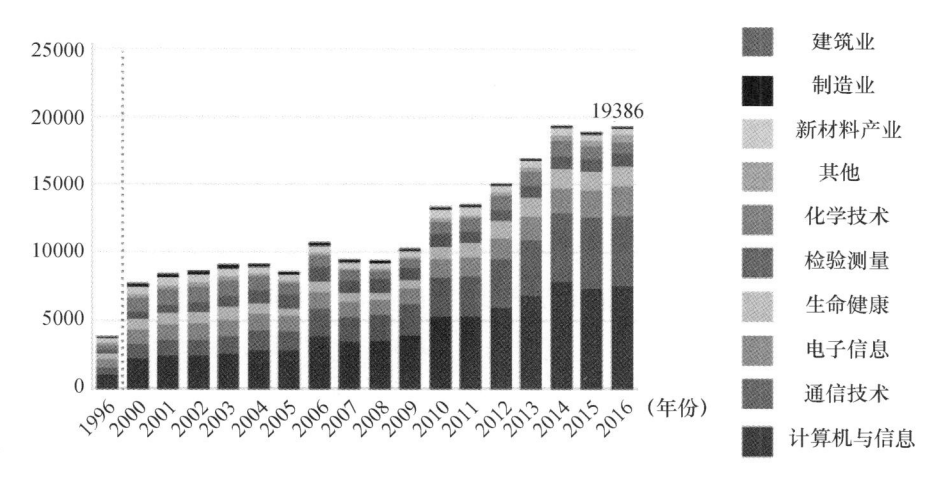

图6-5　1996—2016年美国硅谷各行业专利注册数目变化表

数据来源：《2016年硅谷指数报告》。

2."瞪羚集聚"

由全球著名的调研公司Compass所发布的"2015全球创业生态圈排行榜"中显示，硅谷的创业活力排名全球第一，不断孕育出先进高端的高科技企业，创业公司建立的数量一直位于全球前列。另外，根据加州大学一项关于创新企业发展情况的调研结果显示，在1995年至2011年期间，硅谷新成立的企业数量在一万至两万之间，在2012年至2017年期间，硅谷新成立的企业数量已接近六万家，而每年退出市场的企业数量低于一万。在硅谷新成立的企业其所专注的产业领域有着明显的专业化，产业结构虽不是大而全，但企业间所出产的产品或服务是可以互相兼容的，这种开放的产业体系也是硅谷不断涌现新兴产业企业的重要原因。

21世纪初，随着互联网时代的到来，美国硅谷地区瞪羚企业数量骤增，2000—2001年间，根据美国中小企业管理局的统计，硅谷地区瞪羚企业数量占硅谷地区企业数量总数接近40%，呈现出创新拥挤、"瞪羚集聚"的现象。美国国家科学基金会的一项研究表明，硅谷地区瞪羚企业创造的新产品数比大企业多250%，瞪羚企业每一美元R&D费用所获得的创新大约是大公司的4倍，而且瞪羚企业可以在较短的时间内使创新进入市场，平均时间大约只需2.2年，而大公司则需要3.1年。经过高速发展期，瞪羚企业逐渐成为硅谷产业发展的主力军，2017年，硅谷地区瞪羚企业数量达到2561家，主要分布于科学技术、生命健康、金融、新材料、通信等产业。当有一大批致力于某一个新兴领域的"瞪羚企业"快速涌现时，一个新兴产业就会随之产生。

硅谷加速增长期，瞪羚企业成为最重要的企业主体形态支撑。基于此，我们判断宝安在建设全球智创高地的过程中，类似瞪羚企业的特殊市场主体将会是宝安区快速成长为智创高地的重要力量，尤其是以"AI+"、先进制造为主导产业的瞪羚企业，必将成为宝安引进外来要素的重要目标之一。

专栏3　瞪羚企业

（一）瞪羚企业的概念

"瞪羚"一词缘自硅谷，"瞪羚企业"的概念诞生于20世纪90年代。最初由美国麻省理工学院教授戴维·伯奇（David Birch）提出。创业企业跨越死亡谷、进入快速成长期被称为瞪羚企业，也被称为高成长企业。硅谷称呼高成长型企业为"瞪羚企业"，因为它们具有与"瞪羚"共同的特征——个头不大、跑得快、跳得高，这样的企业，不仅年增长速度可以轻易超越一倍、十倍、百倍、千倍以上，还可以迅速实现IPO，即在资本市场上通过发行股票募集资本。（见图6-6）

图 6-6 企业成长周期

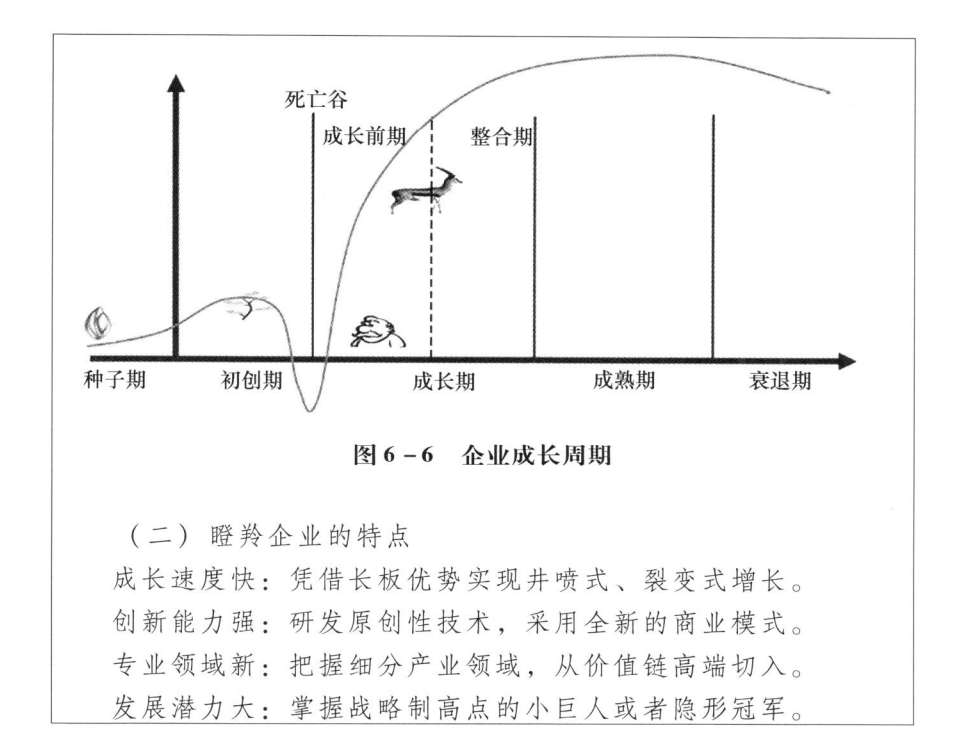

（二）瞪羚企业的特点

成长速度快：凭借长板优势实现井喷式、裂变式增长。
创新能力强：研发原创性技术，采用全新的商业模式。
专业领域新：把握细分产业领域，从价值链高端切入。
发展潜力大：掌握战略制高点的小巨人或者隐形冠军。

3."研发拥挤"

硅谷聚集了十余所全球知名学府、施乐公司 PALOALTO 研究中心、美国国家航空航天局、洛克希德研究中心、IBM 研发中心以及数十名诺贝尔奖获得者、上千位科学院院士与工程院院士等高端先进创新资源，在硅谷建设全球创新高地加速期，整个地区的生产逐渐外移，与此同时，关于产业的研发办公空间有了飞速的发展。（见图 6-7）

高校、科研机构以及科研团队、人才共同助力硅谷创新发展，为硅谷提供源源不断的持续创新力，产学研高度一体化，使得科研成果顺利进行产业化，市场的激励作用又推动着技术研发不断前进。高校为市场上的企业输送最优秀的高科技人才，企业又可根据市场的变化为科研活动指明方向。高校还可通过科研团队进行创业，科研团队将其自身拥有的先进技术应用于市场中，实现科研成果产业化，从而诞生了许多成功的高科技企业。例如斯坦福大学为

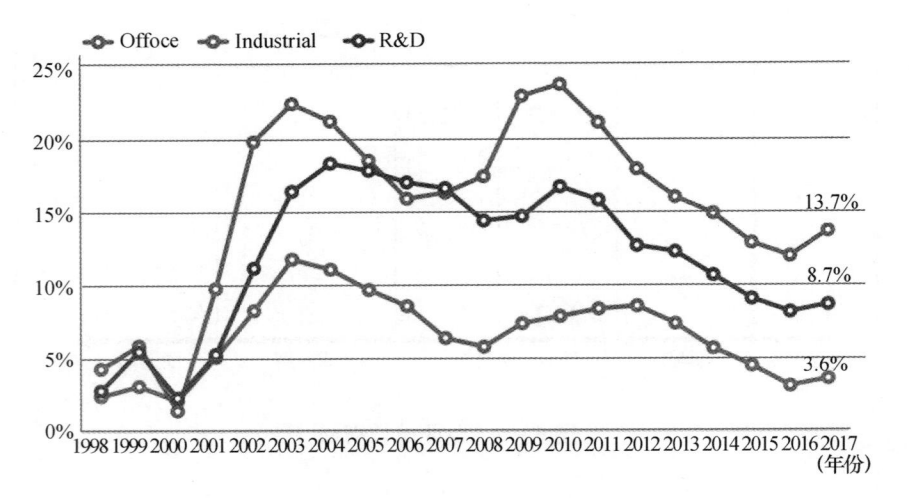

图 6-7　硅谷 1998—2017 年办公、产业、研发空间空置率变化图
数据来源：《2016 年硅谷指数报告》。

半导体、计算机与通信网络产业输送了不少创新创业团队，这些团队在市场上获得了巨大的成功，建立了引领世界的高科技企业。UCLA（加州大学伯克利分校）也十分注重产学研三者之间的联系，积极加强高校、科研机构与企业的联系紧密度，企业的信息反馈可以有效促进技术的改良、更新。美国联邦政府方面也非常支持高校进行活动，通过立法制定相关支持政策，激励高校、政府、企业间合作互动，共同进行科研活动，联邦政府还统筹组织不同部门间技术研发人员交流活动，进一步深化了政府、高校、企业间的合作关系。

4."风投集聚"

硅谷建设初期，政府便意识到风险投资对于高科技企业的发展有巨大的正向促进作用，风险投资有效地挖掘新兴产业领域以及新的技术研发方向，由此，军费不再是高科技产业的主要资金来源，风险投资成为了硅谷高科技产业最大最有效的融资力量。1997 年，硅谷区域内新建超过 3500 家风险投资企业，风险投资达投资总额接近 40 亿美元，占该时期全美国风险投资总量的 1/5；2000 年，美国风险投资总量达到顶峰，345 亿美元的风险投资额度创下新高。

近年来硅谷的风险投资资本规模有所回落，2015年为133.4亿美元，但其所占美国风险投资总量的比例仍然居高，达到42%。目前，美国超过1/3的风险投资公司集聚在硅谷，即使不在硅谷设有办公机构的风投公司也都或多或少的与硅谷地区的企业有所关联。风投公司可支配的风险投资基金多则达数十亿美元以上，回首过往五年，在硅谷的支撑下，旧金山湾区吸引了美国45%—50%的风险投资。

风险投资家之间的密切合作是硅谷高科技产业高速发展的重要原因之一。风险投资机构伴随着硅谷高科技产业的发展，机构之间早已形成了一个高效的合作网络，不同的风险投资机构常合作共同投资同一个科技项目或科创企业，机构能否成功获得投资收益是相互依赖的，因此，硅谷的风险投资并不是针对某个新兴企业，而是针对整个硅谷的创新发展。硅谷的风险投资机构都有着丰富的投资经验与准确的判断能力，这种强大而准确的投资能力是由机构间合作得来的。对于不同的科创企业或科创项目，风险投资机构都会通过增强对于投资项目的针对性从而达到有效管理风险投资的目标。科创企业根据风险投资的管理要求，不断改良自身科技研发活动，风险投资管理有效性越高，则科创企业的创新有效性也会随之提高。风险投资家在培育新兴科创企业时，十分注重企业高效管理体系的构建，常为初创企业的管理模式提供指导，科学的管理体系使得硅谷的初创企业顺利度过发展阻力较大的初期阶段，企业获得较大的存活概率，因此硅谷一直拥有着源源不断的创新动力源。

（三）深圳创新有什么？

改革开放40年，深圳率先走上了城市化道路，实现了从边陲小渔村到国际大都市的蝶变。以不到十年实现一次产业升级的速度，迅速完成了从"三来一补"加工向高端智造研发的转型。可见，深圳因改革开放而生，因产业发展而强，是新的历史时期产业与城市互动发展的典范。

深圳是一个创造城市发展奇迹的城市、一个有思想有创造力的城市、一个以科学规划引领的城市。尤为重要的是深圳的发展始终以产业为核心，与空间相匹配，形成产业空间互动、有机发展的动态过程。深圳奇迹本质上是产业与空间互动演进的结果,虽然具有特定原因,但更是产业与空间发展规律的外在表象。

40年前,深圳还叫宝安县,因世纪伟人在此画了一个圈,开始以对标香港为使命;30年前,深圳最繁华的地方是中英街,因为有卖投影机和录像机的万科、加工电风扇和电话机的中兴、为香港公司代销交换机的华为……电子基因在深圳播下了种子;20年前,在深圳最中心的位置出现了华强电子世界,赛格科技工业园孕育了腾讯,自此深圳软硬件齐发;10年前,深圳拥抱了整个PC和移动互联时代,造就了"中国电子第一街"和中国首家市值过千亿元的互联网公司;1年前,深圳的新一代信息技术占据半壁江山的战略性新兴产业凭借9183亿元的增加值、13.6%的增加值增速以及超40%的GDP占比,位居全国首位。①

对深圳40年进行数字量化,结果更是扣人心弦!

过往40年,深圳GDP由1.96亿元增长至超2.4万亿元,增速最高水平为83.53%、年均增速26.53%,分别较全国整体水平高出68.39和11.54个百分点(见图6-8)。②

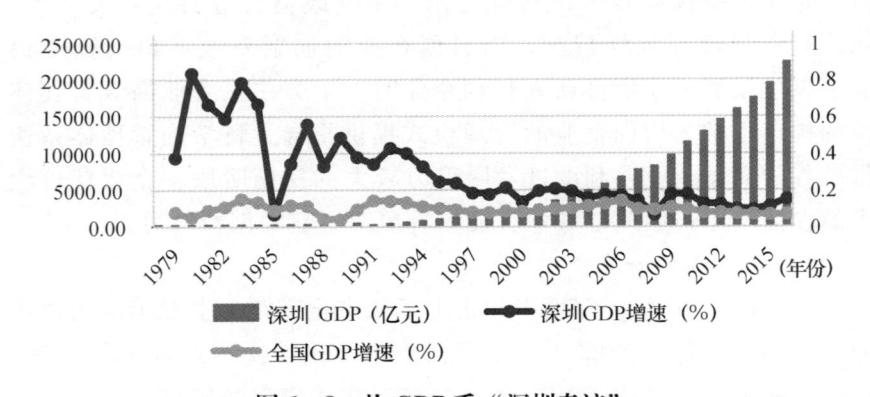

图6-8 从GDP看"深圳奇迹"

数据来源:《2018年深圳统计年鉴》及《2018年中国统计年鉴》。

---

① 资料来源:依据相关行业协会座谈会议记录整理归纳。
② 2018年GDP数据为预测值,2019年1月19日,http://www.p5w.net/weyt/201901/t20190119_2250155.htm。

过往40年，深圳人均可支配收入由1980年的683元/年，以年均11.71%的增速，激增至2018年的超57000元/年，年均增速较香港高出近6个百分点（见图6-9）。①

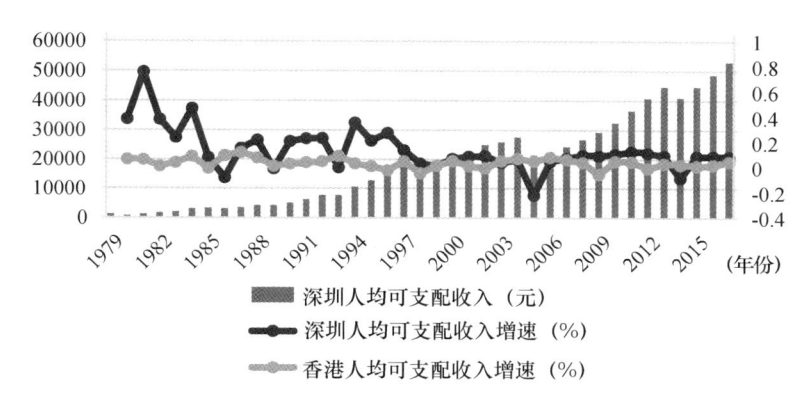

图6-9 从人均可支配收入看"深圳奇迹"

数据来源：《2018年深圳统计年鉴》及《2018年中国统计年鉴》。

过往40年，深圳R&D投入早已超千亿元每年，占GDP比重为4%以上，较全国整体水平高出两个百分点、较全球创新领导者美国、日本及芬兰分均高出一个百分点以上（见图6-10）。

回首深圳40年，每平方公里土地创造的产值、技术创新乃至居民幸福感不断攀升，甚至呈现出跨越式发展。深圳"发展奇迹"的造就离不开土地、劳动、资本、技术的推动，要素禀赋的集聚与配置以产业升级和城市空间变迁展现在世人面前。

（四）深圳创新凭什么？

深圳在改革开放40年的时间里之所以能够创造许多令世界瞩目的发展奇迹，培育出一大批国际领先的创新型企业（如腾讯、华为、中兴等），是凭借积累多年的产业发展环境、凭借机制优势、凭借创新基因、凭借文化底蕴，加之临近香港，以及真金白银的政策倾斜与鲜明前沿的政策导向，使得深圳的美好取决于创新。最初

---

① 2018年人均可支配收入数据为预测值，2019年1月19日，http://www.p5w.net/weyt/201901/t20190119_2250155.htm。

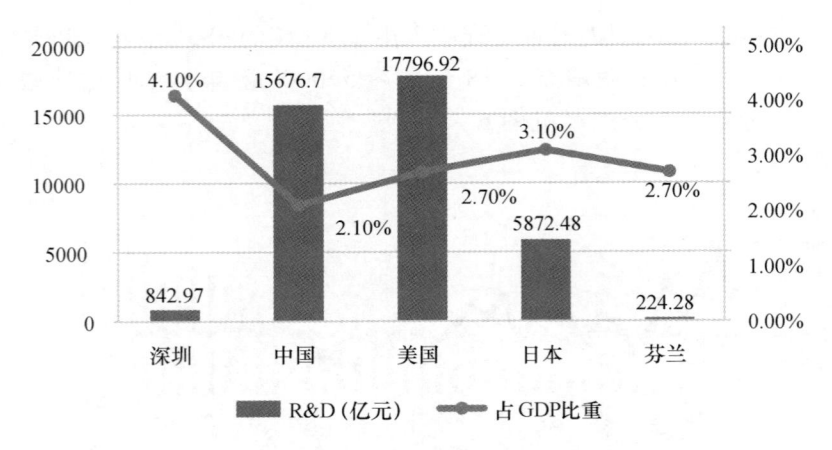

图 6-10 从 R&D 投入看"深圳奇迹"

数据来源:《2018 年深圳统计年鉴》及《2018 年中国统计年鉴》。

的美好深圳由地理空间创造,随后技术产业化速度与空间规模共同发挥作用,目前在空间约束下创新辉煌的延续取决于支撑要素的有机整合。

1. 凭借机制优势

深圳从未停止机制改革,一直在探索更高效的体制机制。深圳是我国最早建立社会主义市场经济体制的城市,秉承着先行先试的发展理念,在行政、文化、社会治理等诸多领域为全国城市做出良好的改革示范。深圳运用科学的方法处理市场与政府的关系,着重激发市场的创新活力,营造公平竞争的市场环境,为企业提供了全国最优的营商环境。同时,深圳始终坚持尊重、遵循国际惯例以及国际法律,由此形成了良好的法律意识和法律制度,不断优化制度环境,吸引更多优质外商进入深圳投资发展。深圳在创造经济奇迹的过程中有一点最重要的经验是,牢牢扣住中国特色社会主义制度,在改革开放发展过程中积极发挥中国特色社会主义制度的优势,并通过全面深化机制体制改革彻底释放制度红利,从而激发出深圳最强大的创新发展活力。

2. 凭依创新基因

创新是深圳这座城市的基因,正是因为如此强大的创新力,使得城市变化速度飞快，形成了一股特有的吸引力。"深圳正在改写世界创新规则、培育一批影响世界的创新型企业集群。"2017年4月的英国《经济学人》杂志发表文章称，深圳已成为"创新温室"，"深圳将坚持创新只有第一、没有第二，始终把自主创新作为城市发展主导战略"。

"创客空间"这一概念于2010年传入中国，由此，"双创"的种子开始萌芽，发展至2014年，"双创"概念由国务院总理李克强正式提出，2015年在国务院常务会研究制定的政策文件中也首次提到"众创空间"这一概念。随后国家和地方系列政策的出台将"大众创业，万众创新"推向了高潮，众创空间建设驶入快车道，涌现了一大批各具特色的众创空间。① 科技部公布的国家级众创空间数据显示，深圳全国的比重接近10%。目前，深圳拥有各类众创空间数百家，还统筹创建了深圳市留学生创业园、罗湖水贝黄金珠宝创业园、布吉大芬油画村创业孵化基地等一批独具特色的"双创"园区，不断丰富完善适用于"双创"的创新载体体系。从"双创"园区地理位置分布的角度看，南山区占据半壁江山，占比约为55.93%；其次是宝安、龙岗、福田，占比分别为15.59%、10.17%、9.49%；其他区域所占比重均处于3%以下。深圳创新创业呈现出投资主体多元化，民间资本逐步成为主力军；孵化功能专业化，紧扣产业发展方向；孵化服务特色化，打造自身核心竞争力；资源网络化，协作提升服务的基本特征。"双创"快速发展，随之而来的是深圳新增企业及科创成绩的爆发式增长。

3. 凭借文化底蕴

2019年7月，中央全面深化改革委员会第九次会议审议通过了《关于支持深圳建设中国特色社会主义先行示范区的意见》，国家支持深圳建设先行示范区，这是一个重大的政策利好信号，激发深圳"先行先试"基因的最大潜力。深圳这座城市具有先行先试意识，也有勇当改革开放尖兵的坚定信念，在道路摸索中无畏失败，迎难而上，这些优秀的城市品格都凸显了深圳积极进取的城市文化底

---

① 丁琪、张丽萍：《深圳众创空间发展现状、问题与对策》，《特区经济》2018年第7期。

蕴，敢为天下先、不断创新进步是深圳赖以发展的最重要的文化底蕴基础。深圳在改革开放发展历程中曾受到不少抨击，在20世纪80年代出现了"特区失败论"，90年代出现"特区不特论""深圳抛弃论"，但这些抨击言论并不能阻碍深圳创新发展的步伐，深圳有效应对国际金融危机的影响向全国乃至世界证明了其发展道路是正确的，并且应该坚定不移地走下去。

（五）深圳还将创新什么？

《中共中央 国务院关于支持深圳建设中国特色社会主义先行示范区的意见》是国家赋予深圳先行先试的历史重任，体现了国家信任深圳这座城市能够不负使命，在先行先试的创新发展道路上继续创造奇迹。在粤港澳大湾区逐渐建设中，深圳增强核心引擎功能，努力建设社会主义现代化强国的范例城市还将在以下几个方面深化创新。

1. 谋篇性创新

推动一批事关全局和长远发展的重大政策、重大改革和重大任务的落地实施，具体包括：深化前海改革开放、加快构建综合性国家科学中心、加快建设深港科技创新合作区、实施综合授权改革试点、用足用好深圳经济特区立法权、开展国际人才管理综合改革、创造条件推动注册制改革。

2. 现代产业体系创新

通过大力发展5G等为代表的新一代信息技术产业、推动制造业高质量发展、加快创建制造业创新中心、打造数字经济发展试验区、加快发展生物医药产业、提高金融服务实体经济能力、开展数字货币研究与移动支付等创新应用、促进与港澳金融市场互联互通，率先构建具有世界级竞争力的现代产业体系。

3. 协同发展创新

国际上重要大都市圈的形成，均呈现出增长极与腹地间形成区域协同发展的现象，这与增长极理论提出的"增长极与腹地间最终会形成协同互促发展，产生强大的城市群效应"相一致；在我国，上海引领下的长三角一体化进程也在不断加速。可见，城市间的发展竞合关系已转变为城市群组团间的竞争。

深圳在撬动区域间联动协同发展上,也将在内引外联方面将创新机制淋漓尽致地展现出来:

一是,深圳对市内范围的区域联动实施了五大战略,分别为"中优"战略,做强做优都市核心区,高标准规划建设香蜜湖、西丽湖、深圳北站、南山蛇口等国际化片区,推动罗湖等老城区焕发新活力,构建具有强大区域辐射带动力的都市核心区。"东进"战略,提升东部发展能级,加快构建东部科创发展轴和东部黄金海岸旅游带,高标准规划建设宝龙高新园区、坪山高新区、国际生物谷等重大创新平台。进一步向东延伸产业体系和服务功能,高标准规划建设深汕特别合作区,打造成为带动粤东沿海经济带加速崛起的桥头堡。"西协"战略,优化西部向湾格局,构建向西跨江通道体系,提高深圳与珠江西岸城市的联通水平,加快培育空港—沙井西部新中心,将宝安打造成为实施"西协"战略的桥头堡,带动珠江口东西两岸融合互动发展;"南联"战略,深化南部深港合作,全面对接香港北部经济带、东部经济走廊和西部知识科技走廊,高标准打造深港口岸经济带,加快建设深港现代服务业合作区、深港科技创新合作区等重大平台,积极推动基础设施的硬联通和规划制度的软联通;"北拓"战略,拓展北部发展腹地,着力推进光明科学城、九龙山智能科技城、鹭湖科技文化中心等重大平台建设,拓展北部地区产业腹地和战略纵深。加快建设深圳北部城市新中心,强化北部区域公共服务能力,集聚科技创新、现代服务、文化休闲、国际交流等高端发展要素,推进深莞惠临区域的一体化进程。

二是,在深莞惠联动发展方面,以深圳作为区域联动发展核心,带动东莞、惠州两市,积极培育坪山—惠阳(秀山)经济合作区、深惠环大亚湾滨海旅游休闲带、深莞交椅湾合作区、东莞(惠州)产业转移工业园和东莞—惠东(凤岗)产业转移工业园五个重点合作区。其中,坪山—惠阳(秀山)经济合作区,重点发展电子信息、新能源、生物制药和先进制造等产业;深惠环大亚湾滨海旅游休闲带,将按照建设国家级滨海旅游度假区的要求,整合大亚湾、大鹏湾等湾区旅游资源建设成为珠三角地区黄金旅游带;深莞交椅湾合作区将充分发挥地处湾区、位于深圳和东莞接壤地带以及毗邻深圳机场和前海的区位优势，大力发展金融贸易、空港物流、文化创意、滨水旅游、商务服务等产业，推进深圳机场北片区与东莞长安新区的合作，努力建设成为前海延伸拓展区和深莞合作示范区。

三是，深化前海"依托香港、服务内地、面向世界"功能，通过协同改革、协同创新、协同开放、协同发展，按照"双向拓展"要求，将前海蛇口自贸片区打造为服务内地、面向世界的中心节点。支持建设北向改革创新发展核心引擎，通过复制推广前海模式，在内地建设一批与前海紧密合作，融合发展的协同发展区域，成为所在区域内具有较强引领示范作用的改革创新排头兵、对外开放新高地和区域发展增长极。支持建设南向高水平对外开放桥头堡，通过构建开放型经济新体制、积极参与国际治理并实现合作共赢，将前海建设成为制定和引领新一轮国际经贸规则的先行试验区，具有较强的国际影响力和话语权。

第二节　制度贡献与改革方式

一　市场运行制度

说到深圳"奇迹"，有人会说是一座小渔村转变为繁华都市，有人将标志视为华为、中兴、腾讯、比亚迪、大疆、平安等，有人将视线锁定在华强北、深圳高新区、前海深港现代服务业合作发展区，甚至还会有人喊出"时间就是金钱，效率就是生命""来了就是深圳人"。在我看来，深圳"奇迹"无论是制度创新突破、产业转型跨越、空间优化提质都得益于"小政府、大服务"下的市场运行制度。

深圳市政府部门所发挥的主要作用可归纳为三点：第一，深圳政府依法行政，为企业提供了一个公平公正的营商环境，保护了企业的合法权益，有效激励了企业不断加强研发创新，获得持续的创新发展能力；第二，政府部门制定多项产业扶持政策，降低了企业的创新难度，是创新发展的主要推动者；第三，政府还是创新体系的构建者，吸引全国乃至全球的创新要素集聚于深圳。

深圳市政府清楚认识到政府与市场该形成何种关系，政府对于市场更应该是辅助性质，而非由政府完全主导市场发展，这才促使"小政府、大服务"下的市场运行制度得以形成并发挥成效。

对于"小政府、大服务"下的市场运行制度的一个生动的刻画是，目前深圳的金融服务体系聚焦在产业链条的"后端"，这一体系由银行、保险、中小板以及创业板多个层级构成，体现了金融服务体系的多层次，现已拥有近 5 万家 VC、PE 机构，但是，这些金融机构中没有几家具备成熟完善的天使投资、风险投资管理体系。根据硅谷建设全球创新中心的成功经验，天使投资、风险投资等融资渠道对于创新中心的建设是不可或缺的。近年来深圳政府也开始推动天使投资体系建设，促进放大科技金融服务体系的作用。2018 年深圳政府设立了首期天使投资引导母基金，基金金额高达 50 亿元人民币，并为该投资基金制定了一套专用的管理制度，通过科学高效的基金管理制度引导天使投资效益最大化，拓宽科创企业的有效融资渠道。天使投资基金在政府的正确引导下，既有助于市场资源实现合理配置，也可放大政府财政资金对市场的促进作用。与此同时，政府对于天使基金的支持会对社会产生信号机制作用，向全社会发放投资信号，为投资项目引入更为充足的投资资本，从而解决科创企业在发展初期融资渠道狭隘、融资贵融资难等问题，为企业提供充裕的资金链。

正是深圳"小政府、大服务"下的市场运行制度创造了深圳奇迹、创造了民营经济和民营企业发展的速度，之后，两者互为因果、互为促进因素。民企如华为、腾讯、比亚迪等成功均离不开深圳的市场运行制度环境，之后华为、腾讯、比亚迪为代表的民营企业也在优化深圳环境和促进深圳速度。可见，深圳的成功绝不是靠国家政策倾斜，政府干预成效在短时间来看可能是显著的，但长阶段来讲无疑是低效率了，特别是其扭曲了原有的资源配置方式，改变了市场经济的游戏规则，形成了更多资源的浪费。深圳是充满竞争的，是完全符合市场经济"游戏规则"的深圳，甚至政策的支持也成为了一种市场决策的机制，企业运营得好，政策补贴等才能让你拿走。总的来说，是符合市场竞争的"游戏规则"以及由此形成的市场竞争压力，促进了民营经济和民营企业的发展。

(一) 市场运行制度的五个阶段

从深圳改革开放的历史看，1980—1986 年是计划经济体制的突围时期，这一时期是这座现代化大都市的奠基时期。主要取得了三个方面的成就：第一，打开了深圳特区招商引资、对外开放的新局面；第二，改革旧体制、开启新的市场经济体制的探索；第三，提出深圳实行"四个为主"的方针①，从本质上实现社会主义市场经济。

在 1987 年至 1993 年这一时间段内，深圳秉承"以立为主，破立结合"的先行先试理念，试验构建全新的社会主义市场经济的整体框架，成为运行社会主义市场经济的全国典范。在这六年社会主义市场经济框架的构建过程中，深圳实现了以下五个方面的成就：第一，彻底进行市场经济所有制改革，构建社会主义市场经济所有制多元化的格局，激发市场经济的活力；第二，肯定并重视资本市场的作用，正确利用资本的力量，形成了规范的社会主义市场经济运行机制；第三，根据社会主义市场经济的发展导向，政府行政管理机制也进行了相应的改革，以适应社会主义市场经济的发展要求；第四，探索社会保障制度改革，初步建立了社会保障体系的基本框架；第五，尊重、遵循国际管理及国际法务，构建与国际法律相适应的对外开放机制，加深全球经济的融入程度，并为企业营造公平公正的营商环境。经过这一时期的社会主义市场经济体系构建，深圳经济特区的成功向全国城市提供了宝贵的制度探索经验，引领全国社会主义市场经济的建设步伐。

经过全面的制度改革，深圳已探索出一条社会主义市场经济的发展道路，而且这一探索进程从未停歇，制度不断地被修正完善。自邓小平 1992 年南方谈话、1993 年党的十四届三中全会后，我国正式决定建立社会主义市场经济体制，社会主义市场经济成为我国经济体制的发展目标，深圳经济特区在探索市场经济的道路上可继续大展拳脚。

---

① 即"建设资金以吸收和利用外资为主，经济结构以中外合资和外商独资经营企业为主，企业产品以出口外销为主，经济活动在国家计划经济指导下以市场调节为主"。

1993年，深圳市已初步建立起市场经济的基本框架，开始进入社会主义市场经济的修正完善阶段。1993年至1998年，深圳对社会主义市场经济进行了初步的完善，深圳从三个方面进行改革工作：从产权制度下手进行改革，以财产占有社会化作为改革方向，为未来的城市创新发展提供了外部环境基础；率先探索政府审批制度的改革方式，思考如何建立为社会主义市场经济服务的政府行政管理体系；提出建立社会主义市场经济的五大体系和形成市场经济的四大运行机制。

1998年至2018年，深圳深化改革社会主义市场经济，在这一时期中，深圳市大力发展高新技术产业，确立以高新技术产业为主带领全市经济高质量发展，并为高新技术产业建立了一套专用的市场服务体系；完成了特区内外一体化建设，促进深圳市全市区域协同发展，缩小特区内外发展差距；全面深化社会治理改革，多元社会主体并存，实现社会运行制度科学化、现代化；推动前海门户高度开放，建立对外开放新窗口。

2019年，深圳进入中国特色社会主义先行示范区构建阶段。未来，深圳将不断加强研发投入强度，促进产业创新能力提升，建设成现代化国际化创新型城市。始终坚持高质量发展，在经济高速发展的同时也重点兼顾社会人文环境的建设，体现更多的人文关怀，综合、全面提升城市竞争力，努力成为新时代具有引领全球发展能力的标杆城市，打造创新型城市的典范。

（二）市场经济制度"高质量"跃升的区域经济版图

2018年深圳交出了"地区生产总值24221.98亿元，增长7.6%"的成绩单。这是自2014年以来，深圳的经济增长速度首次跌破8%的区间，若再往前追溯，这个数字基本保持在10%以上。但是，在一线城市中进行横向对比，深圳的增长速度依然足以傲视群雄。经济增速放缓，"高质量"成了被关注的焦点。从中挑选两组数据，便足以看出深圳这座城市的蓬勃生命力。在产业方面：深圳的高新技术产业增加值8296.63亿元，增长12.7%；全年工业增加值9254.00亿元，增长9.0%，其中规模以上工业增加值增长9.5%。在人口方面：深圳常住人口增加了将近50万人，其中应届大学生和各类人才达 28.5 万人，占比近六成；户籍人口与非户籍人口比例呈"倒挂"状，2018 年分别为 454.7 万人与 847.97 万人；从年龄上看，深圳适龄劳动力（15—64 岁人口）的比重近乎八成，放眼全国难逢敌手。

市场经济制度历经四个阶段，也开始向"高质量阶段"跃进，以更好地建成现代化国际化创新型城市、成为我国建设社会主义现代化强国的城市范例为市场经济制度优化提升的新方向。那么，各区以怎样的姿态应对新机遇新挑战？又以怎样的举措打响第一枪？只有很好地勾勒出"区域经济发展版图"，才能抓住市场运行制度"高质量"迈进的新机遇、应对新挑战、顺应新趋势、打好新战役。

2018 年南山区独占 5000 亿元区间，达到历史高点，但增速有所放缓；福田区自前年被龙岗超越之后，2017 年在总量与增长速度上被进一步拉开距离；龙华与坪山则展现出强劲的增长势头，在第二产业与第三产业的增长率中分别拔得头筹……看明白"10 + 1"区的发展态势，也就自然勾勒出深圳全市的经济版图。需要强调的是，在经济增长速度之外，更应看到各区的不同定位、发展质量与未来空间。

南山作为全市的经济大区、科技强区和创新高地，划了 6 个重点，西丽湖、蛇口、深圳湾、赤湾片区将被委以重任，是深圳建设的先行示范区主力军。一是，带头建设综合性国家科学中心，为西丽湖国际科教城制定科学合理的运行机制，最大程度激活科教中心的创新活力，向市场输送高科技人才，继续深化产学研一体化，畅通产学研信息交流通道，加深三者间的融合程度。二是，坚持打开国门对外开放，高度融入全球经济一体化的进程中，构建更加开放的经济体制，加快推进深港青年创新创业基地。联合引进香港青年专业人才，鼓励深港青年共建专业服务机构。三是，促进产业转型升级，完善现代化产业体系，根据已有的知识产权保护中心平台建设经验，进一步推进建设知识产权交易中心。四是，将深圳建设成为全球海洋中心城市，前海蛇口自贸片区率先成立海洋工程技术研究院，吸引海洋产业要素资源，补全海洋经济产业链的空缺环节。五是，提高公共服务水平，打造完善的公共文化服务系统。推动歌剧院、文化创意设计馆等建设，为人民群众提供更好的人文生活环境，全方位助力打造城市新客厅。六是，着重关注民生发展情况，加强人文关怀，加快医疗、教育等公共基础配套建设，提高医疗和教育的品质，切实满足人民群众的生活需要，2020年确保公办幼儿园占比超过50%。

福田将对标最高最好最优，以"深港科技创新合作区+香蜜湖新金融中心"两大核心新引擎为牵引，奋力将建设社会主义先行示范区的目标转化为"福田实践"，全力打造"四大中心"，构建"福田中心区2.0版"。着力建设更具竞争力的"国际金融中心"，加快建设与金融核心优势相匹配的现代产业体系；着力建设更具辐射力的"科技创新中心"，加快建设与全球创新创业创意之都相匹配的创新发展引擎；着力建设更具软实力的"文化教育中心"，加快建设与社会主义现代化强国相匹配的人文高地；着力打造更具影响力的"服务交流中心"，加快建设与全球标杆城市相匹配的城市会客厅。

作为深圳最早的建成区，罗湖要走在前列、勇当先锋，在建设中国特色社会主义先行示范区新征程中展现罗湖作为，体现罗湖担当。全区上下要凝心聚力、真抓实干，加快制定实施2019—2022年、2023—2025年两个三年行动方案，确保市委全会精神在罗湖迅速落地落实。坚持发展是第一要务，重点抓好深港口岸经济带、红岭新兴金融产业带、大梧桐新兴产业带建设，加快形成"南金融商贸、北科技创新"的产业新格局，在建设"高质量发展高地"中增添新动能。

宝安按照市委市政府部署，对标对表《意见》要求，在原"湾区核心、智创高地、共享家园"定位基础上提出"携手前海共建国际一流城市新中心，打造先行示范区城市文明典范、民生幸福标杆；当好'西协'战略、粤港澳大湾区建设、珠江口东西岸融合发展的核心引擎；建设世界级先进制造业产业集群，打造先行示范区创新驱动、高质量发展的智创高地"。

前海将以走在最前列的标准率先落实全会工作部署，以新的更大作为不断拓展"前海模式"，奋力将前海打造成为中国特色社会主义先行示范区核心引擎区域。

龙岗区切实推动全区动员、全域参与、全力支持先行示范区建设；龙华区争当建设中国特色社会主义先行示范区尖兵；光明区继续举全区之力推进光明科学城建设；坪山区对标福田、南山，补齐短板；盐田区加快建成宜居宜业宜游的现代化国际化创新型滨海城区；大鹏新区对标世界一流，加快打造世界级滨海生态旅游度假区；深汕合作区划了五个重点，统筹规划建设教育城，全力助推深圳打造教育高地。

（三）市场运行制度的理论内涵①

随着改革开放的启动，一个一穷二白的排头兵——深圳经历了传统农业的快速萎缩以及超乎寻常的工业化和城市化进程。深圳通过充当连接海内外、特区内外商品和信息集散地，在路径上形成加工贸易和出口导向为主体的经济模式，在方法上依靠"内引外联"，对内引进丰富廉价的劳动力，对外联合港澳台资本为主的外资共同开发、共同发展，在主体上促进企业家和政府共同完善社会主义市场体系，不断推动产业升级和结构调整以获得经济的持续高速增长，而实现这些的前提便是各种优惠政策。

但我们不认为优惠政策是特区之所以"特"的根本原因，事实上五个特区实行基本相同的优惠政策，包括最主要的放权让利措施、减免税政策和行政跨级赋权等一系列"超国民待遇"政策，但导致五个特区存在明显差异和非均衡结果的原因绝非初始禀赋。我们也不赞成将深圳的成功简单地归结为解放思想、冒险精神、敢闯敢试、敢为天下先等主观品格，尽管这些都是必要的。相反，我们主张在具体的历史情境中考察深圳的增长本质，考察制度和其他因素综合作用的具体方式。

除了发展和起飞的条件，市场主体还必须具备足够的动力参与并推动这一过程的实现。我们摒弃新古典经济学对市场完备和完全有效的"看不见的手"的理想假设，认为市场的失灵和不完全才是符合现实的，同样，我们认为政府和企业家以及其他要素所有者都

---

① 姬超、袁易明：《深圳经济特区奇迹解释及理论启示》，《中国经济特区研究》2013年第00期。

是市场过程的重要参与者,但并不采取"善意的政府"的假设,而是将政府等同于其他为自身谋求经济利益的市场参与者,他们同样具有个人利益诉求以及有限理性。因此,由政府颁布实行的各种政策,包括户籍、就业、教育、医疗、土地、住房、社会保障、财税等则不能直接等同于制度。真正的制度必须成为市场主体的共享信念,赋予市场主体稳定的预期和激励,从而减少信息成本和不确定性成本,抑制机会主义行为,同时制度之间又往往相互协调和补充,即制度以制度体系的形式存在。

就深圳来说,发展首先成为政府官员的共识和利益所在,他们或是受政绩考核和政治升迁的激励,或是受政治理想与个人抱负的激励,或是受同级和层级官员竞争压力的激励,或是承担舆论监督和社会力量的压力,始终坚定办好特区便成为官员和社会的共有信念。在此前提下,深圳政府初期引进外资时做出的种种承诺就成为可信的,打消了港澳台投资者在特区投资设厂的疑虑,从而解决了资本要素稀缺这一难题。另外,相比于中国其他地区,深圳的国有企业力量相对薄弱,而且大多经营不善,因而对民营经济的挤占和威胁就少了很多,民营经济的强大也有利于政府业绩的实现。五个特区中,深圳的国有经济最薄弱,相对而言民营经济发展比较迅速。劳动力要素方面,深圳主观上并不需要实际上也没有提供特殊的激励,这一点在20世纪八九十年代体现得尤为突出,相对特区资本的"超国民待遇",特区对外来务工人员的保护明显滞后,血汗工厂的报道在当时时常出现。即便如此,相比之下,南下打工的报酬仍然远高于在家乡的辛勤劳作,对城市生活的向往还是吸引了大量廉价劳动力。对于原住民等土地所有者,一方面由于原户籍人口稀少,且居住分散,生活贫困,加上缺少历史和传统束缚,对外来要素的抵触和排斥情绪不强,深圳、珠海和厦门在这方面表现得最为明显,也就更有利于要素的聚集。因此可以说,资本、技术、劳动、管理和市场的结合促进了特区经济的迅速增长。

二 创新发展制度

新加坡裕廊工业开发区是全球工业经济特区较早的成功典范,

历经20世纪六七十年代的劳动力密集型产业支撑发展，到八九十年代成功转型为技术与资本密集型产业主导阶段，目前以技术密集型产业为导向。之所以可以从一个港口集散地，以国际转口贸易为依托，升级发展为工业经济开发区，这种裕廊模式的形成输出均得益于创新发展制度。

（一）完善的知识产权保护体系和充沛的科研支持力度共同构成了裕廊创新发展模式的"内核"

裕廊工业开发区特别注重科技对经济的带动作用，制定了符合自身发展的科技战略。现已建立并逐步完善了适应知识经济和全球化进程、服务国家可持续发展战略、以任务导向和研究联盟为主要特点的创新体系，致力发展生物医药、环境与水务、清洁能源、互动数字媒体产业，为本国经济培育新的增长点，打造新的支柱产业。

一方面，裕廊凭借完善的知识产权保护体系，实现了营商环境的优化，支撑知识经济的发展。新加坡政府策划和实施经济战略的主要机构——新加坡经济发展局指出，知识产权保护让新加坡成为世界重要的创新极。世界经济论坛（WEF）和瑞士洛桑国际管理发展学院（IMD）都将新加坡的知识产权保护水平列为亚洲第一。为将新加坡建设成为重要的区域知识产权中枢，政府不仅制定了一系列保护知识产权的法律法规，还专门成立了为企业提供知识产权服务的一站式运营中心——新加坡知识产权局。企业受惠于完善的知识产权保护机制，在公平公正的法制环境下研发、生产、应用、推广，通过创新提升竞争力，实现利润最大化目标。

新加坡十分重视中小企业知识产权保护。国家科学和技术委员会（NSTB）为了鼓励中小型企业和个人申请专利，专门创建设立《专利申请基金》，以负担专利申请的部分费用，该基金主要用于补贴企业、机构或个人申请专利时所产生的手续费用，补贴额度最高为所产生总费用的一半，同时，每一项发明经过补贴审核后，可以获得最高3万元新加坡币的补助。该项举措促使新加坡专利申请量自1995年以后加速上升。

新加坡知识产权局为了更好地服务企业，创办了非营利性网络服务平台（SurfIP）。此平台可以让专利拥有者以及专利意向购买者相互交流，从而加快专利的商业化应用。依据此平台的专利说明模板，专利拥有人可以讲明专利的功能和特点。同时，专利意向购买者需要说明其正在寻求什么类型。同时，此平台还为专利拥有者和意向购买者提供专利服务，和国际专利数据库进行联网，这样加快了了解该专利国际方面信息的速度，提高了专利效率。

另一方面，政府支持研发，提供大量的资金支持，营造了鼓励创新、加速智力成果产业化应用的发展环境。裕廊模式的形成还得益于，政府提供稳定且丰富的研发资金。早在1991年，新加坡就成立了科技局，并制订了国家科技发展计划，每隔五年给研发和创新领域拨款一次。据新加坡统计局数据显示，2016年新加坡R&D资金总额95.15亿新币，占GDP比重2.2%，其中政府研发支出达到10.5亿新币。继在2010—2015年，新加坡政府投入了196亿新币支持研发，新加坡政府计划在2016—2020年投入190亿新币支持科研。

新加坡自然资源匮乏，但因重视教育及人才培养，使人力资本成为发展的主要推手。《2017世界竞争力年鉴》显示，新加坡在全球排名中位列第三，新加坡在教育方面的得分较高。根据世界银行数据统计显示，新加坡教育经费占政府开支的比重基本保持在20%左右，较高收入国家整体水平高出大概7个百分点。新加坡教育支出在2015年达到33.4亿新币，2016年为35亿新币，2017年为34.5亿新币。在2017年的教育支出中，小学教育平均每位学生支出11387新币，每位中学生支出14744新币，专职教育平均每位支出16385新币，而高等教育每位学生支出21626新币。

（二）支持创新发展的若干优惠政策

创新引领发展的实现因前期投入规模大、周期长，风险系数大幅提升。为对企业、机构及个人的创新行为给予支持与鼓励，新加坡政府制定实施了一系列的优惠政策。最初的优惠政策主要依据《公司所得税法案》《经济扩展案》以及每年政府财政预算案涉及的一些优惠政策，之后又相继推出了先锋计划、投资加计扣除计划、业务扩展奖励计划、金融与资金管理中心税收优惠、特许权使用费奖励计划、批准的外国贷款计划、收购知识产权的资产减值税计划、研发费用分摊的资产减值税计划等税收优惠措施，以及企业研究奖励计划和新技能资助计划等财政补贴措施，以鼓励研发和高新技术产品的生产以及使整个生产经营活动更具有活力为政策目标。

对于研发资金的补贴政策包括：研发费用可折算成资本设备，享有 50% 的投资减免；开发新产品而实现盈利提升，可享受 33% 的所得税减免；创新型公司 20% 的盈利，可计为 R&D 储备金或享受免税。对于科研基金设立的政策包括：政府直拨 2500 万新币给科学协会，用于支持产品开发或产品技术升级。

（三）裕廊创新发展模式中的管理与服务体系

裕廊工业特区的管理作为一项地方性工作，中央和地方政府形成了单一层次体制，在很大意义上降低了管理的交易成本，这种一站式的管理更像是一种服务方式，有助于投资决策的迅速形成。这种扁平化的管理结构直接降低了通过政府审批的相关业务的交易成本，降低了企业部门获得政府相关许可的门槛，使得政府与个人、企业、机构之间的交流或合作变得更加方便。

因为采取扁平化管理结构，工业区管理机构所拥有的权力也相对更大，于 20 世纪 60 年代成立的裕廊管理局直接负责新加坡工业用地的规划与建设等相关工作。裕廊镇管理局主动吸引符合其产业导向的投资方，审核投资方是否符合投资许可资格，根据投资项目的方案，为投资者提供产业用地，并且提供一系列园区管理服务。虽然裕廊管理局以地产开发商形式存在，但其实则上拥有着园区的实际管理权，权力范围几乎涵盖园区运营的方方面面。

裕廊工业区的制度优势降低了经济运行的交易成本，为企业提供了良好的经营空间、创新空间，优越的营商环境吸引了较多优质企业进驻，并培育了不少发展潜力巨大的创新型企业，园区一直维持着高效率的经济规模。

三　宏观调控制度

筑波科学城是日本政府在 20 世纪 60 年代为实现"贸易立国"向"技术立国"的转变而建立的科学型特别发展区，以振兴科学技术、发展壮大高等教育为发展目标。筑波科学城的发展最初以国家发起、政府主导为突破口，促使发展规划高起点，人才集聚加速度及创新成果集聚化。但是，随着宏观调控与微观主体间的博弈不断深化，这种国家主导下的创新发展模式最终仍需向市场导向下的创新发展模式"让位"，毕竟创新是资本对利润追逐的结果，创新发展的根本动力在于利润驱动，政策导向仅能作为约束条件下创新机制扭曲的有效"纠偏"策略。

（一）国家主导下筑波科学城的创新发展制度与阶段性成果

筑波科学城建设初期虽政府主导，但仍是经历了艰难而漫长的起步阶段。1963 年 9 月日本内阁做出在筑波地区规划建设科技城的决策；1964 年 12 月明确提出筑波科学城从 1967 年开始启动建设并于十年内完成建设计划，并在首相办公室成立由有关省厅次官组成的"研究学园都市建设推进本部"（办事机构设在首都圈整治委员会）。接下来，历经 1970 年"筑波科学城建设法"颁布实施、修订"筑波科学城建设规划基本原则"及"筑波科学城公共设施建设计划纲要"，到 1979 年底 42 个实验性研究和教育机构迁建完成。自 1980 年 3 月起，迁入筑波科学城的国立研究机构开始运转。在 20 世纪八九十年代，筑波科学城在研发要素投入、研究机构建设、规划引领、城市功能提升等方面取得了阶段性的成果。

在研发要素投入方面，到 90 年代末期，集聚人口超 19 万人，拥有研究机构 300 余家、科研人员 1.3 万人（其中，65% 服务于国家研究与教育机构）、累计财政经费预算近 2.5 万亿日元。

在研究机构建设方面，历经 20 年的运营，筑波科学城拥有国立研究与教育机构 46 家、私人研究机构超 250 家。其中，35% 为理工研究机构、33% 为生物研究机构、22% 为文教机构、10% 为建设研究机构。筑波科学城在当时集聚了日本 27% 的国家研究机构、40% 的研究人员及 40% 的国家研究经费预算。

在规划引领与法律体系构建方面，建设起步期科学城促进指挥部先后研究制定了《筑波科学城规划基本规则》《筑波科学城规划纲要》和《迁入筑波科学城机构的迁入规划纲要》等文件。1998年，日本政府修订了《研究学园地区建设计划》和《周边开发地区整体计划》，确定了筑波科学城的三大目标，即首都周边的核心城市、高水平学术研究及国际交流城市、优良生态环境及现代化市政设施的示范都市。筑波科学城创新能力的提升还与立法的不断完善密不可分。1970年日本颁布《筑波科学园都市建设法》,相关的政策扶持条例有效吸引了企业、科研机构进入园区;1983年颁布《高技术工业集聚地区开发促进法》以及1987年颁布《研究交流促进法》,打通了科研机构与企业间的信息交流通道,科研机构可通过企业实现科研成果产业化,企业也可根据市场变化反馈于科研机构,影响其研发创新的方向,二者相辅相成。随着上述法律体系一经颁布实施,约有200多家私人研究机构加速进入筑波科学城。

在城市功能提升方面,自从1985年日本筑波科学城举办世博会后,筑波地区开始享誉国际,也因为世博会的举办,筑波的基础设施建设进度加快,商场、交通设备更加完善,增强了筑波科学城对外部科研机构和企业的吸引力。1987年,筑波地区正式立市,筑波正式迈向中心城市行列。

这些阶段性成果的取得离不开政府主导下的创新发展模式。日本政府为高效统筹建设筑波科学城,设立了科学城建设促进本部,以更好地联络、协调有关部门,提高行政管理效率。该部门担任的是科学城促进指挥角色,全权负责科学城开发建设与管理,并直接对首相负责。其中,国土部主要根据筑波科学城建设法对科学城的开发和建设做总协调;住宅和都市发展局负责科学城规划与设计、土地征购和开发、公共设施的建设、社区设施的建设、建设工程的执行、开发都市地下设施;建设部负责建设国家研究与教育机构和公务员住宅;教育部负责筑波大学、国家高能物理实验室、图书情报科技大学和筑波科技学院的建设。

(二)创新发展制度转变的必然性分析

在20世纪八九十年代,筑波科学城科技创新成果贡献突出,但其运行制度存在严重缺陷。筑波科学城虽聚集了大量的高科技创新资源(人才、资金等),但高新技术产值在其总产值中所占的比重十分有限,"科技城"的称号名不副实。科学城中的科研机构以政府主导为主,无法形成企业间的创新网络,难以有效激发市场的创新活力。

这也表明，创新作为资本对利润追逐的结果，必须在活跃的市场经济体制下发挥对经济增长与区域发展的撬动作用。虽然，政策导向下的创新会一触即发，但毕竟不是长久之计。以下四方面的既成事实使得日本筑波科学城从国家主导逐渐转向国家级机构及中小企业共同发展成为必然：

一是各创新主体之间缺乏合作交流。由于政府主导的科研机构与政府部门间属于垂直管理关系，机构的设备无法对外共享，企业方若要进行科技研发工作，需另行自购设备，导致了企业、科研机构购置设备重复，企业也承担着高昂的设备购置、管理成本；企业与科研机构之间的信息沟通渠道狭隘，科研成果产业化难以实现；由政府主导的科研机构大都专注于大型技术研发项目，往往忽略了科研的基础研究，其研究方向也往往与市场情况不相适应。

二是技术创新机制缺乏市场导向。筑波科学城大部分科研机构由政府主管，在技术研究过程中需要面对烦琐的行政程序，严重拖慢了科学城的创新发展速度。而且，政府对于市场的把握远不如企业，因此大部分科研机构的研究方向与市场严重脱节，缺乏市场导向，其科研成果产业化成功率很低，对科技创新活动的激励严重不足。

三是科学城发展与地方发展脱节。如前文所述，筑波科学城的科技创新活动是由政府统筹主导的，政府对于科创活动的支持重心严重偏向于其下属的科研机构，企业难以获得政府的支持，且各创新主体与工业界联系少、产学研脱节等，直接导致科研成果产业化与商业化的积极性和水平都不高，科研成果无法快速有效地进行产业化，出产的产品并不具备足够的市场竞争力，加之高昂的科研成本、较低的回报率和较长的回报周期严重制约了科学城的进一步发展。

四是筑波在城市建设过程中缺乏人文关怀，存在公共服务配套、文体设施不足等问题，导致城市整体生活便利性较低，无法对高端人才资源产生足够的吸引力。加之，日本企业文化多把忠诚这一属性放在最重要的位置，许多科技工作者受限于对原企业的忠诚，并不愿意迁移到筑波科学城，因而导致了人才资源的交流受阻，筑波科学城的创新活力受到桎梏。到了21世纪，筑波科学城管理体制的缺陷毕露，严重拖慢了科研成果产业化的进程，造成整个园区创新活力极低，园区失去了肥沃的创新土壤，当地的企业和机构也深受其负面影响，发展受到制度缺陷的严重阻碍。

（三）国家级机构与中小企业共同支撑下创新发展转型

进入20世纪90年代后，"新筑波计划"制订实施，政府部门总结分析筑波科学城的制度缺陷，将科学城重新进行定位、规划，由此，筑波科学城开始改变以往的内部封闭发展模式，打通了技术交流信息通道，技术交流得以实现。到2013年，筑波科学城集聚近5300位外籍科研人员。其中，33.7%来自于中国，9.5%来自韩国，排名第3—5位的是印度、越南、美国。

随后，得益于"产业集群计划"和"知识集群计划"这两个战略计划的实施，筑波科学城再次走上了创新发展的轨道。"产业集群计划"的目的是为企业营造良好的创新环境，主要利用产业扶持政策支持中小型科创企业迈入快速成长期，加大对科创企业的培育力度，以形成高新技术产业集群。而"知识集群计划"则是用以加强"产业集群计划"的实施效果。"知识集群计划"推动高校与科研机构深入联合，形成科技创新资源高度集群，真正实现科学技术信息畅通交流。在集群计划中，筑波地区作为生物技术和环境技术的发展基地，在迁入或设立的理化学研究所筑波研究所（生命科学）、农业生物资源研究所、农业环境技术研究所森林综合研究所等研究机构的基础上，发展生命和环境产业，取得了一定成果。2008年，高能加速器研究所机构名誉教授小林诚获得了诺贝尔物理学奖。2010年，策划制订了"新筑波宏伟计划"，支援生活机器人安全检证中心成立。日本政府在提升筑波科学城的科技研究、技术创新成果的同时也开始继续深化与完善当地城市功能，并且通过最大限度保留当地的自然风光，使筑波逐步发展成为舒适宜居科学城。

2011年以后，日本开始实施"综合特区制度"。"综合特区制度"包含"国际战略综合特区"和"提升区域活力综合特区"两种类型。旨在通过将拥有经济成长引领能力和国际竞争优势的大城市以及拥有区域优势资源的特定区域划定为"综合特区"，对其申报的整体性、战略性、挑战性项目给予定制式的制度、政策、税收、财政、金融等支持措施，积极发挥区域优势资源的作用。筑波地区被规划为7个国际战略综合特区之一。筑波国际战略综合特区涉及茨城县及筑波市，主要依托筑波集聚的科学技术，推进生命科学创新和绿色创新。筑波特区规划依托已形成的日本国内最大的国际性研发基地，以促进实现健康长寿社会和低碳生活为目标，构建了产学研合作的新平台和新模式，重点关注生命科学创新和绿色生物技术创新领域，推动下一代抗癌药物的实用研发和生活型机器人的应用研发，以及藻类生物质能实用转化和世界级纳米技术研发基地建设，建立能够促进诞生更多新产业、新业态的新机制和新体系。

在筑波国际战略综合特区内，还在研发一些高科技项目，比如：新一代癌症治疗法（BNCT）的开发及实际应用化、藻类生物质能源的实用化、开发以筑波生物医学资源为基础的革新型医药品及医疗技术、TIA-nano世界级纳米技术基地的形成、核医学检查药的国产化、战略型都市矿山循环再利用体系的开发及实用化、援助生活机器人的实用化、革新型机器人医疗器械开发等。

第七章　经验与教训：中外经济特区价值与典型案例

第一节　经济特区的国内借鉴与带动

一　改革开放战略与实施方略的推广

我国在深圳、厦门、珠海、汕头、海南五地建立了经济特区，主要是为了通过放权让利培育市场要素，通过招商引资引入外来竞争力，通过区域开放形成有效的区域经济发展模式。这些区域的发展，起点都是以"三来一补"等形式的补偿贸易，凭借最初的土地、劳动力等的成本优势，承接海外产业转移。之所以能够成功地承接产业转移，主要是因为在运用价格、汇率、利率、退税、出口信贷等手段方面，实施了正向激励导向政策，确保开放的真实有效。港澳台商及海外华人资本来内地投资，带来了当时最短缺的外汇和资本、管理经验和商业联系。[①] 当然，在对外开放战略实施与推广的过程中，五地分别形成了各自的发展特色。接下来将各地的发展情况进行梳理与研判，以此挖掘特区经济发展的几类主导模式，进而为更大范围的推广提供多种选择。

（一）深圳凭借开放型经济体系融入国际市场，成为中国改革开放的"窗口"

深圳充分利用毗邻香港的区位优势，大力推行对外开放，较好地利用了国内国际两个市场、两种资源，逐步建立起开放型经济体系，在我国经济融入世界经济的历史进程中发挥了对外开放的"窗

---

① 张燕生：《中国经济特区和对外开放：政府战略和政策》，《中国经济特区研究》2009年第1期。

口"和基地作用。①

深圳的对外开放大战略之所以能够成为值得借鉴与推广的特区经验,主要是因为利用国际国内两个市场、两种资源始终伴随着深圳改革与发展,从最初的"三来一补"实现高速发展,到高新技术产品出口导向实现提质发展,再到现在的建设中国特色社会主义先行示范区与社会主义现代化强国城市范例晋级全球标杆城市,始终与国际化相伴。统计数据显示,凭借着7.6%的增长速度,深圳2018年GDP突破2.4万亿元,经济活力持续显现。目前,新设外商投资企业较两年前增长近1.2倍,实际利用外资达到82亿美元,年均增长11%;对外直接投资增长速度直超百分百,达到118%;对"一带一路"沿线市场进出口额增长9.9%。新增米兰、迪拜2个友好交流城市,新增伦敦、巴黎等15个国际通航城市,国际航空旅客增长34%,国际邮轮旅客增长93%。

于是不仅引发思考,深圳是凭借着怎样的经济体系融入国际市场的?这种体系的独特之处是什么?厘清这些,将有助于深圳特区建设经验更好地在国内外城市间进行复制推广,进而带动区域经济整体发展水平的提升。首先,不容忽视且要始终坚持的就是"依托港澳、服务港澳",不断深化与开放地区的产业合作。在这样的发展导向下,深圳与港澳始终都在加快跨境大型基础设施建设、口岸通关合作、高新技术产业、金融业、现代服务业、旅游、机场、教育科技等各个领域的合作与交流。其次,融入国际市场成效相对明显的举措便是,深圳实施了科技兴贸易与出口市场多元化的"两条腿"走路的战略。一方面主攻高新技术产业链高端项目,针对核心零组件、精细化生产进行国际招商引资与自主研发;另一方面在扩大美日欧盟等发达国家的市场覆盖面的同时,加大对俄罗斯、中东、南美、非洲等新兴市场开拓力度,同时兼顾推动本土企业国际化经营与跨国布局发展。最后,通过完善产业配套、优化营商环境,吸引国际项目、团队、资本、企业从核心制造到"制造+研发"到"制造+研发+总部"再到"制造+研发+总部+拓展"进

---

① 李灏:《深圳经济特区改革开放实践与经验值得研究与总结》,《深圳大学学报》(人文社会科学版)2010年第3期。

行逐级深化合作。

（二）厦门凭借对台政策优势建立两岸互惠互动、互利共赢的发展路径

厦门经济特区充分发挥对台政策优势，积极对台实施招商引资，借助台资企业，促进企业根植化发展。同时以培育新兴产业为起点，逐步建立起以互惠互动为路径，以互利共赢为目标，以优势互补为节点的产业发展格局。①

随着"丝路海运"航线的正式开行，厦门年均生产总值增速达到7.7%，共有11个国家和地区的50个世界500强公司在厦投资92个项目，进出口总额增速提升到3.2%，旅客运输量增长超过100%。到2018年末，已成功举办十届"海峡论坛"，加之两岸企业家峰会年会、工博会等重大活动的成功召开，全年新批台资项目794个，增长15.4%；"小三通"运送旅客174.5万人次，增长8.1%；海运快件增长1.4倍，进口台湾水果总量连续11年排名内地城市第一。

厦门经济特区近40年所取得的成绩，在较大程度上得益于政策的鼎力支持。特别是对台政策的实施，极大促进了两岸经济的和谐发展。"厦门惠台60条"及其细则顺利实施，使得台胞台企"双待遇"得到有效落实。正是凭借"以侨引台、以港引台、以台引台、台港侨外并举"的思路，以厦门基本发展实际为基础，吸引并充分利用外资、侨资、台资、港资，实现了从事生产性外商投资、从事农林牧业的外商投资、从事建设经营港口码头的外商投资，到从事电力项目的中外合资的深入碰撞。这些台资企业不仅为特区经济的发展做出了积极的贡献，而且也对特区的经济结构、产业升级等发挥了巨大的促进作用。

（三）珠海凭借企业内联优惠形成多层次、多渠道、多形式的横向经济联合

珠海注重搞好内联工作，利用信息灵、引进快、出口方便、创汇易的有利条件，借助内地人才、科技等方面的优势，加强与内地

---

① 《厦门对台招商引资的形势及对策建议》，《厦门科技》2001年第5期。

的合作，促进区域间横向经济联合，达到互助互利、增强出口能力的目的。在发展中，珠海经济特区制定了一系列内联企业的优惠政策，积极开展多层次、多渠道、多形式的经济联合。[1]

珠海地区的发展成就主要表现为建立多个国家级外贸转型升级基地（2018年又新增两家），外贸结构持续优化，高新技术产品进出口年增速24.5%，且城市对外交往影响力进一步提升［2018年新增5个国际友好（交流）城市，总数达32个、居全省地级市首位］。珠海成功举办全球服务外包大会、中德人工智能大会、中以科技创新投资大会等活动。在第十二届航展中，43个国家和地区的770家厂商参展，现场签约合同金额212亿美元。

珠海经济发展基础较差、底子较薄，在这样经济落后，资金、技术、人才相当缺乏的地方，发展外向型经济，只靠本身力量是不行的。因此珠海率先在全国形成了一条利用本地有利条件，借助内地优势，加强与内地的合作，通过与内地经济联合，达到互助互利目的。20世纪80年代末，珠海市内联企业已达380多家，注册资本总额7亿多元。随着与内地横向经济联合的不断发展，进一步增强了珠海经济特区的出口创汇能力。近年来，珠海与北京、四川、陕西等地的内联企业的产品已陆续打进国际市场，远销欧、美、澳、日、东南亚、中国港澳等国家和地区，受到外商欢迎。值此粤港澳大湾区建设加速发展期，珠海定将进一步发挥内引外联之功，取得更为长久与醒目的成就。

（四）汕头形成了有效的侨乡回国投资吸引策略

汕头在20世纪80年代初被划为经济特区主要是因为它是有名的侨乡，那一时期汕头籍的侨胞有300多万，整个潮汕的侨胞有1000多万。因此，汕头将对外开放重点聚焦在吸引侨乡回国投资发展上，争取海外侨胞为家乡发展做贡献。

从始至终，汕头经济特区一直坚持以国际市场为导向，努力发展外向型经济。对于特区创办之初党中央、国务院给汕头下达三项任务，汕头持续发力，加紧创办工业出口加工区，积极开展吸引外

---

[1] 叶庆丰：《珠海经济特区发展外向型经济的主要经验》，《党校科研信息》1988年第30期。

资工作，充分发挥侨乡的优势，采取多种途径招商引资。为了进一步深化发展外向型经济，汕头努力改善投资环境，完善基础设施建设。可见，汕头特区的"特"，在经济外向方面，以建设和发展资金吸收和引进外资为主。

目前，汕头市不断加快构建全面开放新格局，积极应对中美贸易摩擦，深化与"一带一路"沿线国家经贸文化合作，推进中欧国际物流新通道发展。汕头保税物流中心（B型）封关运营，成为粤东地区唯一一入中心即可退税的海关特殊监管场所。作为省提升跨境贸易便利化水平试点地区，率先开展18项口岸业务改革。国际贸易"单一窗口"上线应用功能达20项，实现口岸业务流程无纸化，口岸通关效率居全国前列。

（五）海南凭借"海洋+文旅"探索产业融合带动区域发展新路径

海南重点发展海洋经济和旅游业以及海洋产业，并探索产业开放带动区域开放的新路径。其中，建设海南国际旅游岛，是推进海南走向大开放的重大举措，是海南产业开放的重大战略选择。[1]

产业开放与产业间融合发展促使海南产业结构实现了历史性转变，在最具竞争力的旅游产业的发展基础上，实现"海洋+""文化+"战略融合发展，使得海南的旅游呈现独特且被替代性弱的特征，并且为激发与加速海南旅游的国际化奠定良好基础。统计数据显示，发展至2018年，服务业对海南经济的贡献基本达到80%，而旅游对服务业的贡献高达56.6%。

海南大开放的实现，是通过顺应产业开放趋势实现的，高端旅游国际化则为最具代表性的现实选择。自2000年时任中国（海南）改革发展研究院执行院长迟福林提出"海南国际旅游岛"概念后的10年间，国际旅游岛的内涵在不断丰富，由最初"零关税、放航权、免签证"的基本要义，逐步扩大到以旅游业为主导、以现代服务业为支撑的产业全面开放格局。2009年12月31日，国务院出台《关于推进海南国际旅游岛建设发展的若干意见》，标志着海南国际

---

[1] 夏锋、郭达：《海南经济特区开放型经济发展的基本经验与战略选择》，《改革》2018年第5期。

旅游岛建设正式上升为国家战略，这是海南继建省办经济特区后，又一次迎来重大发展机遇。数据显示，到2018年末，全省进出口总额增长20.8%，该增速较全国平均水平高11.1个百分点；实际利用外资增长112.7%，该增速比全国平均水平高109.7个百分点。

目前，随着海南对外开放进一步扩大，经济外向度也大幅提升，主要表现为：与香港共同启动旅游、经贸等10个领域合作，助推"一带一路"建设的推进与深化；国际航线增至74条，集装箱国际班轮航线增至9条，成为国际陆海贸易新通道的重要战略支点。加之，有效开展"百日大招商"活动，举行两批自贸试验区建设项目集中开工和签约活动，积极引进跨国企业、央企和民营龙头企业，促进开放型经济加速发展。

二 优惠政策的启示与借鉴

深圳在金融服务实体经济、绿色创新发展及智慧城市建设等若干方面成就的取得，主要得益于用好特区的"特"字招牌，制定实施一系列的优惠政策，引导深圳特区从速度型城市向"高质量"阶段迈进发展。这一系列的优惠政策包括：为创新金融服务方式、发挥金融对实体经济发展的支持和服务作用，解决企业融资难、融资贵问题，出台《深圳市人民政府关于加强和改善金融服务支持实体经济发展的若干意见》；深圳市人民政府制定《深圳节能环保产业振兴发展政策》，积极培育和发展节能环保产业，促进产业结构转型升级，加快转变经济发展方式，努力创造"深圳质量"；深圳市为打造国家新型智慧城市标杆市，于2018年推出《深圳市新型智慧城市建设总体方案》，以提升民生服务和城市治理能力为重点，以体制机制创新为保障，坚持全市"一盘棋""一体化"建设原则，强力推动新型智慧城市建设。

深圳在优惠政策制定与实施中取得的先行先试经验，对雄安新区的建设与发展具有重要的借鉴意义。雄安新区同样以创新方式解决资金问题，根据《中共中央 国务院关于支持河北雄安新区全面深化改革和扩大开放的指导意见》，雄安新区深化财税金融体制改革，创新投融资模式。借鉴深圳在资本市场创新方面的经验，开拓如房地产投资信托基金（REITs）、投贷联动、绿色信贷等新型投融资渠道，雄安新区综合考虑未来的价值定位，计划提出所有企业的债券都是绿色债券，进而充分发挥绿色金融的经济持续发展导向力。雄安新区因在土地价值和创新型企业集聚两方面存在显著优势，资本市场上的资金持有者也是因看到了这些，偏好于进入"雄安市场"，通过创新来解决新区建设中的资金问题。期望实现在不搞土地财政的前提下，推进城市建设、实现新型城镇化。

借鉴深圳市绿色发展创新经验，《河北雄安新区总体规划（2018—2035 年）》提出坚持"生态优先，绿色发展"的总体建设思路。除上述所述绿色金融方面的雄安建设发展事实，在雄安新区建设过程中，节能环保与绿色低碳领域的重大项目、企业、主导产业等也备受瞩目，主要通过项目倾斜，积极促进绿色低碳循环项目落地。最有代表性的便是先河环保正在雄县开展 VOCs 治理业务，未来将积极利用公司产品和业务优势，为雄安新区环境建设贡献力量。此外，大千生态公司积极参与美丽乡村、特色小镇、田园综合体项目建设，承接了雄安新区 2018 年秋季植树造林项目设计施工总承包第四标段项目。可见，雄安新区的建设未来将给环保行业发展带来更多的新机遇，那些具备区位优势、深度参与京津冀生态环境治理的相关环保企业定将受益。

雄安新区学习借鉴深圳市建设智慧城市经验，致力打造雄安智能城市，其中国务院《关于河北雄安新区总体规划（2018—2035 年）》明确提出，雄安要坚持数字城市与现实城市同步规划、同步建设，适度超前布局智能基础设施，建设宽带、融合、安全、泛在的通信网络和智能多源感知体系，打造智能城市信息管理中枢。在雄安新区开发建设的近两年，区块链、云计算、大数据技术已应用到雄安建设的方方面面。例如，新区植树造林"千年秀林"工程，就建立了大数据系统，集成了每棵苗木的树种、规格、产地、种植位置、生长信息、管护情况等，通过"雄安森林"小程序扫描二维码就可以了解这些信息。

三　产业扩散与辐射

深圳的新一代信息技术产业对经济发展的支撑作用是不容小觑

的，虽然深圳经济发展中中小微企业的贡献度超过50%，但是大企业的集聚、扩散与辐射，也是深圳经济发展中的强心剂。华为和富士康作为新一代信息技术的支撑性企业，它们在全国及国外的加速布局，便是深圳产业扩散与辐射的生动写照。为探究特区产业扩散与辐射的内在机制，接下来以华为"鲲鹏"芯片产业链延伸发展和富士康全国性外溢发展为例进行理论的探究。

"鲲鹏"芯片产业链是华为新一代信息技术产业发展的重中之重，该链条的延伸发展可以很好地论证，新一代信息技术产业进一步多样化需要更强大的生态链。华为率先与深圳市政府共同签署了《深圳市人民政府华为技术有限公司联合打造全国鲲鹏产业示范区战略合作协议》，双方本着"优势互补、合作共赢"的原则，充分发挥深圳的区位、产业及政策资源优势，以及华为的科技、生态及创新资源优势，将深圳建设成为产业生态完善、核心技术领先、应用场景丰富、产业竞争力强的全国鲲鹏产业示范区，全力打造全国乃至全球的鲲鹏生态体系总部基地。为保证战略合作顺利实施，深圳市政府将成立全国鲲鹏产业示范区建设领导小组和鲲鹏生态联创与产业发展专家咨询委员会。华为公司在签约仪式上表示，计划在五年内投资30亿元人民币发展鲲鹏产业生态。在此之后，华为方面在全国各地开展鲲鹏生态体系规划布局。除了在深圳打造全国鲲鹏产业示范区，华为还和国内软硬件企业共同建设开放共赢的产业生态。仅一个月的时间，华为便在广州、重庆、上海三座城市，宣布开启基于鲲鹏产业的相关合作。2019年7月23日，鲲鹏计算产业发展峰会在北京召开，峰会上，华为方面曾透露，为了支持鲲鹏产业生态的建设和发展，华为计划在未来五年内投资30亿人民币来发展鲲鹏产业生态。除了布局生态，在人才方面，华为也提出计划用三年时间在全国范围内培养百万鲲鹏工程师，建立创新人才中心、智能联合创新实验室和智慧人才培训基地，并与高校合作开发鲲鹏课程。通过全面开放鲲鹏潜力应对产业发展新格局下的大量人才需求，助力鲲鹏人才生态建设。面向多样性计算时代，华为向全国范围布局构建鲲鹏计算产业生态，共同为各行各业提供基于鲲鹏处理器的领先IT基础设施及行业应用。未来，华为将聚焦于鲲鹏和升腾处理器、鲲鹏云服务和 AI 云服务等领域的技术创新，提升产业赋能，共同做大新一代信息技术产业。

富士康是典型的早期入驻深圳的劳动密集型制造企业，之所以能够迅速在我国沿海地区发展壮大，一个重要的原因是 20 世纪后期我国沿海地区廉价劳动力的红利效应。随着沿海地区"民工荒"及人口红利的逐渐消退，企业劳动力成本大幅上涨，富士康做出了在中国内迁的战略决策，由此，深圳富士康的资金与技术发生大规模的外溢作用，这种作用也是伴随着产业扩散而形成的。富士康在大陆的迁移路径与中国改革开放经济发展路径契合——从珠三角地区带动长三角地区、由东部地区辐射中西部地区、由沿海地区辐射内陆城市。具体表现为：第一步是 1988 年在沿海地区深圳投资设厂，发展至 2008 年左右；第二步是由深圳向中西部地区投资建厂，以 2010 年迁移至郑州（建设投产时序安排如图 7-1 所示）为起点发展至今。在向郑州拓展的同时，加速向四川成都、重庆、湖南衡阳、山西晋城、广西南宁、内蒙古鄂尔多斯、贵州贵安新区布局。

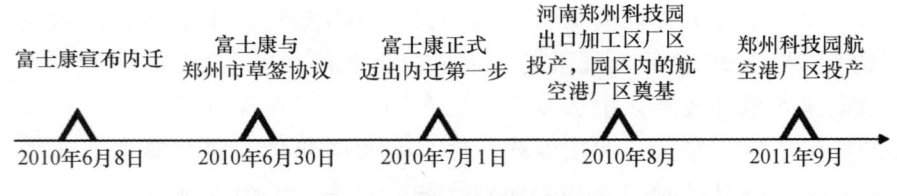

富士康宣布内迁	富士康与郑州市草签协议	富士康正式迈出内迁第一步	河南郑州科技园出口加工区厂区投产，园区内的航空港厂区奠基	郑州科技园航空港厂区投产
2010年6月8日	2010年6月30日	2010年7月1日	2010年8月	2011年9月

图 7-1 富士康迁移郑州建设投产时序安排示意图

2010 年 7 月 17 日，富士康与成都市正式确定成都厂房用地、规模及投产日期，10 月 22 日，成都科技园全面完工并开业投产；2010 年 9 月，富士康在重庆新建的科技园投产；2010 年 12 月，富士康宣布将与湖南省政府进行合作并签订相关协议，2011 年 8 月 19 日，湖南衡阳科技园奠基；2011 年 3 月，山西省晋城工业园 A 区项目奠基；2011 年 4 月，富士康在湖南长沙的研发基地奠基；2011 年 6 月 18 日，富士康在广西南宁新建的高新区科技工业园完工并正式投产；2012 年 11 月 26 日，富士康鄂尔多斯科技园奠基，2013 年 3 月投产；2013 年 10 月 21 日，富士康与贵州省政府达成合作协议，富士康（贵州）绿色产业园一期项目在贵安新区奠基，同年 12 月 15 日，贵州产业园完工并投产。

四 地区间合作模式创新

《粤港澳大湾区发展规划纲要》明确指出：优化制造业布局，提升国家新型工业化产业示范基地发展水平，以珠海、佛山为龙头建设珠江西岸先进装备制造产业带，以深圳、东莞为核心在珠江东岸打造具有全球影响力和竞争力的电子信息等世界级先进制造业产业集群。

基于中山火炬高技术产业开发区、佛山国家高新技术产业开发区以及东莞松山湖高新技术产业开发区在广东省已经建立雄厚的高新区发展基础和优势，加之国家政策重点支持此三个高新区创新发展，建设国家自主创新示范区。因此这三个高新区与前海深港现代服务业合作区将成为粤港澳大湾区内协同发展的核心节点，其地区间的创新性合作模式及经验值得向全国乃至全球范围推广。

（一）依托前海引资"招牌"，提振投资声望

为推进珠三角制造业依托前海创新发展、高端发展、加速发展，前海实施《粤港澳制造业服务化专项行动计划》。大力倡导实施互联网+先进制造业发展战略，牢牢抓住"人工智能+"产业的发展机遇，推动制造业投资的便利化通关。依托前海深港现代服务业合作区的招商引资优势，引导中山火炬高技术产业开发区共享前海招商引资政策红利，透过前海这一对外开放门户向社会发出强烈的投资信号，提振市场对中山火炬高技术产业开发区投资信心。投资声望的提高将为制造高地带来充足的市场资源，促进高新技术产业发展动能进一步加强。

（二）对接国际资源，增强"种子"技术持续供给力

前海正在加速推进深化粤港澳科技创新合作、打造全协同创新平台、建设新兴产业创新集群、搭建高端科创服务平台、加强国际科技创新交流。在国际技术交流方面，前海具有先行经验优势以及对外开放优势，依托前海国际技术创新资源对接优势，松山湖与前海共同搭建"种子"技术共享平台，支持前海与松山区展开技术引

进、国际技术转让、科技服务等方面的深度合作,实现"种子"技术创新资源共享,增强重大科学设施、专家团队集聚协同效应,并大力引进具有自主知识产权、掌握关键核心技术、项目产业化前景广阔的科技人才(团队)来莞创新创业,积极汇聚全球科技创新成果在莞孵化和产业化,从而增强松山湖高新技术产业开发区"种子"技术持续供给力。

(三)与前海形成"前店后厂"格局,突破业态边界

佛山高新区依据战略性新兴产业发展导向,借力前海高端产业发展优势,从而提升产业业态高端性。透过前海深港服务业合作区极强的产业集聚力,将先进高端产业引入佛山高新区,共同推动先进装备制造产业带与电子信息产业带融合发展,加强与深圳在科技创新、产业协同等领域合作,着力引进电子信息、高端装备制造等既先进高端又符合佛山高新区产业发展基础的产业项目,与前海高端总部企业形成"前店后厂"发展新格局、新模式,形成梯度发展、分工合理、优势互补的跨区域产业协同发展体系。

(四)招引"超级龙头",形成强大产业凝聚力

依托前海已形成的现代化产业体系,积极开展改革创新协调发展示范区的企业对接联动、项目载体共建、区域联合招商等深度合作,由前海牵头,依托深圳已有的总部企业资源以及前海深港现代服务业合作区的区域协调发展能力,向中山火炬高新区、佛山高新区推荐超级龙头企业或招商引资的重大项目,或双方联合开展招商工作,共同举办大型专业论坛等交流活动。

(五)加快科技金融与产业发展深度融合,助力科创企业加速成长

前海与松山湖高新技术开发区、佛山高新区、中山火炬开发区合作共建优质科技创新项目库,共同制定促进科技金融发展实施办法等系列政策,成立融资担保公司、组建技术研发子母基金、设立创投基金,完善科技金融综合服务平台,为科创企业提供各类金融投资、贷款,同时引入风险投资机构进驻园区,通过线上展示、项目路演、区域联合推介等形式推动更多金融机构对三地高新区优质创新创业项目开展风险投融资活动。

（六）深度融入"一带一路"，让高端制造业"走出去"

中山、佛山、东莞三大高新区汲取前海融入"一带一路"的发展路径创新经验，复制已有经验与创新成果，出台支持高新区融入"一带一路"的开发开放若干政策措施，试点开展信用综合监管改革，深入推进法定机构市场化改革。与此同时，三大高新区依托前海"一带一路"重要支点建设，搭建"一带一路"跨境投资与贸易综合服务平台，支持入区企业完善"一带一路"产业布局，同时搭建"走出去"公共服务平台，开展"一带一路"国家和地区税法配套研究并提供国际法律援助，为高新区内企业积极参与"一带一路"建设保驾护航。

（七）共建世界级大湾区交通体系，畅通协同发展区域间流通通道

为了把粤港澳大湾区打造成世界级湾区，作为湾区交通枢纽的前海也规划了"9+2+1"陆海空立体交通构架，以加速湾区半小时生活圈的形成。以前海为原点坐标，"9+2+1"交通规划既有高铁、快轨、高速公路、前海口岸等建设项目，也有直升机航站点、游艇码头等交通设施。珠三角地区的大通道横纵分布，交织成"爬梯形"的闭合环路。通车多年的广深高速、广珠东线、广珠西线等几条高速干线构成了纵向骨架，而横向动脉方面，长期以来，从珠江口西岸来往东岸，除了绕道广州市区，就只能走虎门大桥这个"华山一条路"。随着大湾区时代的到来，珠江口东西岸将搭建数量众多的大通道，促进大湾区人流、物流、资金流和信息流畅通，真正实现珠三角城市群半小时协同发展圈。待"9+2+1"交通规划建设完成后，从前海出发，城际线1小时可达广州、中山、珠海、东莞，协同发展区域间的生活与经济联系更加紧密、便利。

第二节 经济特区在国际的借鉴与传播

一 经济特区在国际借鉴的趋势

最早的经济特区起源于1228年的法国南部地区，各国货物在此港口交易免征各类赋税。之后的"汉萨联盟"、意大利的佛罗伦萨

外港、德国的不来梅、丹麦的哥本哈根等都是对免税贸易区的借鉴与效仿。二战结束前，26个国家和地区建立了75个自由贸易港和自由贸易区，美法德最多，1950年巴拿马第一个建立南美自由贸易区。到了20世纪60年代，发展中国家（地区）开始建设出口加工区，中国台湾高雄是首创者，菲律宾率先效仿，之后便在亚洲地区如雨后春笋般发展起来。随着硅谷的成功，日本、印度等掀起科技型经济特区的建设之风。

由此可见，因经济特区带动了一国经济的加速发展，而被其他国家（地区）不断效仿，不论经济特区最初建设的使命是贸易、加工还是科技创新。且随着国际间借鉴的不断推演，经济特区在区域经济发展中的作用不断放大，随着经济发展程度的提高，经济特区的模式也在向更高层次发展。

（一）自由贸易区是经济特区初创期的主要使命，模式的拓展从北欧转向南美等殖民地区

自由贸易区的出现是顺应资本主义手工工场、航海事业大发展及新大陆的发现而衍生出来的，承载着经济发展的特殊使命。这种加速交易发展使命的实现，也要求特区要拥有优越的地理位置和发展贸易的条件，及一定的优惠政策。意大利的威尼斯、法国的马赛及敦刻尔克、德国的汉堡和不来梅、丹麦的哥本哈根、西班牙的直布罗陀等都因承载自由贸易特定发展使命，而实现了壮大。

随着帝国主义与殖民主义势力的抬头，一些自由贸易特区开始在殖民地出现。主要包括：中国香港、中国澳门、摩洛哥的梅利利亚及乌拉圭、墨西哥等南美国家的部分城市。

（二）出口加工区引领经济特区的蓬勃发展阶段，亚洲特区承担了首创与发起的使命

二战结束后，一些原有的自由贸易区及自由港受到重创，很难迅速恢复营运。在恢复重建的过程中，经济特区的地域范围和经营范围均被进一步扩大，较为有代表性的便是意大利的热那亚。

为了重振经济，用好外资和国外的技术，贸易型经济特区开启了新征程，中国台湾高雄率先建设起出口加工型经济特区，在做交易的同时，更多地引入生产性元素。之后的中国香港自由贸易港、

新加坡自由贸易港等亚洲贸易型特区纷纷向出口加工型特区升级发展。

1965年，墨西哥开始实施边境工业化计划，将之前设立的自由贸易区调整为出口加工区；1967年坦桑尼亚先后在4个地区建设具有加工—贸易功能的经济特区。到了20世纪70年代，发展中国家和地区，尤其是亚洲地区，出口加工区的建设日趋火热。韩国、菲律宾、马来西亚、泰国、印度尼西亚等纷纷效仿。

据统计，除澳洲大陆外，全球各大洲均设立了出口加工型经济特区。1980年，全球出口加工区多达70多个，遍布于全球40多个国家。

(三) 科技型经济特区在发达地区的拓展、经济特区超综合性功能及跨国化发展成为新趋势

到了20世纪80年代，在科技革命和经济全球化的双重驱动下，贸易型特区和出口加工型特区对于经济的贡献日趋被弱化，倒逼经济特区进入科技化、综合化、跨国化发展阶段。

科技型经济特区最早起源于美国"硅谷"（斯坦福研究公园），之后的日本筑波科学城、中国台湾新竹科学工业园、新加坡肯特岗科学工业区、印度班加罗尔等都是对硅谷的效仿。综合型经济特区是中国原创的，在八九十年代，创办深圳、珠海、汕头、厦门、海南五个经济特区，后又兴建上海浦东开发区，目前正在大力发展的雄安新区也是综合型经济特区的典型范例。国外对中国式综合型经济特区的效仿主要集中在中亚、东欧及越南、缅甸、朝鲜等国家。跨国型经济特区是现阶段最新的一种发展模式，欧盟、北美自由贸易区、东盟、TPP、亚太经合组织等都是有效的践行。

由此可见，随着经济特区在各国间的借鉴与传播，经济特区的发展已经超越了经济发展水平的局限，超越了社会经济制度的界限，并且正在超越自然地域范围的限制。

二　中国经济特区的国际借鉴价值

深圳作为中国经济特区最鲜活、最成功的案例，为中国特色社会主义建设探索了一条有效的路径。深圳产业发展的首要前提是对

经济制度进行试验，进而实现新经济制度的整体安排，为中国经济发展与转型做出贡献。是敢闯敢试的改革精神，为发展提供了根本动力；是外向型开放格局，为发展提供了外部引力；是完善的市场经济特质，为发展提供了制度助力；是自主创新的政策导向，为发展提供了升级推力；是公平包容的创业环境，为发展提供了精神拉力。

（一）根本动力：颠覆式的改革创新精神

创新是深圳这座城市发展的核心动力，如今的深圳能够取得今时今日的发展成就，主要归因于其一直把创新作为发展导向，无论是制度上的创新抑或是科学技术上的创新，深圳一直走在前列，始终秉承着先行先试、敢于突破的发展理念。诸如此类的每一次颠覆式突破、每一次尝试，都在诉说着深圳作为创新者的故事。

创新，需要在经济产业方面发力。某种意义上，创业和创新精神早已融入深圳的城市血脉，成为城市基因的一部分。从发行新中国第一只股票，到率先建立证券交易所，从敲响土地拍卖第一槌，到全面建立土地市场，以及第一次实行文稿拍卖，每一次突破、每一次尝试都在诉说着深圳创新的故事。

创新，需要在制度建设和公共治理方面有更多突破。改革开放40年来，制度创新成为了深圳经济高速发展最重要的动能之一，在以创新驱动为主基调的新常态下，深圳坚持制度创新探索，为企业更好推进自主创新营造环境。

创新，更关乎每一个人的精神生活。许多深圳人不愿意过按部就班、四平八稳的生活，他们希望在创新、挑战和自我超越中体味人生的意义。他们在深圳这座城市中不断汲取着与创新有关的养分，一步一步将"要我创新"转变为"我要创新"。

于深圳而言，创新是深圳人的身份证，是每一个深圳人的内生需求。创新无止境，深圳的创新之路依然任重道远。当更多人内心里沉睡的创意种子被唤醒，当创意、创新成为更多人的生活方式，不断汇聚、集结的创新力量，将进一步累积城市的创新厚度与高度，并为"创新中国"贡献更多深圳智慧。

（二）制度环境：不断优化的市场环境

2018年，深圳推出"营商环境改革20条"，从贸易投资环境、产业发展环境、人才发展环境、政务环境、绿色发展环境和法治环境六大方面开展营商环境提升工作，积极回应企业反映最突出、社会最关切的问题，让这支大军拥有了更多的信心和动力。

2018年中国城市营商环境评价报告采用软环境、基础设施、商务成本、市场环境、社会服务、生态环境6个指标进行测算，具体每个指标下再细分选项。2019年增加了每千人市场主体数、常住人口增速等指标。深圳位居35个城市营商环境指数第一名，这与多项指标表现良好有关。根据测算，深圳2018年软环境指数排名第一，市场环境指数全国第三，基础设施指数排名第五，生态环境指数排名第六，PM2.5年均浓度为全国第四低，人均GDP为全国第一。

在软环境方面，深圳得分为全国第一。2018年深圳常住人口增速4.59%，为全国第一；深圳市场主体数为306.1万个，是全国唯一突破300万的城市；深圳每千人注册市场主体、新增市场主体数，均为全国第一。其中，深圳每1000人的市场主体数有244个，1年内增加的市场主体数，甚至达到了一些省会城市全部注册市场主体累计的总和。

为进一步优化营商环境，深圳正在修缮企业与营商环境的"最后一公里"，让企业实实在在感受到营商环境的提升所带来的经营便利性，增强企业对于营商环境的获得感。切实保护企业的合法权益，以国际一流的营商环境作为发展目标，激发全社会的创新活力，提高企业对于研发创新的积极性。产业扶持政策的重点应当聚焦于战略性新兴产业，实施政府补贴以及税收优惠等支持政策，减轻新兴产业企业经营负担，并吸引更多的社会投资进入到新兴产业的发展进程中。适当降低战略性新兴产业的进入门槛，简化烦冗的行政审批手续，宽松、公平公正的营商环境有助于实现全社会的高质量发展。

(三) 持续动力："双创"要素的加速集聚

深圳双创综合指数位列全国首位，其中，双创环境支撑指数和双创绩效价值指数均高居第一，资源能力指数排名第五。根据深圳企业家创新创业的表现，从全国范围进行比较，可以看出企业家在深圳最容易获得发展机会；深圳最容易实现新兴生产方式的资源转化；企业家在深圳配置非生产性资源的损耗最低。

深圳市高度的对外包容性，给予了外来人力资源较多的发展机遇，这样的包容性给全社会营造了一种自由宽松的创新创业环境，有利于创新创业的要素资源加速集聚于深圳。政府关于改善营商环境的政策不断推陈出新，给企业提供了一个更加公平公正的营商环境，新兴产业的潜在进入者和在位者在市场中都能享受平等的发展机会，适当消除新兴产业的进入壁垒将有效提高新兴产业市场的竞争性，从而激发市场中的主体更高的创新潜力。根据目前深圳市创新活动的开放、融合等特征，进一步深化产学研一体化的融合程度，从本质上提高创新创业市场的创新效率。由于不同的产业具有其特有的创新特性，因而还应当遵循产业的创新特性去打造一个综合性、全面性的创新生态系统，以适应不同的产业共同发展，助力更多新兴产业领域实现创新突破。

平等重视科技创新和制度创新，令二者相互促进，为深圳这座城市的创新发展提供可持续的创新动力。在创新发展的过程中，应当避免制度创新比科技创新更重要或科技创新比制度创新更重要的发展思想，这种固化的旧思想不适用于今天快速发展的深圳市，科技创新和制度创新二者缺一不可，两者会形成一种互相促进的关系，制度创新会提高科技创新的效率，科技创新会为制度创新提供发展方向。政府在行政管理机制上应当继续推崇"放管服"，行政机构下放更多权限权力，有助于提高行政管理效率以及市场的灵活性，以及形成高效的制度创新和科技创新间的互相反馈机制，推动制度创新和科技创新进一步发展。

具有长期性的创新能力是城市创新发展的动力源泉。提高创新能力的战略不能仅仅围绕科技创新活动展开，还应当从政治、经济、文化和生态等方面进行改进，只有这样才能从整体上提升城市的创新活力，激发出更大的创新潜能。还需要注意的是，顶层设计与基层设计之间互相协调是实现大众创业万众创新的方法路径。在顶层设计中给出双创的投资方向，增加完善城市交通、通信基础设施以及创客空间、孵化基地，改革教育系统提升教育质量，拔高人力资源的高端性，促进顶层设计与基层设计相协调，方可实现大众创业、万众创新的新发展格局。

三　中国经济特区模式在发展中国家的传播案例

埃塞俄比亚城市发展和建设部国务部部长 H. E. Hailemeskel Tefera 曾从七个方面系统的论述过中国经济特区（特别是深圳）的建设对非洲国家的重要意义，其中首要且立竿见影的作用便是基于以农业乡村为中心的经济和产业发展战略推动工业化的实现。这样的工业化战略不仅表现为可以创造与生产更多的商品、提升农产品的附加值，还有更深层次的价值在于，通过发展农业推动工业化发展的战略取得成功后，发展战略可逐步转变为工业发展战略。这也就进入了非洲经济发展模式转变的第二阶段，即发展出口贸易实现工业化，并集中扩展劳动密集型产业。非洲工业竞争力的形成对于出口导向型经济发展模式具有很强的依赖性。

之所以可以发展出口贸易主要是因为，在非洲大量且勤奋的劳动力已成为公司竞争力的基础。但是需要引起重视的是仅仅是大量劳动力的出现并不能实现目标，必须是大量且勤奋的劳动力形成具有创造力的、强有力的人力资源群体才可以。

笔者认为，中国经济特区发展模式之所以在国外能够广泛传播，不仅仅是可以使农业地区转型升级为工业经济主导下的发展模式，更是因为这种转变背后三个不可或缺的条件，也正是因为引入了这些条件，发展才得以实现。一是，政府发挥主导作用引领方向。政府需要根据自身的执行和财政能力，寻求方法解决与填补市场失灵问题。二是，发展国内外投资合作关系。国外投资者大都拥有巨额资金，具有强大的国际市场网络覆盖能力。落后或欠发达地区的发展可通过使用国外先进技术，融入现代管理体系，激活投资资金等方式打入国际市场。三是，为工业化发展和发展中的企业创造有利条件。政府应维持宏观经济稳定状态，建立可信赖的基础设施服务体系，发展人力资源，建立有效的行政和司法体系，促进金融体系现代化，以期给私有企业创造有利环境。接下来将通过梳理中国经济特区发展模式领域知名专家论述的中国经济特区发展经验在发展中国家传播的案例，进一步活化中国经济特区的成功经验。

（一）中国经济特区发展模式在亚洲与"一带一路"沿线国家的传播

深圳大学中国经济特区研究中心副主任袁易明教授[①]认为，中国经济特区发展经验在越南的传播是减少贫困的有效应用。对于贫困地区，若想实现经济起飞，政府应该鼓励外国投资以加工贸易的形式而不是以外商直接投资的形式进行投资，从而为低技能劳动力提供就业机会，让穷人也参与到产业分工（也可以理解为国际分工）中。因为稳定的初级加工产业可以充分发挥借助外资减贫的作用，这是资本密集与技术密集型产业无法与之相比的。

综合开发研究院（中国·深圳）副院长曲建于2016年接受深圳商报独家专访时表示：中国经济特区的发展模式能够为"一带一路"沿线国家提供借鉴，各国应尊重对方国情，发掘共同规律。相比单维的对外贸易、对外投资，中国深圳特区"圈出一个地方"，先行先试、率先突破的转轨路径模式，从比较优势的角度看，更有条件向"一带一路"沿线国家输出"经济特区"这个品牌，给出沿线国家开发建设经济特区一个借鉴中国经验的优质选择。若从实操推行上讲，"一带一路"沿线国家可通过实行"咨询服务、工程建设、融资安排、资源开发、产业转移"等项目投资建设全过程服务运作的方式。在"一带一路"沿线国家复制深圳模式，对于全面提升深圳在国家"一带一路"战略中的排头兵作用，带动中国产业、技术、标准、制度和文化向外输出，将是十分高产且高效的，也有助于探索整体走出去的新模式。同时，这也是中国面向国际化的一种检验。

中国商务部部长钟山在2018年中印经贸联合小组第11次会议中就印度如何学习借鉴中国设立经济特区经验提出7点建议：加强发展战略对接、欢迎印方参与中国国际进口博览会、推进中印贸易投资合作、加强贸易救济领域沟通配合、推动改善中国产品在印公平竞争环境、开展人力资源合作、加强多边和区域经济合作。为推动深化合作、共享发展经验，我国的"一带一路"发展战略已同印

[①] 袁易明：《越南如何借鉴中国经济特区的经验以减少本国贫困》，世界经济特区发展论坛——经验与机遇国际研讨会，2014年。

度"15年发展愿景""印度制造""数字印度"等发展战略协调对接;为化解贸易不平衡问题,我国期待更多的印度企业参与中国的进口博览会,还将为印方参展企业提供优惠措施;为统筹推进中印贸易合作,将现有产业园区工作组提升为投资合作工作组并适时召开会议,研究启动双边投资协定升级谈判,努力达成高质量的双边投资协定。

(二)中国经济特区发展模式在非洲与拉美国家的传播

基于中国经济特区建设40年的经验,非洲在建立一个稳定而又可预知的经济环境后,可通过政府政策支持与引导发展中的企业生产投资,以此摆脱以竞租的方式巩固和提升生产成果,因为健康的经济增长在提升宏观经济稳定性上起着决定性的作用。接下来将通过论述中国经济特区发展模式在埃塞俄比亚、墨西哥等非洲与拉丁美洲国家的应用,对经验传播路径进行细化与形象化。

北京大学燕京学堂教授李师培[1]认为,在复制深圳经验前,埃塞俄比亚政府首先需要扩大本国经济特区的规模,降低经济特区成为不连接的飞地的可能性,使更多的供应商和不同的行业都能够入驻经济特区,并且要使工人能够在经济特区内生活,以此解决招工问题,从而使整个片区成为完整的城镇,实现生产与生活的便利化、一体化。综观深圳的成功发展过程,在非洲需更为深入传播的经验还有两点:一是,培养创新、高效的狼性企业家精神和区域经济社会发展新文化;二是,授予特区更多的自治权与自主权。目前,埃塞俄比亚经济特区由联邦政府部门集中监督和管理,若改制为区域独立分散管理—集中统一上报审批,能促进实验和反馈的加快。这还将能够促进更好地利用本地信息,以此实现商业环境的改善,进而使得较其他经济特区更具竞争力。

津巴布韦《先驱报》从三方面提出与总结非洲效仿中国经济特区发展模式,实现减贫的经验:一是通过实现类似于中国改革开放的政策,吸引大批投资者参与到本地经济建设中,以此迅速开启工业化进程;二是通过实施的类似中国义务教育的政策,使

---

[1] 李师培:《埃塞俄比亚经济特区的新结构经济学观察:非洲"深圳奇迹"正在形成?》,《中国经济特区研究》2018年第1期。

国人获得推进工业化进程的专业技能,以此有效积累人力资本;三是使得农业改革成为地区脱贫的"特效药",在取得阶段性发展成果后,政府可进一步策划对口帮扶政策,这也是来自于中国成功的经验。

中国经济特区的成功以及中国特区模式的输出已为中非经贸合作和中非经济合作区带来大量且有效的发展机会。中国经济特区的创办和成功,是中国迈向现代化进程的产物,是市场经济体制与中国特殊的制度装置相结合的产物,是世界发展史上的一大创举,引起了发达国家和其他发展中国家的极大关注。[①] 这种效仿最初是以"取经"的形式实现的,即非洲与拉美等发展相对滞后的国家(地区)与中国经济特区的建设者(包括政府官员、学者、企业家等)进行深入的交流,并将已有经验带回本国进行实践。目前,随着中国经济实力的增强,受资源和生产要素以及生态、环境、人口承载力的约束,在国外建立产业园区、特别合作区、自由贸易区已成为中国经济特区发展经验对外传播的又一有效的大趋势,已经为非洲新兴市场带来极大的商机和发展机会。当然,非洲经济特区在效仿中国经验时,也还需在特定的地区尝试性地实施特定政策,以小范围的实验性制度创新探索国家的发挥职能道路,借鉴中国从政治独立自主到以经济建设为中心的发展道路,以此避免投资方与建设正面临不必要的安全和政治风险。相对国体和政体方面的全局性变革,这种实证性和实验性的改革探索之路,可能更有助于夯实中东和非洲的进步之路,使其成为引领国家和区域发展的发动机。[②]

对于中国经济特区发展模式在非洲的传播,案例层出不穷。其在拉丁美洲国家的应用,率先出现在墨西哥。墨西哥联邦经济特区发展管理局局长 Gerardo Gutierrez 在"2016 年墨西哥 1000 强企业峰会"上表示,实施经济特区政策(ZEE)战略意义重大,

---

① 罗海平、宋焱、彭津琳:《非洲经济特区发展及中国特区经验启示》,《中国经济特区研究》2016 年第 00 期。
② 恽文捷:《特区经验可为一带一路提供中国智慧》,《开放导报》2018 年第 5 期。

经济特区政策是墨西哥提高出口竞争力，吸引外资和创造就业的重要途径。中国在出口竞争方面有着非常成功的发展经验，其中投资优惠政策是经济特区持续发展的基础和保障。发展至今，中国经济特区对其总出口贡献率达60%，吸引外资流入达40%。墨西哥将会继续积极吸取中国提高出口竞争力的成功经验并付诸实践。

第四篇

困境与出路：经济特区新使命与新路径

第八章　新时期经济特区的新使命

第一节　新时代中国经济特区的发展使命

一　城市发展模式的探索使命

我国经济特区在各个方面具有引领性，其中探索城市发展模式是新时代中国经济特区的重要引领使命之一。随着我国经济特区40年来的快速发展，特区城市在人口、产业、城市的演进路径正在发生巨大变化。第一个阶段是土地、港口、矿产、水源等自然资源吸引的人口聚集，带动产业发展，推动特区城市兴起。比如，上海的临港优势是上海对外开放的原动力，是我国自贸区发展的重要基础。第二个阶段是产业聚集，激发人口红利，再带动城市发展。比如，宁波的出口加工产业推动了东莞20世纪90年代以来经济的快速发展。第三个阶段是创新引领下的人才和产业聚集，通过新经济来推动新旧动能转换，从而推动城市的发展。比如，美国硅谷凭借软件、智能硬件、生物医药等新兴产业和创新人才驱动，在传统半导体产业受到日本、中国台湾的挑战之后，成功实现了"由硬到软"的转型。

城市作为新时代中国经济特区城市发展的实践主体，如何突出新时代的"特"，进而引领我国经济发展已成为当下我国城市发展模式的改革焦点。随着世界经济发展进入新阶段，我国经济正处于新旧动能转化的关键时期，新时代中国特色社会主义经济特区的城市发展也将面临新一轮的变革。在这样的背景下，经济特区城市新一轮社会变革使命任重道远，城市化进程加快、资源短缺、经济结构重组，而世界经济发展的复杂形势也为"改革先锋"经济特区城市发展模式变革带来了机遇和挑战。在全球化背景下，经济特区的城市承载着更多的历史使命，经历着全球化带来的急剧变革。

经济特区的城市发展往往经历着爆发式、跨越式发展，随之而来的问题便是高耗能、高排放、高污染的粗放式城市发展模式，因而，精细化、高质量城市发展模式是新时代中国经济特区城市发展改革的重要使命。具体而言，城市发展模式，要体现出新时代开放、创新、高水平的可持续发展观，向集约、有序、均衡的紧凑发展模式要新时代社会变革新动力；城市综合建设，要与时俱进，注重人文协调，加快推进绿色城市、智慧城市建设；城市发展思路，要坚持系统长远发展观，应用大数据、人工智能、区块链等新技术融合城市发展建设。

（一）新时代中国经济特区城市发展的新思路

1. 国际化的开放发展视角：特区城市发展模式的优化推广

习近平总书记提出的丝绸之路经济带与 21 世纪海上丝绸之路（"一带一路"）是中国顺应时势、全面开放、走向世界、经济飞跃的必经之路。[①] 这种国家化视野的城市发展新思路为特区城市发展模式提供了新的空间思路，未来以"开放"为主题的中国经济特区城市，本质上就是要以国际化视野发展，对标国际先进城市。本书提出中国经济特区城市走向世界，联合"一带一路"国家经济特区，组成"特区城市联盟"，该联盟本质上则定义为经济合作的空间映射，是产业分工的区域化，是以中国经济特区发展为主导，联合其他经济特区城市共同参与、优势互补、共享共赢的发展新思路。"特区城市联盟"将为我国经济特区城市发展探索新的发展思路，以开放撬动城市发展新动力，使中国经济特区城市发展在新一轮经济周期下逐步从融入全球化走向引领全球化发展。

[①] 周韬：《习近平新时代空间经济思想的全新内涵与特质》，《特区经济》2018 年第 10 期。

2. 城市群的引领发展视角：以特区城市群为引领辐射区域均衡发展

改革开放40年来，以特区城市为中心的城市群不断发展，我国城市群逐渐成为驱动经济发展的新引擎，区域经济已由以行政区划为单位向城市群结构性经济转变，加快推进城市群空间格局演进的重要性不言而喻。

新时代经济特区将进一步突出"引领作用"，以经济特区为核心的城市群，必将成为新时代经济特区乃至我国的城市发展模式。以粤港澳大湾区为例，深圳作为粤港澳大湾区的特区城市，是我国粤港澳大湾区城市群建设的核心城市，具有引领示范作用，深圳不但在空间上辐射粤港澳大湾区城市群发展，更在产业、经济、人才、文化等各方面，与周边城市形成良好的互动，打造新时代典型的"中国经济特区城市群"。可以说，中国经济特区城市群，从本质上来说是更大空间尺度上的城市聚合效应，其建设基础必将是我国新一轮"空间—产业"的互动发展。

我国经济特区在阶梯式推进过程中，先后形成了定位差异明显的特区城市群。雄安新区、滨海新区、喀什经济特区等由东向西、由南向北的布局，也必将引领其周边城市联动发展，形成具有中国特色的"经济特区城市群"，特区城市群也将成为我国经济特区走向世界，参与国际新一轮产业分工的重要载体。

新时代赋予经济特区城市群新使命，因此，城市群结构必须体现新的系统内涵。首先，每一城市立足于自身的资源禀赋基础，确定在城市群中的功能定位。中心城市作为圈层辐射点，可致力于区域总部外向型经济，发展以科技服务、金融服务、创意设计等生产性服务业为主的产业体系，中小城市作为二级发展中心，以实体经济为重点，布局制造业为中心的工厂体系。[①] 再者，以"核心城市—周边城镇—边缘区域"的圈层辐射机制，以新兴产业与传统产业合理布局、新旧经济动能转换为抓手，加强产业分工与协作促进特区城市群高效联动发展。当前，国内外经济形势瞬息万变，寻求更大尺度上的

[①] 周韬：《习近平新时代空间经济思想的全新内涵与特质》，《特区经济》2018年第10期。

"空间—产业"交互协同及地理耦合势在必行,尤其是在新一轮技术变革的推动下,例如人工智能、区块链等新技术,经济全球化势必会呈现出多样化,城市群的辐射作用也将呈现特色化、凸显化。

党的十八大以来习近平总书记提出一系列重要思想,极大地拓展了改革开放的视野,其中,"以开放的最大优势谋求更大发展空间"的思想是我国经济特区城市发展改革的重要指导思想。① 从全球生产价值链的布局来看,各经济特区城市都注重因地制宜、因循事实,凸显各自的地理、区位、空间价值等优势,借助创新性价值增值活动,并通过空间选择和分异形成城市价值链,获取与保持综合竞争优势。审视目前我国经济特区发展现状,影响区域经济可持续发展实现的关键点有:如何利用全球价值链分工和新旧动能转换新机遇,以"空间—产业—价值"交互视角谋划我国经济特区城市群空间格局的发展,摆脱以往"一城独大""千城一面""无序蔓延"的城市群空间格局陷阱,切实提升我国经济特区城市群的整体发展水平,提升经济特区带动力。

3. 特区间城市的协同发展视角:大中小城市互补协同发展

城市被恩格斯比喻成身体的两个重要器官——"世界的心脏和头脑",实则明确指出城市在经济发展过程中的重要作用和地位。② 新马克思主义则以马克思主义结构理论为基础,指出城镇化是空间资本重组与整合的过程,差异性、不平衡性是重塑区域主体行为改变,和谐发展的动力。城乡分离和城乡利益的对立是工商业劳动和农业劳动的分离引起的,导致了空间表面的一体化和内在的碎片化。

列斐伏尔等的空间生产理论认为,空间生产在一定程度上类似于商品的生产,空间具有显著的社会属性特征。③ 对于城市而言,空间生产主要体现为城市空间形态的不断转换,形式主要有城市更新、空间修复、新区设立、空间管治、城乡一体化等。显然,城市

---

① 在2013年3月十二届全国人大一次会议上,习近平总书记提出:"以开放的最大优势谋求更大发展空间"的思想。
② [德]恩格斯:《英国工人阶级状况》,转引自《马克思恩格斯选集》第1卷,人民出版社2009年版,第406页。
③ Swyngedouw, Erik , and H. Lefebvre, "The Production of Space", *Economic Geography*, Vol. 68, No. 3, 1992, p. 317.

空间生产在增殖资本的同时，还能够强化空间等级秩序，形成了多点支撑、多元发展、多业并举的空间"区分机制"。另一方面，城市的产生与发展关系着工业化的进程、产业发展与空间变迁。产业分工是城市产业空间分异的推手，高级的分工形式表现为价值链的环节、工序和模块在空间上的分离。因而，中国经济特区城市在新空间格局演化过程中，必须突破过去"全能型"思维，秉承新发展理念，朝着"专业化成长"方向推进，并因地制宜，立足和发现自身资源禀赋优势形成各具特色的产业、功能分工体系，以价值链为纽带，打破地理界限观，区域城市协同发展，打造区域高质量发展的新经济引擎。同时，新时代中国经济特区城市在协同发展的过程中，各城市应寻求高效协同模式，尤其是大数据、智能时代的到来，特区城市应充分抓住新网络时代机遇，着重构建多中心复合叠加联动的特区城市群网络。

从特区城市内部的角度来看，商务区、商业区、住宅区、工业区等一系列功能模块组成了特区城市空间。从经济学的角度来看，与其他商品一样，城市空间同样具有边际效益、价值性等经济要素所具备的特点，但同时又有着不同于一般商品的独特的稀缺性。集约化发展势在必行，中国经济特区城市发展基础不同，因而，在"圈层式"结构的城市空间格局形成中，我们应科学评价各城市的要素禀赋、产业结构、人文基础等发展指数，积极认同每个城市自有的地域特色和区位价值，不断推进空间价值链重组和整合，提升特区城市的可持续发展和竞争力。显而易见，中国的经济特区城市本身就具有先天的异质性，在特区城市"爆发式"的现代化背景下，分工和专业化程度在各城市将继续加深，特区城市空间生产最终也会形成空间等级体系，特区城市应强化新时代经济发展的创新机制，统筹、协同、联动发展，尽量避免"大城市病"、摊大饼式的无序蔓延和同质产业竞争等问题的出现。

(二) 新时代中国经济特区城市发展的新模式

1. 政策带动型特区城市发展模式

经济特区城市发展最主要的特点是政策带动，政府以强有力的主导手段干预城市创新资源要素配置，促使着城市发展模式发生急剧改变。尤其是当经济社会处于加快变革阶段，新技术、新工艺、新生产方式出现，传统的产业结构与发展模式难以满足城市可持续发展的需要，以政策力量牵引带动形成创新、创意型的特区城市，具有极大的现实意义和紧迫性。[①]

在中国经济特区内，政府主要是通过产业政策和行政改革方法来促进经济特区城市的高新技术产业规模持续增长、新兴产业不断涌现，进而实现产业结构优化升级。具体而言，经济特区城市创新型经济的产生，将会带动特区城市的发展模式发生变化，为形成具有高度创新力的特区城市崛起提供了契机。从执行层面来讲，政策带动型创新型城市体现的是新兴技术与城市综合管理的高度融合，技术手段、生产工艺的信息化、智能化过程带来的经济增长是特区创新型城市的主要目标。有许多学者强调政府主导与市场主导是对立的，并在关于政府"这只有形的手"和市场"这只无形的手"在城市发展中的主导作用上持不同看法，而实际上，发达国家创新型城市的建设并不是市场单一作用就可以的。在新时代中国经济特区创新型城市发展过程中，我们应辩证看待这个问题：政府须发挥"有力有利"手段，在特区城市创新型格局打造的不同阶段，应该把营造良好营商环境投资环境、塑造产业发展新生态、培育尖端新技术作为今后的工作重点；坚持市场诱致，激发创新动力，形成有利于创新的社会环境，开展培育研发活动，促进产业创新集群的形成。

2. 产业集聚型特区城市发展模式

产业聚集型特区城市表现为，在特区独特产业发展环境的牵引下，依托于地区政策优势、资源禀赋，特区城市形成特定产业的聚集。中国的经济特区城市资源要素禀赋条件和外部环境大相径庭，如新疆喀什经济特区极具环境、文化、民族型经济要素基础，而深圳本地文化独特性不明显。对经济特区城市而言，富有活力的创新企业集聚是其建设特区产业集聚发展模式的基础力量。

根据集聚形式，产业集聚可分为横向型集聚和纵向型集聚。横

[①] 许爱萍：《创新型城市发展模式及路径研究》，博士学位论文，河北工业大学，2013年，第46页。

向型集聚具有产业在同一水平集聚的特征，在区域内有大量从事某一产业的企业拥有同质的市场、产品和人力资源，形成城市群发展面；而纵向型集聚则往往表现为产业以价值链的形式集聚，形成城市空间差异化分工体系。一般情况下，产业集聚型的特区城市需依赖当地区位优势形成产业群体，因而，在建设产业集聚型特区城市过程中，其在研发上可能并不处于领域的前端，但是可审时度势，充分利用地区的地理位置、劳动力市场、原材料产地或者是科技政策区位优势打造产业集聚优势。

3. 创意驱动型特区城市发展模式

创意驱动型城市是在城市建设中，历史文化以及人才、教育等要素起着关键作用的具有浓厚的文化底蕴与良好的人文气氛的城市。创意驱动型创新城市缘起于经济已高度发达和繁荣的城市，就目前来看，一般为发达国家的城市，城市经济依然具备突出的区域竞争优势，创新精神文化氛围浓厚，开拓创新创造构成了城市精神品格的重要内容。

中国经济特区经历了40年的发展，在制度改革、经济探索、文化创新等方面，正逐渐由"特区速度"向"特区质量"转变。中国经济特区的城市，首先，应紧抓新时代特区发展机遇，以创新型服务业、文化娱乐业、创意产业等知识密集的产业为主导，聚合跨城市、跨区域创新人才的多元化力量，营造浓郁的城市创新文化氛围，为城市注入新的精神文化活力，重塑创新型城市精神文化。其次，特区城市需充分发挥科技文化的辐射和带动作用，构建多元化的新时代城市文化，营造富有活力、积极向上的良好社会风气。再者，认同社会群体差异，创新精神文化，倡导不同社会群体融合共处，营造兼容并蓄的社会文化氛围，打造一个极具包容力的新时代中国经济特区城市。同时，新时代注重人文城市建设、高质量城市化建设，因而，创意驱动型创新城市的建设，需要围绕创新人才、创意文化改善城市的人居环境和城市基础设施，综合提升城市品牌的影响力。

二　创新引领的路径实践使命

创新引领就是使创新成为引领发展的第一动力，新时代我国的经济发展步入了新阶段，传统发展动力不断减弱，粗放型增长方式难以为继，必须依靠创新引擎培育新的经济增长点，引领中国经济高质量发展。中国经济特区作为我国的制度改革先行地、人才集聚地，承载着引领我国全面创新发展的重大使命。新时代中国经济特区将着重在创新人才、创新制度、创新产业等各方面探索出一条立足全局、面向全球、聚焦关键、带动整体的创新引领发展路径。

（一）新时代中国经济特区创新探索的紧迫性

1. 全球经济形势错综复杂

国际金融危机之后，全球经济进入深度调整的低速发展期，新兴经济体出现了严重分化，欧日经济持续调整，美国经济稳步复苏，中国经济由高速增长转变为高质量发展。近年来，受全球贸易摩擦、政策不确定性加剧以及新兴经济体金融市场波动等局势影响，全球贸易和投资增长放缓，经济发展可持续性面临较大考验。扩大开放是中国一贯坚持的重要战略，在全球经济复苏动能减弱的背景下，中国经济特区全方位深化开放的难度加大。实体经济转型升级的任务十分艰巨，在发达国家制造业回流，发展中国家产业低成本竞争，中美贸易摩擦不断升级，中国经济特区经济外向型发展的不确定性因素增加的严峻形势下，依托传统产业结构发展外向型经济，不仅难以进一步拓展特区发展空间，甚至还可能遭遇被压缩的巨大风险。

例如，近来不断升级的中美贸易摩擦对我国深圳、上海、天津等经济特区高新技术产品企业产生较大影响，据统计，2018年上半年广东省比亚迪新能源汽车累计销量达到71270辆，同比增长106%，比亚迪纯电动大巴已占美国纯电动车市场的80%以上。但美国把新能源汽车列入产品关税清单中，提高我国新能源汽车出口到美国的关税，导致我国新能源汽车在美国市场出口竞争力大打折扣。经济特区的开放性在逆全球化背景下面临巨大考验，如何提升自身抗风险能力，抵御外部冲击，也是新时代中国经济特区的挑战。

2. 资源环境约束日益趋紧

中国经济特区的发展具有高投入、高增长性，伴随着高速发展的另一面则是日益严峻的人口、土地、能源、自然环境等问题：地少人多，城市自然承载力已达极限；土地、空间资源有限；能源、水资源短缺；环境承载力严重透支等。诸多问题限制了特区的发展，如何突破资源、环境约束谋取再发展是新时代中国经济特区的核心问题。以深圳为例，城市地域面积较小，发展空间和土地资源严重不足，且随着可开发利用土地不断减少，土地基础开发的单位面积投资成本不断上升，对吸引国内外大企业入驻已构成了某种障碍，难以满足国内外投资者的需求，产业发展空间受到极大限制；再者，深圳市处于国内能源运输通道和供应链的末端，能源自给能力较弱；水资源对外依存度高，水务基础设施建设的历史欠账多，水污染明显，如据2016年数据显示，深圳每天有约45万吨生活污水直排环境。整体来说，中国经济特区城市的人才宜居矛盾突出，经济特区城市普遍存在房价上涨过快、幸福指数低下、生活成本高昂等问题，使得高层次创新人才的吸引和留住成为一大难题，成为特区城市在加快创新转型发展过程中的重要瓶颈。可以说，新时代中国经济特区的高新技术产业高质量飞跃步履维艰，经济特区产业正在面临前有堵截、后有追兵的双重挤压局面，在制造业方面尤其明显。在人口红利消失、要素成本上升、土地和环境约束日益加剧的情况下，中国的特区城市需深耕布局，构建更加先进的现代产业体系。

3. 世界新一轮科技革命和产业变革正蓄势待发

未来20年将会是全球新一轮科技革命和新旧动能转换从蓄势待发到群体迸发的关键时期。经济社会各个领域都已经或是逐渐被物联网、量子计算、云计算、人工智能、大数据与区块链等新兴技术渗透，增材制造（3D打印）、超材料与纳米材料、智能制造等工业制造技术取得颠覆性突破，随着干细胞、基因组学、生物合成、精准医学等生物医药先进技术的快速发展，人类的生产生活迈入了高质量阶段。国际产业分工在智能和绿色为特征的群体性创新革命的驱使下，进行了重大调整，成为世界经济政治与社会发展的核心动力。以人工智能、物联网、能源互联网、生命创制等为核心的新科技革命正在中国全面孕育推进，中国的经济特区在新一轮革命中，是否能抓住机遇，迎难攻坚，继续发挥好引领作用，是新时代中国经济特区统筹规划的重要课题。

(二) 新时代中国经济特区创新发展的新思路

1. 坚持内部培养与外部引进相结合以加强人才建设

(1) 优化队伍结构，加强创新人才梯队化建设

经济特区作为中国经济社会发展新变革的先行者和实践者，在全球新一轮技术革命进程下，其新时代创新人才梯队建设的使命，就是要加速"高精尖"人才集聚，强化青年和创新"人才战略储备库"功能。经济特区要实现创新驱动发展，首先必须将系统创新思维深入特区每一位建设者、参与者的心中，营造人人想创新、争创新的浓厚氛围。新时代特区要发展，创新是第一动力，而创新的核心战略是人才优先发展战略。因而，中国的经济特区要向"人才特区"转变，在吸引人才、培养人才方面形成"特区特色"，优化队伍结构，加强建设创新人才梯队化建设，争取赢得战略资源国际竞争主动权。

在今后的一段时期，中国的经济特区需以最大限度激发和释放人才创新创造活力为着力点，加快建成与国际接轨、更具全球竞争力的创新人才梯队化体系。[①] 第一，依托高新技术产业项目，加快高精尖创新人才集聚。例如，深圳经济特区把着重引进和培养具有国际水平的高端人才作为目标，有计划地拓展了"孔雀计划"、"万人计划"等。第二，拓展人才多元化储备渠道，创新海外引智机制。经济特区要坚持协同发展、共享发展理念，将科研院所、企业、社会组织等资源进行整合，摸索建立海外智力人才服务平台体系；积极承办创新创业国际赛、国际人才交流会，多方位争取海外高端人才和高质量项目落地经济特区。第三，夯实教育培养基础，提升基础研究创新能力。通过研校企深入合作，定向培养一批自主创新意识强、实操技能强的新型科技人才。

(2) 完善技术绩效评价机制，激发创新活力

中国经济特区的高质量发展离不开科技创新动能的持续补给，

---

① 周轶昆：《新时代广东经济特区的创新优势与创新发展》，《中国经济特区研究》2018 年第 1 期。

而创新人才的激情和活力是关键。要彻底激活创新领域的技术研发人员的投入积极性和创造性，加强落实技术绩效评价创新措施。首先，尊重人才，消除团队薪酬阶梯差的不公平机制。根据赫茨伯格的"双因素理论"：薪酬属于保健因素，当这些因素未能达到可以接受的水平时，人们便会产生抵触、不满意的消极情绪。据了解，多数单位都存在骨干、核心科研人员和普通技术人员薪酬落差悬殊现象。关键技术人员薪酬包括高工资标准、特殊津贴、企业股份红利等多项，而普通技术人员只享受普通工资待遇。不公平的薪酬水平难以激发普通技术人员的创新动力，甚至会导致工作中互相推脱。其次，对标人才需求，完善人才激励服务体系。特区城市可从定向激励高端人才、科技成果转化政策激励人才、加强对技术人才情感关怀、重奖贡献突出的创新人才四个方面，激发创新单位内生动力，提高科技创新效能。定向激励高端人才，如对那些承担国家科技计划重大项目、重点研发专项的核心技术攻关任务的科研人员给予倾斜激励；争取人才专项基金，用于引进、培养行业领域紧缺的高精尖人才、优秀创新团队。最后，进一步完善人才服务机制。企业要注重科技人才的成长，为每个参与人员进行系统性的职业规划设计。在具体执行上，按照技术系列、行政系列标准，将创新团队个体发展方向进行划分：技术系列的晋升条件应改变传统以工作年限、科研经历等为主要测评标准的做法，立足于岗位创新绩效和企业发展需要，例如，如果年轻技术人员在创造性技术项目或活动中表现突出，可以从助理岗位直接调整成中级岗位。除此之外，企业定要将人才技能的提升作为企业重点服务内容，重视人才的教育和培训。

（3）加强高技能人才队伍建设，提高制造软实力

党的十九大报告要求建设创新型、知识型、技能型劳动者大军，大力弘扬工匠精神和劳模精神；2018年中央印发了《关于提高技术工人待遇的意见》，指出技工短缺的现象是劳动力市场结构性矛盾；2019年全国政协总工会界63名委员向全国政协十三届二次会议提交界别提案——《加强高技能人才队伍建设　助推高质量发展》，指出我国高技能人才储量与制造业高质量发展尚不匹配。高技能人才的缺乏是真正制约我国制造业高质量发展的关键因素。目前，我

国的经济特区正处于产业优化升级阶段，而特区存在用人制度单一、高技能人才配置不合理、缺乏重点等问题，建设储备一支适应需求的高技能人才队伍对未来经济特区的全面可持续发展至关重要。首先，依托国家行业重点示范企业培育高素质、具有竞争力的高级技师人才。行业重点示范企业，一般在生产工艺、新技术、生产管理等方面处于领先水平，并且在特区内优势更加明显，大量的海内外人才集聚。企业可以通过搭建技师创新学习交流平台，以创新生产项目为依托，带动提升技师团队的整体素质。其次，依托职业技术学校进行高级技师选拔。当前特区改革传统技能人才培养模式，把精力集中在经营上，职业学校是当前培养技能人才的主要场所，经济特区应将与民办高校人才培养合作形成模式，订单培养、联合培养是目前符合现实需求的两种模式，特区企业也可以根据需求创新高技人才培养方式，尤其是大数据、互联网的广泛应用，如搭建职业培训云平台，推行"线上+线下""远程+现场"培训模式。最后，广开竞聘路径，筛选高素质、高技能技师人才。我国高级技师人才的缺乏，与当前高校扩招、学生就业观、企业人才岗位匹配观有直接关系，学生就业盲目乐观，高不成低不就；企业一味追求高精尖人才，忽视了岗位实际需求。在这样的形势下，对于特区企业而言，立足企业真实需求，充分利用市场竞技手段，是解决高技能人才供需矛盾的着力点，同时要建立高技能人才引进培育奖励制度，对引进的高级技师在首次购房或租房时，给予补贴。特区政府部门也应增强公共服务对技术工人群体的覆盖面，保障高技能人才的基本生活发展需求得以满足。

2. 坚持自主研发与外部吸收相结合以促进技术升级

当前，中国经济特区进入全面深入改革创新攻坚阶段，尽快解决特区高质量发展的关键技术装备挑战是新时代特区的新使命之一。为此，经济特区需要综合分析其自身的产业结构调整、技术水平等现状，扩大特区硬件合作范围，加强关键装备引进吸收，加大装备自主创新投入，打造特区未来发展的"利器"。

（1）实施优势互补，扩大特区科技合作范围

随着近年来传统产业升级、战略新兴产业快速布局，我国经济

特区的产业结构已然发生了显著改变，但目前特区制造业高质量飞跃仍任务艰巨，就整体情况来看，产品基础加工制造、组装工业较为普遍，大型关键技术装备的研发、生产主体较少，且面临着关键技术依赖进口、人才资源缺口等问题。经济特区是我国走出去、引进来的重点关口，是我国对外出口贸易、出口加工的集中区，诚然对关键技术装备的需求强度要大些。不依赖国外，充分依靠国内其他地区现有的技术装备生产企业是解决经济特区高质量迈进中的技术装备问题的根本办法。

（2）加强国际合作，协同弥补硬件技术不足

改革开放理念已全面深入人心，我国经济特区尽管已经具备一定自主研发的能力，但在某些关键技术领域上依然缺乏关键的技术装备，我国制造业创新能力尚有待加强。在经济结构深化调整的当下，我国经济特区可充分利用对外开放的优势和国际贸易的条件，立足于实际需求，从国外引进那些高耗时、高耗力、高耗财、高风险的先进技术装备，组织培训国内技术人员，使其熟悉设备的使用及维护，一步一步学习、吸收国外的先进技术。此外，深化国际交流合作，强协同创新，构建国际交流新格局。切实加强与国内外科研机构的合作，构建深度互动的国际合作网络，在不影响技术设备正常使用的前提下，可以向科研机构开放，为我国经济特区自主研发先进的技术设备提供参考，使特区的大型技术装备在一边服务生产的同时，一边推动相关技术的研究和创新。

（3）以自主研发为主导，占领高端制造制高点

高端装备制造业是战略性新兴产业的关键组成部分，是现代产业体系的脊梁。尽管经济特区在某些大型关键技术装备方面相对薄弱，但随着"制造强国"战略的全面布局，近年来，经济特区通过自主研发，已经逐渐在某些领域走向世界领先行列。以深圳经济特区为例，在2G时代华为和中兴在移动通信技术和产品方面远落后于美韩，而如今华为自主研发的5G正引领全球进入新时代，除在移动通信技术上，华为在核心芯片领域的研究也是有深厚底蕴的，在手机行业中拥有自研芯片而且在核心交换机以及路由器的芯片使用上也是自研。华为今天的成就离不开企业一直以来所致力于的自

主创新、不断突破。加强装备的自主创新的前提是强化基础创新意识。有很多人认为，经济特区的高速发展靠的是国家政策的大力倾斜，其实不然，特区的未来，必然是其不断探索创新的结果，因而在新时代，我国的经济特区必须突破"只重应用，忽略创新"的模式，在基本应用中不断地挖掘技术装备的新用途与新功能。

3. 坚持国内监督与国际维权相结合以保护知识产权

新时代互联网、人工智能等新兴科技快速发展，逐渐形成了万物互联的新信息时代，信息传播方式、交易模式、智力成果使用方式等都发生了重大变革，知识产权的价值周期缩短、地域性淡化、产权问题复杂化。在如此艰难复杂的形势下，特区要正确认识并做好迎接新时代所面临的知识产权挑战的准备，内外协调发力，对内进一步强化知识产权维护、对外不断加强国际维权，为经济特区的技术创新、技术成果转化和应用营造良好的环境。

（1）构建国际专利申请高速公路，加速企业创新国际化

随着经济特区开放程度的加深，特区企业也在国际市场迈开步伐，为了在国际上保护其技术或产品应对国际竞争，企业必须向相关国家申报发明专利，维护其在国际上的知识产权，其中国际发明专利就是企业国际化的重要保护伞，且也是当前技术发明中最高级别的专利，目前比较常见的国际专利要包括美国、日本等。据世界知识产权组织（WIPO）公开的PCT国际专利申请量统计显示，2018年1月1日至2018年10月31日，我国华为、中兴通讯、京东方的PCT国际专利申请量分别为4466件、1801件、1190件，位列前三。尽管如此，但相较于欧美国家，我国企业仍有较大差距，尤其是高新技术领域。一方面目前特区普遍存在中小企业走向国际市场竞争对知识产权认识不足，保护意识尚待加强；另一方面国际专利申请壁垒、时间和资金成本较高使得我国企业对国际专利申请缺乏相应的规划。而上述现象存在的主要原因是国内相关法律法规不健全，且代理性质的专利机构承担了大部分的专利处理业务，对国家专利的法律、程序等了解不全面不透彻、宣传少，专业人才尚不能满足市场需求。当下，经济特区的经济改革调整以由劳动、资源密集型向技术密集型转变为主，尤其是跨国业务高新技术企业，

其国际竞争力的核心是技术创新,因此,企业不能只关注技术投入、研发、应用创新,更要树立国际品牌意识,强化国际专利申请自觉行为,而对于特区层面,要在政策、资金、技术方面给予企业充分支持。首先,给予专业申请机构较多自主权,拓展经济特区内现有专利机构的国际专利业务。构建以知识产权局为统筹,专业知识产权代理机构为主体的特区知识产权保护体系,在代理机构和特区企业中大力普及国际专利相关知识,加强市场参与主体对国际专利的准确认识,不断提高市场参与主体申请国际专利的自觉性和自信心。其次,要出台政策扶持企业申请国际专利。相关部门可通过增设专利奖项的方式,支持企业单位的科技研发成果产权,为保护知识产权营造良好氛围。例如,经济特区对获取国际专利的企业或个人给予适当的奖励。最后,要培养一批业务素质高超的国际专利代理人。随着我国改革开放的不断深入以及国际竞争力的持续增强,国外企业纷纷到我国寻求市场,国内企业全球布局,经济特区企业面临的国际知识产业业务复杂、烦琐,且将来该项业务的需求量也会大幅增加,为保证国际专业处理业务正常运转,经济特区必须注重专业人才的培养,因此,经济特区可先建立国际代理人培养机制,并通过知识产权局在全国范围内进行高水平专业技术人员的调配,从源头上增加经济特区国际专利专业人员数量。

(2) 发展专利援助机构,加强专利维权的专业化

切实维护知识产权人的合法利益,解决企业国际专利维权难的问题,经济特区应充分调动一切力量,完善维权主体运行机制。党的十八大明确提出要着力发展服务业,而知识产权的法律援助是当前经济特区紧缺的服务内容,因此,经济特区要充分调动社会力量参与维权保障体系建设。

(3) 加强专利侵权的市场监管,营造良好创新生态

中小企业是我国经济特区发展的中坚力量,如截至2018年底,深圳市有中小企业196.7万家,占企业总数的99.6%。中小企业具有数量多、发展快、适应性强等特点,是新时代我国经济特区经济深化变革的生力军,但中小企业普遍面临技术力量相对薄弱问题,创新驱动阻力大,部分中小企业会选择侵害专利所有权企业的利

益，采取变相或间接技术抄袭的方式来驱动创新，使得企业创新进入一个恶性循环的怪圈。因此，为了维护技术创新的公平性，经济特区要加强市场监管实施力度。首先是要建立经济特区技术创新项目诚信档案。利用互联网技术创建创新项目的诚信档案，从技术创新主体登记备案和建立侵权企业失信制两方面着手，增强社会监督对知识产权的保护力度，严厉打击不尊重知识产权、恶意侵权的企业。其次是要建立健全经济特区的知识产权法律法规。虽然目前我国已建立起知识产权保护的法律法规体系，但仍需进一步完善。对于经济特区而言，具有数量多、速度快等特点的经济社会综合技术创新不能单纯地依靠国家法律与法规，否则其对市场侵权行为将难以做出高效的裁决，因此，可以充分利用经济特区特有的立法权优势，结合当前知识产权侵权特点，制定适合经济特区的法规制度，利用法律手段约束与规范特区企业知识产权的使用行为。最后，要加大侵权行为的惩处力度。国内维权一直都存在着维权难、维权成本高、赔偿低等问题，且目前法院对于侵权案件的赔偿主要是赔偿性的，金额一般也较低，据了解，我国97%以上的专利、商标侵权案，平均的赔偿数额分别仅为8万元、7万元，而2015年用美国专利诉讼的中位数来说，就高达1000万美元。同时也反映出，中美两国对于知识产权的重视程度存在着巨大的差距。因此，我国经济特区要建立高效快速的侵权处罚机制，决不姑息任何知识产权侵权的行为，要对其做出快速、准确、严肃的处罚，从而建立起望而生畏的知识产权市场监管机制。

三 制度改革的实践使命

经济特区这一伟大创举，为我国改革开放和社会主义现代化建设探索了新的发展道路，是我国经济体制改革的"试验田"和对外开放的"窗口"。40年来，我国经济特区先行先试，敢试敢闯敢改，在积极探索改革开放的实现路径和实现形式方面发挥了重要作用，在我国体制改革进程中创造了一个又一个的奇迹。经济特区经过40年的发展，成功地从传统计划经济体制转变为社会主义市场经济体制，率先实现了从封闭、半封闭转变为全方位对外开放，从主要依靠优惠政策促进发展转变为以体制机制创新激发市场活力。目前，经济特区在中国特色社会主义道路、理论、制度探索实践方面取得了重大突破，但仍需"一马当先、奋勇向前"，继续为新时代我国深化改革开放开拓创新。走进新时代，面临新形势，迎接新任务，经济特区要秉承特区精神，继续坚持摸着石头过河，逢山开路，遇水架桥，尽可能攻克现有体制机制弊端，不断调整深层次利益格局。例如，在经济体制方面，恰当地处理政府和市场这"双手"的关系，尽快形成中高级要素市场化配置的基本格局；行政体制方面，如何充分发挥简政放权的效应，为深化改革凝聚强大动力；文化体制方面，如何引领新文化风尚，为公众提供更好的公共文化服务。

（一）新时代中国经济特区制度改革的新挑战

1. 经济特区制度改革需要探索破解我国资源制约的新问题

经济特区建设 40 年来，我们取得了辉煌成就，但同时也逐渐面临制约经济发展的重要问题——资源约束。新时代，资源问题对我国向高质量发展的约束愈加明显，一方面表现为资源环境稀缺的硬约束增强，另一方面又普遍存在资源错配诱致效率低下的现象。比如，空间资源配置约束已成为当前我国经济特区在进一步发展中的棘手难题，尤其是作为先行示范区的深圳，另外对标全球其他创新创业高地，我国经济特区仍存在以下短板：国际要素集聚能力不强、发展空间约束、生态环境恶化、高端创新资源不足、社会建设与治理有待加强等。新时代中国经济特区将担负起探索破解制约我国发展难题的整体解决方案新使命，需要探索如何通过制度改革，突破对资源错配的制约，突破空间发展的局限。

2. 经济特区制度改革需要探索发展方式如何从外生推动向内生发展转型

40 年来，我国已由全面改革进入深化改革，局部开放到全面开放、全方位深入开放，经济特区的开拓创新、先行先试给我国进入新时代起到了巨大的推动作用。经济特区在制度与政策方面的"特殊待遇"优势已经明显减弱，国际分工进一步深化，资源要素日趋紧张给经济特区带来了更大的挑战。新时代经济特区如何通过制度和政策创新，培育符合新时代要求的制度、体制和政策优势，是经济特区普遍面临的紧迫问题。

3. 经济特区制度改革需要探索如何平衡经济改革与社会改革效益

中国经济特区经过 40 年的发展，在经济改革方面取得了卓越的成就，经济体制改革不断深入，企业经济效益和市场应变能力不断增强，国际核心竞争力不断形成，但与此同时，经济特区的高速发展的另一面是经济改革与社会改革的失衡而带来的一系列社会问题日渐凸显，例如社会主义核心价值观的缺失、网络犯罪现象、拜金主义思想、城市生活压力综合征、行业风气败坏等，这些社会问题表面上来看和特区经济发展指标无直接关系，但社会问题会直接影响社会改革进程。新时代中国特色的社会主义现代化建设，并非片面追求经济效益，是要谋求经济、社会、文化等的全面发展，因此，我国经济特区的未来发展更多要放眼于经济社会的协同改革发展，坚定不移走全面高质量发展道路。如，经济特区要加快对社会民生事业的改革，关注特区医疗、教育、文化、社会服务等领域资源的配置不公、效率低下等问题，同时要加强行政体制改革，为社会改革提供强大的后盾保障。

（二）新时代中国经济特区制度改革的新使命

1. 破解资源约束促进转型发展的新使命

（1）宏观方面优化顶层设计——激发全社会资源共同参与

改革开放 40 年来，中国经济特区仍然以通过率先开放、政策扶持、区位优势等外生资源投入的粗放式经济增长方式为主，经济特区资源使用效率不高，市场经济体制仍然有待深化。因此，新时代中国经济特区转型发展，首要使命就是通过制度改革，激励和保证最广泛的市场参与者和要素所有者的一切正当权益，促使和激励更广泛的市场主体主动参与到经济活动中来，主动参与到产业分工体系中，形成参与式发展，突出和保证人的主观能动性、创造性和异质性，促进他们的自我实现和价值提升。破解资源约束的重点应是着力推动社会体制改革，强化社会和民间力量，鼓励企业，特别是有实力的企业参与到特区生活中来，推动各类社会团体组织的发展，促使社会和全体公民共同关注经济可持续发展，关注人类共同的家园和未来，最终形成以社会规范力量约束和激励经济主体高效、合理利用资源，进而破解资源约束，促进转型发展。此外，社会资本的积累将有利于发挥行为主体间的协调与互补作用，通过社会自身解决社会问题和内部矛盾。

（2）中观层面构建跨区域合作机制——增强特区规模协同能力

协同发展是新时代我国区域优化发展的重要路子，经济特区发展40年来，各经济特区之间少有合作，基本上是各自为战，而新时代面临资源约束的条件下，在不同经济特区之间，依托各自不同的资源、资本、技术、区位优势禀赋，形成特区融合共进机制，则可以形成优势互补、高质量发展的区域经济布局。因此，未来我国经济特区的建设中，要逐步向打造跨区域产业带过渡，并以增强特区之间的规模协同能力为主要目标。

就深圳、珠海、厦门、汕头、海南五大经济特区来看，在地理位置上，都临海，靠近台湾、香港、澳门，连接东南亚、南亚等；在区位上，是我国改革开放的前沿，我国走向世界的重要"窗口"；在产业结构上，产业也不可避免地发生了重叠，如深圳、珠海、厦门、汕头特区出口加工占总产业比重都较大。我国经济特区的确立是一个不断探索的过程，尤其在特区发展初期，特区之间相互模仿学习，产生了相近的产业结构模式。随着全面深化改革的推进，各经济特区在结合自身条件的基础上经济结构不断优化调整，但特区之间仍有极大相似之处，形成了当前相对分散的产业布局。新时代中国的经济特区要协同发展，必须构建跨区域特区融合共进机制，主要包括政策协调机制和规划协调机制，其中：政策协调机制旨在防止特区之间内部竞争的自我消耗，在具体执行上，就相同的产业各特区应制定实施相同或相近的财政、税收、行业发展等政策，使各特区以统一标准进行规划布局，形成"融合"模式。规划协调机制则是在政策方向指引下，各经济特区深入发现、挖掘、构建特区独有优势，利用大数据平台搭建跨区域信息资源共享平台，实现特区之间在产业结构调整等方面的互通有无，在具体层面，各特区要深耕特区最佳产业优势，发展产业特色，实现特区间强强联合，形成特区的"共生共进"模式。

（3）微观层面实施特区内部资源整合——深化产业结构升级

高效益是高质量的重要内涵，新时代经济特区突出高质量发展导向，必须以新发展理念引导加快内部资源要素整合，因此，经济特区一方面要果断淘汰单一落后产业，从总体上提高特区要素资源利用的效率，即实现较高的资本效率、劳动效率、土地效率、资源效率、环境效率等。尤其是在由高速发展向高质量发展转变的现阶段，经济特区被赋予更高层次的使命，高耗能高污染的产业或企业必将"拖后腿"，构建经济特区的产业集群，必须下定决心果断地淘汰高污染高耗能的落后产业。另一方面，在产业大类结构调整优化的基础上，进一步深化细分产业链的产业发展资源整合。由于粗放式发展模式，目前经济特区产业同质化，重复投资问题依然存在，产业高端升级的动力和资源存在较大的约束，所以应进一步细化产业链。在当下我国经济特区可学习德国制造业发展的先进经验，通过缓解高成长型中小企业的融资、生产成本压力，培育一批产业链关键环节企业，一来可以深化单个经济特区内部产业结构升级，另外可以避免重复投资，实现资源高效配置、高收益产出。

2. 破解特区空间制约难题的新使命

空间是一种较为特殊的资源，其稀缺性突出，当前空间制约已成为经济特区在快速转型发展过程中的重要难题之一，因此，新时代中国经济特区的全面可持续发展需着重考虑如何合理利用有限的土地要素。

（1）加强对土地流转的管控，防止土地财政的抬头

土地盲目流转是导致经济特区土地资源配置不当的重要原因，经济特区已经进入到新的发展阶段，原来以土地买卖市场化换取地区发展资金的模式很显然已经不适合当前日渐成熟的特区发展模式了，因此经济特区要加强对土地流转的管控。第一，严格把控土地出让审批。特区要积极探索更加有效的土地出让审批制度，可取消市县地级政府对土地出让的决策权，将特区土地集中到特区政府，并根据特区的整体规划，统一土地使用范围。更重要的是建立全网络式的土地审批监控制度，提高土地审批的行政监督、专业监督和

社会监督，防止审批舞弊导致土地资源的错配。第二，加强特区土地资源使用规划。特区土地资源有限，"好钢要用在刀刃上"，因此必须加强对土地资源使用的科学规划，重点将土地资源应用在战略性产业、高新技术性产业、绿色产业、民生工程事业等方面。海南省于2018年4月3日对《海南经济特区土地管理条例》进行了第五次修正，明确规定了海南特区土地开发、使用、交易的条件及原则。第三，加强特区已售土地的开发监控力度。对已流转土地同样也要加强动态监控，目前在我国经济特区普遍存在着囤积土地的行为现象，尤其是房地产开发行业，"二次炒地"不仅会扰乱土地的市场价值规律，更会诱致土地资源偏离合理的使用规范和范围，扰乱特区产业结构调整。因此，特区必须要严加防范此乱象的出现，加强对已审批流转土地的开发监督，根据审批土地的用途、使用规划，制定明确的建设开发周期，并对动态监控落实到位，对于违反建设规划，随意改变土地用途的，要坚决予以行政处罚，并强力拆除违规建筑，收回土地，同时限制其对土地的再审批使用。

（2）加速保障性住房建设，切实改善特区群众住房条件

新时代，我国经济特区要打造人文城市，要着重平衡经济发展和生活居住土地利用的关系，不仅要保障产业发展用地，更要为人民打造宜居的生活环境。在今后特区应重点解决的是居民的刚性需求住房，这部分需求主要来自于两方面：一是新就业人员特别是年轻家庭；二是城市老龄人口群体。前者可通过廉租房供给解决其需求问题，这一部分群体大部分处于上升期，随着工龄和工资的增长，他们的购房能力会逐渐增强，通过廉租房建设既能缓解他们现有的经济压力，还能在一定程度上缓解房地产金融的紧张因素。针对后者的住房需求，可通过经济适用房供给，满足这部分低收入人群对住房改善的需求。当前，我国特区城市的廉租房和经济适用房建设已全面展开，但是其速度和覆盖面积并未解决特区城市的住房压力问题，因此，政府一是可以通过金融调控手段，加强对廉租房和经济适用房的贷款比例，减少甚至限制对商品性住房的贷款额度；二是与有实力的开发商合作，联合建设，积极引导开发商进入理性房地产领域。同时，新时代经济特区还应坚持协调、公平发展

的理念，在改善特区公民住房条件降低刚性需求时，不能只把精力集中在城市，还要兼顾城乡的统筹发展。

除此之外，要加快特区定向安置房建设，保障因城市改造、城市规划等因素移迁群体的住房。在定向安置房的配置过程中，特别要防范保障房建设的腐败现象，因此，特区要建立特区住房保障问责机制，有效地控制地方政府过度依赖土地增加财政收入的行为。

3. 优化社会体制机制营造良好营商环境的新使命

（1）建立健全科学合理的收入分配体制和激励机制

健全更加科学合理的收入分配体制和激励机制是践行经济特区公平、协调、有序发展理念的新使命之一。新时代中国的经济特区应立足于特区形势，对标国际典范，完善产业体系，建成高收入经济特区。第一，探索有效的收入分配体制，以社会主义市场经济体制下的收入分配为主导，政府有效引导，推进收入分配与再分配实现公平，充分调动经济建设谋划者、建设者等所有参与者的自觉性和积极性，提高经济效率。第二，深入实施就业优先战略，就业是民生，民生是就业，加强劳动市场的供给侧改革，探索实现更加充分、更高质量就业的民生模式，激活特区就业者的价值，实现与世界发达城市媲美的居民高收入。第三，完善劳动、资本、技术、管理等要素按贡献参与分配的体制机制，创新社会主义收入分配体制。第四，也是最关键的一点，推进经济特区新一轮思想大解放，完善特区的激励机制，凝聚特区高质量建设新活力。如开展特区大调查大讨论，了解民意、集中民智，回应社会关切，凝聚社会共识，最大限度地聚集推进特区现代化先行区建设的合力。

（2）引领中国特色社会主义法治现代化建设

法治建设是新时代中国特色社会主义建设的重要课题，社会主义法治现代化的重要内容，更是新时代中国经济特区由高速发展向高质量迈进的首要任务，特区全面深化发展的前提和基础。经济特区应充分发挥特区立法优势，以一流法治城市建设为目标，为特区经济社会变革提供重要的法治环境保障。推进特区社会主义法治现代化，特区如何发挥其在一流软环境建设方面的作用？第一，适应特区现代化建设需要，推进新一轮政府机构改革。如：成立特区法治现代化建设领导小组；依托特区政府检察院的现有力量，成立知识产权监察局；适应互联网时代的纠纷解决需求，建立互联网法院。第二，借鉴新加坡等地的先进法治经验，创新综合行政执法体制，并探索成立专职人大代表工作室，提升人大法治监督作用。第三，健全依法决策机制，探索设立人大常委会专职委员制度，探索引入立法辩论制度，并建立人大特定问题调查委员会。现代化是经济特区在新时代的重大战略和头号工程，经济特区必须首先在法治建设进程中推进强有力的举措，保障现代化新的"两步走"战略部署有序推进。

（3）探索中国特色社会主义党建新成效

在2019年7月9日中央和国家机关党的建设工作会议上，习近平将新时代党的建设形象比喻为"金钥匙""牛鼻子"。新时代，中国的经济特区就更应在探索中国特色社会主义党建现代化中充分发挥好示范、引领作用。就当前特区党建工作的推进实践来看，新时代中国经济特区党建新成效的工作重点如下：第一，推进特区干部制度和廉政水准国际化，继续担任"试验田"任务。经济特区要在新时代党建新形势中积极探索新型廉政机构与体制机制，建立公职人员普遍纳入廉政建设的新制度，奋力开创新时代特区党建工作新局面。第二，立足特区党建新形势、新特点、新任务，发展社区党建、园区党建、企业党建新模式。探索和完善"党建＋"模式，尤其是特区基层推行"党建＋志愿服务"，建成党群和谐新局面。第三，加快探索特区党政干部正向激励制度化创新试点试验，建立阳光化、标准化和规范化的干部待遇体系，建设社会主义廉政先行试验区。第四，智慧党建，建设特区一盘棋的"智慧党建"系统。利用特区物联网、大数据优势，尽快建成融党建宣传、党员教育、党务工作、党建管理为一体的智慧化党建平台。第五，探索特区党建国际化效能，一是特区可积极推行大规模干部轮训计划，为特区新一轮改革开放奠定强大的干部人才基础，二是特区也要重视企业家群体中的党干能力提升，探索设立特区干部培训、学习交流的开放化、国际性平台，为全党储备一批得力的企业家党干人才。

四 粤港澳大湾区发展引领使命

粤港澳大湾区是新时代中国特色社会主义建设的主要内容，是我国深化改革打造具有全球竞争力水平的国际一流湾区的重要部署。从基本情况看，粤港澳大湾区在珠三角基础上的更广泛的协同开放战略发展区，由高聚集度、对内联系紧密、对外高度开放的"9+2"城市群构成，总面积5.6万平方公里，是我国开放程度最高、经济活力最强的区域之一。粤港澳大湾区的发展将充分发挥湾区内各个城市和地区的比较优势，推动粤港澳地区协同开放、全方位开放和高水平开放，其主要使命，一方面是探索"一国两制"体制下的经济发展新路径，创新发展新模式，培育开放引领新优势的创新粤港澳建设开放型经济新模式，培育粤港澳引领开放发展新优势；另一方面是探索与国际接轨的中国城市未来发展新模式，尤其是在全面市场化、法治建设、开放程度及创新能力等关键领域先行先试，为中国的改革开放闯出一条新路。

（一）粤港澳大湾区肩负着我国实施"一国两制"新探索，推动港澳融入国家发展大局的引领使命

新时代粤港澳大湾区的发展是更好地践行"一国两制"基本国策的需要。通过实施"一国两制"新探索，引领珠三角地区乃至我国推进国内体制机制改革，加快构建粤港澳一体化市场，实现区域要素有序自由流动，在"一国两制"背景下，探索建立市场配置资源新机制、区域联动新模式、国际合作竞争新优势。

港澳地区与广东、福建等地产业互补性强，产业联动能力突出，建设粤港澳大湾区，有利于引领内地与港澳地区紧密合作，通过经贸往来，促进区域协调发展，构建内地与港澳地区合作桥梁，深化经济一体化发展，对于引领构建区域繁荣、政治稳定、民心团结的"一国两制"良好局面具有重要意义。

粤港澳地区血脉相连、文化相近，建设粤港澳大湾区，不仅能加强三地更深层次的经贸合作，培育中国经济走向世界的新动能，也可拓展、加深三地科教文卫等社会服务业领域的交流合作，尤其是加强地区间民众的交流、互信、理解和融合，形成文化互通、政

治互信、民心相通的文化交流格局，为"一国两制"坚实社会根基。

与此同时，建设粤港澳大湾区，实施"一国两制"新探索，可以为对台合作提供借鉴，是实现祖国和平统一大业的需要。构建粤港澳大湾区，带动港澳两地经济发展，保证香港、澳门回归后长期繁荣稳定，对于促进与台湾交流合作，维护台湾政治稳定具有重大意义。港澳社会稳定、政治团结、经济繁荣，可以有效消除台湾内部思想负担，对于解决台湾问题具有巨大示范作用和借鉴意义，也为台湾内部的政治走向指明道路。在区域经济一体化发展中，大湾区将辐射台湾地区，促进台湾与大陆、港、澳经贸往来，将把台湾地区经济发展逐渐融入国内经济发展的快车道上，共同分享发展红利，从长远看，对于实现祖国和平统一大业具有重要意义。

（二）粤港澳大湾区肩负着我国构建开放型经济新体制，实施全面深化改革的引领使命

1. 构建开放型经济新体制的先行探索

建设大湾区有利于探索新一轮改革开放政策体系。2018 年是我国改革开放 40 周年，同时开启了新时代新一轮改革开放的新征程。当前，中国改革开放进入深水区，发展更高层次的开放型经济，形成全面开放新格局，促进国内经济体制改革是最紧迫的要务。广东作为中国改革开放的发轫之地，在新的时代征程上，有条件也有责任引领我国新一轮改革开放。而粤港澳作为中国经济最活跃地区，是新时代我国深化改革开放的试验区、创新区、引领者，是我国对外开放的重要窗口和连接世界的核心枢纽。通过实施粤港澳大湾区战略，探索构建更高层次开放型经济新体制，探索构建粤港澳深度融合发展的新体制，是大湾区当下的重大新使命。

2. 探索我国对标国际经贸规则的创新实践

国际经贸规则主导权是大国间的主要角力点。大湾区建设要在经贸和制度层面全面对标国际一流湾区，以纽约湾区、旧金山湾区、东京湾区为代表的国际一流湾区都是产业链、价值链向高端跃升的典范，顺应、引领了国际高标准贸易投资规则的发展趋势，创造了营商环境优、贸易投资自由化与便利化水平高、公平竞争、国际商事投资争端解决机制完善、风险防范能力强的创新高地。大湾区建

设应对标国际高标准经贸规则,深化体制机制改革,以服务贸易为主导扩大开放,积极打造高水平的对外开放平台,对内促进以大湾区一体化发展为重点的体制机制改革,为各类资源要素的自由流动及优化配置提供最佳环境,为形成统一开放、竞争有序的湾区大市场先行先试。大湾区在双向开放和参与全球治理、构建高标准贸易投资规则、建立与国际接轨的开放型经济新体制等方面继续积极探索,提升我国在全球经济治理中的制度性话语权,促进国际经济秩序朝着平等公正、合作共赢的方向发展。

3. 承担我国建设开放型世界经济大国的重要责任

建设大湾区是我国坚定支持经济全球化发展的具体行动。当前经济全球化进程面临挑战,我国作为全球化的坚定支持者和推动者,愿与世界分享经济发展红利,推动全球化发展。大湾区建设以开放合作为鲜明导向,促进我国内地向港澳进一步开放,推动我国形成更自由、开放、包容、便利的政策制度环境。大湾区将成为以开放为驱动力的区域经济一体化典型,与"逆全球化""保护主义""以邻为壑"的经贸主张形成强烈反差,是我国推动全球化发展的积极行动。

建设大湾区可成为我国引领全球经济治理和规则构建的重要尝试。中国倡导构建更具活力、包容和可持续的全球经济治理新模式。大湾区建设涉及一系列国际标准、政策对接与经贸市场一体化内容,是推动我国经贸规则国际化,面向世界,辐射周边,输出中国方案,参与全球经贸规则治理和引领国际规则制度的试验田。

建设大湾区彰显我国构建人类命运共同体的大国责任与担当。世界已形成相互依存的命运共同体,各国、各地区之间利益相关、命运相连。中国致力于携手全世界解决碎片化问题。通过推动打造大湾区,本着互信、包容、合作、共赢精神,着力打造发展创新、增长联动、利益融合的区域性命运共同体,这与我国倡导的构建人类命运共同体的理念一脉相承,这充分彰显了我国构建人类命运共同体的大国责任与担当,可为我国深入构建人类命运共同体积累经验。

（三）粤港澳大湾区肩负着我国推进高质量发展新征程，培育经济发展新动能的引领使命

1. 引领构建产业发展新体系，培育粤港澳深度融合发展新动能

粤港澳大湾区构建产业新体系，首先，要增强制造业核心竞争力。制造业是粤港澳大湾区发展的经济基础，大湾区的高质量发展必须加快推进湾区制造业转型升级和高端布局。当前是要重点推进制造业智能化发展，尤其是装备制造业智能化产品，培育一批具有系统集成能力、智能装备开发能力和关键部件研发生产能力的智能制造示范企业。其次，要培育壮大战略性新兴产业。面向全球市场需求及竞争形势，充分发挥粤港澳合作优势，依托港、澳、广、深等中心城市在科研、技术方面的核心资源，以及周边城市制造业发展基础，分工协作，联合打造一批产业链条完善、辐射带动能力强、具有国际竞争力的战略新兴产业集群。主要方向包括：人工智能、新一代信息技术、生物技术、高端装备制造、新材料等新支柱产业，及区块链、新一代显示技术、新一代通信技术、蛋白类生物药、基因检测、3D打印、北斗卫星应用等重点领域。再者，要引领建设强有力的金融服务保障体系，加快发展以金融为代表的现代服务业。以开放粤港澳金融市场互联互通为切入点，逐步扩大区域内人民币跨境使用规模和范围；逐步探索大湾区内基金、保险等金融产品跨境交易，建立资金和金融产品互通机制。支持内地与香港保险机构开展跨境人民币再保险业务。研究进一步放宽港澳投资者在珠三角九市设立银行业保险业的准入门槛。研究设立粤港澳大湾区保险、黄金、珠宝、钻石等交易所，推动域内资源的合理流动。最后构建具有竞争力的现代服务业体系。现代服务也是大湾区发展的重点，如会议展览、金融服务、专业服务等，因此大湾区要以建成具有国际竞争力的现代服务体系为目标，加强区域现代服务业协同发展，优势互补，打造以湾区现代服务业为核心的产业链、价值链、供应链。

2. 引领探索自主创新新实践，激发粤港澳深度融合发展新活力

首先，引领我国创新基础能力建设。《粤港澳大湾区规划纲要》明确提出大力推进"广州—深圳—香港—澳门"科技创新走廊建设。

在此战略指引下，粤港澳大湾区要科学谋划创新驱动布局内容，积极建造完善重大科技基础设施、核心科研机构，打造重大创新平台，引领我国建设综合性国家科学中心，并向港澳有序开放国家在粤科研设施。推进中国散裂中子源等大科学装置建设，依托大科学装置群加快建设产业创新和转化平台。其次，推进大湾区"产、学、研、投"深度融合。以市场为导向，以科研平台为依托，以企业为主体，以产业化为手段，建立"产、学、研、投"深度融合的协同创新体系，联合开展重大科技攻关，推动大湾区在重大科技领域和新兴产业技术方面走在世界前沿。最后，引领创新生态建设，营造良好的区域创新环境。依托新一代信息技术，推进粤港澳创新资源和科技合作的信息共享，建设粤港澳大湾区大数据中心，整合和共享智慧政务、科技创新、新型商务等方面的数据资源。积极探索粤港澳大湾区"9+2"城市的人才、技术、资金、设备等创新要素自由流动的改革举措，鼓励科技和学术人才交流，研究实施更加便利的出入境、工作、居住等政策和税务措施。加强粤港澳知识产权保护合作，搭建大湾区知识产权信息交换机制和共享平台。

3. 引领搭建创新服务新平台，优化粤港澳深度融合发展新环境

首先，粤港澳大湾区要引领区域创新合作示范区建设，为经济特区之间、大陆与港澳之间、经济特区与其他区域之间提供创新合作先行示范作用。《粤港澳大湾区规划纲要》提出加快推动深圳前海、广州南沙、珠海横琴粤港澳深度合作示范区等重大平台建设，其主要目的便是强化扩大开放、促进平台合作的试验示范作用，引领带动粤港澳全面合作。其次，通过推进重点合作平台加快发展，引领创新服务机制建设。粤港澳大湾区通过落马洲河套地区港深创新及科技园、毗邻的深圳科创园区、东莞滨海湾新区、江门大广海湾经济区、中山粤澳全面合作示范区、佛山南海粤港澳合作高端服务示范区、重要创新合作平台的建设，促进港深及国际创新要素资源有机对接。最后，引领创新创业平台建设，粤港澳大湾区通过建设粤港澳青年创业基地，为粤港澳青年营造良好的创新创业生态环境，在广东自贸试验区南沙新区片区、前海蛇口片区和横琴新区片区分别设立粤港澳（国际）青年创新工场、前海深港青年梦工厂、

横琴·澳门青年创业谷三个青年创新创业平台。在"一国两制"背景下，引导港澳和内地青年携手创新创业，为我国深度参与国际合作提供重要示范。

（四）粤港澳大湾区肩负着我国改革开放再出发，建设世界级一流湾区都市群示范区的引领使命

从世界大湾区发展历程看，基本经历了从城市到城市群、都市圈、都市圈集群的演变过程。目前以美国为代表的湾区经济国家正在形成引领世界工业和城市化的超级都市圈集群。打造国际一流湾区和世界级城市群是粤港澳大湾区部署的战略目标，因此，大湾区要以推进湾区"9+2"城市群融合发展为抓手，辐射、吸引周边区域协调推进，尽快建成世界级都市圈集群。第一，依托港澳作为全球自由开放经济体和广东改革开放排头兵的优势，更好融入全球市场体系，推动大湾区产业向中高端迈进，激发新兴产业、先进制造业和现代服务业开拓发展的潜力，培育湾区发展的持久动力；第二，抓住新一轮世界科技革命和产业革命机遇，积极探索发展新技术、新业态、新模式、新产业，不断在世界科技前沿和新兴领域取得重大突破，切实形成创新驱动型的经济体系和发展模式；第三，扎实推进全面创新改革试验，充分发挥粤港澳科技研发与产业创新优势，破除影响创新要素自由流动的瓶颈和制约，激发各类创新主体活力，建成全球科技创新高地和新兴产业重要策源地。按照国际化规划、现代化建设、生态化发展、高端化配套、智慧化管理的城市发展理念，以改善社会民生为重点，打造国际化教育高地，完善就业创业服务体系，促进文化繁荣发展，把粤港澳大湾区建设成为产业创新引领、全域协同发展、生态安全永续、功能国际接轨、社会包容共享、宜居宜业宜游的优质生态型湾区和世界级都市集群。

与此同时，大湾区是"一带一路"建设中国家对粤港澳深度合作提出的新概念，其目的在于突破当前粤港澳合作中存在的制度障碍和发展瓶颈，更好地发挥粤港澳地区在"一带一路"，特别是21世纪海上丝绸之路建设中的功能与作用。构建以大湾区为龙头，以珠江—西江经济带为腹地，带动中南、西南地区发展，辐射东南亚、南亚的重要经济支撑带。加快形成以核心城市和其他中心城市

为支撑的开放型经济新体系。

第二节 国外经济特区的新任务

一 东亚经济特区新任务

东亚经济特区是指包括中国在内的,朝鲜、蒙古、日本、韩国以及中国台湾等国家及地区的经济特区,上文我们详细介绍了我国经济特区发展新使命。这里着重探讨东亚其他国家经济特区发展的新任务。在 20 世纪 80 年代,中国台湾、中国香港、韩国和新加坡充分运用经济特区在经济政策、对外开放的优势,成就了"亚洲四小龙"奇迹。近年来,随着我国深圳经济特区的高速发展,东亚各国和地区纷纷开始效仿成立经济特区。比如中国台湾的新竹科学工业园区、朝鲜的罗先经济特区、新义州特别行政区等,东亚经济特区类型齐全、层次分明,类似新加坡、中国台湾等发达地区主要以实现单一功能的先行探索为主而设立经济特区,朝鲜、蒙古等国则效仿我国经济特区建设,设立综合型经济特区。

(一)新时期东亚经济特区的新挑战

1. 发达地区经济特区如何协调全球化与区域化的关系

新时期东亚地区中国台湾、中国香港等地区的经济特区也将面临贸易保护主义的国际贸易新局面,对于本来相对发达的台湾经济特区,如何制定良好的经济特区宏观政策协调全球化与区域化二者的关系,是目前东亚发达经济特区的主要挑战之一,世界上似乎很难发现第二个像新加坡这样的国家,在其实施外向型经济发展政策时在全球化与区域化之间左右逢源。或许特殊的战略地理位置是可以作为解释的主要原因,但如何及时调整二者之间的关系、调整时所带来的负面影响、二者之间的互动受哪些因素影响,这些具有共性和个性的问题都有待进一步研究,以便为其他经济特区提供借鉴。

近年来,特朗普上台后,大力推行"美国优先"政策,反映在经济领域即加强贸易保护,吸引资金回流本土、新增国内投资。在贸易方面美国新的单边行动的可能性大幅提高，为2018年全球贸易投下阴影，尤其东亚经济特区作为美国产业转移的承载地，贸易摩擦未来对东亚发达地区经济特区的冲击将会不断提升，在新一轮全球资本流动和产业分工调整的冲击下，东亚发达地区经济特区如何通过转型升级应对金融及产业的冲击，将是中国台湾经济特区的重要任务之一，也是我国经济特区的主要挑战之一。

2. 欠发达地区经济特区如何有效破解自身制度约束

根据朝鲜罗先经济特区、新义州特别行政区等四个特别经济区的发展进程来看，可以说朝鲜经济特区的建设与发展异常曲折，发展成效也并不理想。蒙古国草原辽阔，矿产丰富，自然资源禀赋优势明显，然而，缺乏现代化的产业体系和经济政策，蒙古国经济发展缓慢，因此，蒙古国以中国模式为学习典范，发展口岸经济，并于2004年在中蒙边境最大的陆路口岸扎门乌德市，建立了自由贸易区，这个地方也因此被称为"小香港"。在这里可以用人民币消费，甚至还可以收到中国移动的信号，但由于缺乏有效的经济特区制度建设、政策扶持，这个被蒙古国寄予厚望的城市现在看来并不繁华，甚至比不上中国的乡镇。综上，这些欠发达地区经济特区面临的挑战主要来源于自身的优化升级。首先，是经济特区制度建设问题，如何提高经济特区自主权，制定经济特区稳定科学的经济政策，培育公平、公正、公开的市场经济是这些经济特区的重要挑战之一。其次，如何真正做到对外开放，经济特区对外开放不仅仅是吸引外资，破解本国经济发展难题，而是要依托本国比较优势，建立促进本国主动融入国际经济发展，进而促进本地区企业、人才外向型发展。最后，综合性经济特区的设立一定不是某一方面的"特"，而是基于制度、法制、市场、政府等多方面的改革，所以这些地区目前最重要的使命之一是如何举全国之力全方位建设经济特区。

3. 东亚经济特区如何应对国际分工体系的变化

在区域经济一体化浪潮的推动下，国际生产组织呈现出网络化特点，且随着新一轮科技革命的广泛影响与渗透，这种趋势将会在东亚贸易结构、经济结构、经济体关系上表现得越来越明显。然而，近年来，随着贸易保护主义愈演愈烈，国际金融资本格局的重塑，东亚经济特区在东亚区域生产网络背景下所面临的不确定性、不稳定性因素也越来越多。首先，区域垂直专业化分工，发展中国家或处于不利地位。发展中国家或经济体由于自身的经济基础薄弱、技术较为落后，综合实力不抵发达国家，因此在产业分工中往往处于低端环节，如初级加工、生产、组装，这很容易使发展中国家在国际分工中面临技术进步的新困境。反之，一般来说，发达国家或经济体在全球价值链中占主导地位，对外政策的变动、全球战略的挑战等发生变动时，往往会对处于价值链后端或低端的发展中国家或经济体带来挤压效应。其次，在新的区域"三角贸易"格局下，东亚经济特区面临着对零部件进口和制成品出口"两头倚重"的局面。就目前来看，东亚经济特区对欧美市场的依赖程度仍较高，这也就意味着外部国家或地区的市场环境产生波动时，东亚经济特区的生产和贸易格局极易受到冲击。如美国实施的贸易保护主义措施，使东亚地区制造业出口带来一定程度下滑，制造业生产格局也受到冲击。最后，东亚经济特区生产网络单向化、单一化、简单化，区域经济合作尚待加强。到目前为止，东亚经济特区生产网络仍较简单，各经济体在区域价值链中的生产分工明确，且内容简单、互动性差，这样脆弱的生产网络形式是不稳定的，也极容易使区域间经济合作联系遭到干扰，甚至破坏。对于东亚经济特区来说，如何在日渐复杂的国际大背景下，应对国际分工所带来的挑战，是其重要的任务。

（二）新时期东亚经济特区的新任务

1. 发达地区经济特区探索围绕全球化与区域化设定外向型经济特区发展战略

东亚发达地区经济特区包括中国台湾，也包括我国深圳、珠海等经济特区，这些经济特区在对外开放方面已经取得优良成效，作为全球经济特区的标杆，探索如何建立全球化与区域化协调发展的外向型经济特区是这些东亚发达地区经济特区未来的主要任务之一。首先，发达地区经济特区由于历史、政治、地理和民族等方面的因素，使得这些地区必须通过与全球的不断联系，将国际市场作为自身经济发展的主战场，然而，又由于自身资源匮乏，需要与地理周边区域进行深度合作，所以，这些经济特区肩负着如何协调全球化与区域化的重要使命。

2. 欠发达地区探索渐进式"改革开放"策略，促进经济特区"特"起来

新时期东亚蒙古、朝鲜经济特区要想通过经济特区发展模式促进本国经济大跨步迈进，必须深入理解经济特区的本质。首先，须清楚认识国际关系环境是发展经济特区的外部关键因素，两国经济特区要正确处理与周边国家、欧美等国之间的正常关系，实质性改善现有的国际环境。其次，要结合国内国际经济条件、环境，尽快进行产业结构调整、转变经济发展战略，如实施出口导向型的经济发展战略和渐进式的"改革开放"政策。罗先经济贸易区、新义州国际经济区、清津经济开发区、兴南工业开发区、南浦市珍岛出口加工区是朝鲜开放较早的四个综合性经济特区和开发区，且本身具有优越的地理位置、良好的基础设施，工业发展基础也可支撑其国际市场的开发，如对外贸易能推动其国内经济结构发生较大转变，因此，朝鲜不必过快布局更多的特区，优先集中力量对以上四个综合经济特区和开发区进行调整和推进，必将改善朝鲜现有经济环境。从中长期看，"一带一路"的建设对于中朝俄韩蒙五国经济特区来说是一次重大机遇，东亚经济特区可依托"一带一路"建设带来的区域深度对话、交通互通、市场互通等优势，积极调整对外开放政策，进一步改善优化国际发展环境。

3. 优化东亚经济特区产业分工与合作

首先，东亚经济特区应加强深度对话，推进区域间深度合作。区域的快速发展的关键是区域间生产资源要素的自由流动、高效对接，东亚经济特区经济体可以以对外贸易和投资为契机，逐步拓展区域内经济体的关联关系，给区域生产网络内各经济体要素流动创造良好的条件，推动东亚各经济体的产业结构升级和企业发展进入新的台阶。这样，不仅能改善东亚经济特区在全球价值链中的分工地位，更能实现本国经济能充分应对国际市场的变动和挑战。其次，加快推进东亚经济特区合作制度化建设，为东亚经济特区生产网络的进一步发展奠定良好的制度基础和保障。最后，东亚经济特

区应以扩大区域内市场需求和核心，同时注重开拓国际区域市场，尤其是新兴国家。东亚绝大多数经济体最终消费占 GDP 比重均低于世界平均水平，因此东亚经济特区应首要实施扩大内需战略，内需是经济体持续发展的基石，同时也可助推东亚区域经济合作的进一步深化。

二 拉美经济特区新任务

从世界经济格局来看，拉丁美洲属于欠发达地区，区域内发展中国家占主导，但同时拉美地区也是世界经济最活跃、最具发展潜力的区域之一。拉美地区多数国家拥有丰富的自然资源、广大的市场、优越的区位条件，如巴西、墨西哥，但就整体来说，拉美地区多以农业为主，工业发展比例较小，开发程度不足，整个区域经济发展水平低于其他地区。20 世纪 20 年代，由于市场经济的发展和优越的区位条件，拉美不少国家以国际分工和世界贸易为契机，开始设立自由贸易区，积极争取国际市场带动本国产业经济发展。从经济特区发展演变进程来看，拉美经济特区先后经历了以贸易带动经济发展的贸易型经济特区阶段，工业生产和贸易相结合的加工型经济特区阶段以及逐渐过渡到现在的集贸易、加工、自主创新等多种功能于一身的多元化特区阶段。近年来，随着美国和西欧国家贸易保护主义的抬头和挑衅，包括拉美地区在内的发展中国家普遍面临来自发达国家的反倾销制裁，在国际市场环境恶劣演化的过程中，拉美经济特区的进一步发展遇到了很多问题，如商品价格波动、市场竞争加剧等，特区产业结构调整和技术升级的压力不断增大。新时期，拉美经济特区必须以此为鉴，加快调整国内发展战略，将重心放在特区产业转型升级上，提升特区国际竞争力和抗压力。

(一) 新时期拉美经济特区的新挑战

拉美经济特区凭借着资源与区位条件的比较优势，自设立经济特区以来，实现了以外向型经济为主导的快速发展，但是随着世界经济形势的不断变化，以及全球产业体系的变革，拉美经济特区面临诸如创新能力不足、开放度低难以融入全球市场、发展不平衡等严峻挑战。

1. 长期依靠贸易刺激经济导致自主创新能力不足

拉美经济特区数量在全世界各大洲属于较多的地区，长期以来拉美经济特区依托资源与区位比较优势，享受出口贸易带来的经济增长，因此，拉美经济特区大多为"飞地型"经济特区，特区内的企业基本属于"两头在外"，进出口都来自国外，经济特区逐渐成为世界经济的中转站，这种经济体在初期世界产业经济依赖低价格原材料、资源的阶段，可以带来流量的显著增长，随着世界经济的不断变革，对于资源、原材料的依赖逐渐减弱，加之，工业不断智能化发展，对劳动力需求日益减弱，初级加工产业逐渐转移，拉美经济特区经济增长速度遭遇大幅减弱，内生增长动力不足，自主创新能力不足，是拉美经济特区目前面临的最大挑战之一。

2. 长期受制于美国市场导致难以真正融入全球市场

特殊的地理位置、欠发达的经济基础，使得拉美在进入全球市场时力不从心，最明显的表现则是拉美经济特区主要服务于与其相邻的美国市场，且同时也受制于美国市场。如 1983 年美国国会通过"加勒比地区倡议"，批准在今后 12 年内对中美洲和加勒比地区的大约 4000 多项出口商品实行免税，同意该地区每年向美国市场出口 10 亿美元的商品。另外，欧洲国家、日本的产业转移和对外投资、贸易策略，使得拉美自由贸易区、出口加工区成为欧日进入美国市场的过渡区，拉美在全球价值链分工中的地位使得拉美经济特区过度依赖于美国市场，长期处于经济发展、技术进步的陷阱区。

3. 长期忽视社会改革导致发展不平衡、不可持续

拉美各国经济特区长期以来仅仅发挥经济特区的经济功能，忽视经济特区法制建设、营商环境优化、收入分配等社会改革，导致经济特区内部发展不平衡，贫富差距较大，毒品、暴力等犯罪活动猖獗等社会问题，长此以往，拉美经济特区面临严重的经济不可持续发展问题，尤其是近年来拉美重要资源——石油价格持续低迷，政府收支失衡，民众就业、生活困难，这些都加剧了拉美各国社会的不稳定。短期内拉美经济环境难以扭转，甚至有极大可能会持续恶化。

(二) 新时期拉美经济特区的新任务

1. 优化顶层设计，建立一个强大的特区政府

经济特区的性质决定了其发展演变离不开国内、国际两个市场，开放的全球市场是经济特区可持续发展的必要条件和推动力。为了吸引全球投资者投资，促进国家经济增长、技术提升、改革转型，拉美地区不少自由区和免税区长时间对投资者免税，这一方面导致经济扭曲发展，另一方面，使特区成为走私、洗钱、各种腐败的重灾区。首先，经济特区在设立初期，在政策、税收、法治等方面实行"特殊待遇"是激励特区大刀阔斧突破原有发展模式，激活市场经济发展活力，推动国内经济快速发展的必要手段，但更重要的是要因时而异，不能放任不管。因此拉美地区要尽快调整特区发展战略和实施政策。其次，经济特区有其特殊使命：先行先试，为全国发展探索合适路子，因此拉美应优化特区的试点作用，集中力量推动特区经济、社会变革，技术进步，然后辐射带动周边地区发展，由点到面，带动整个国家产业结构优化调整，全面开放。再次，拉美国家要给予特区稳定、宽松的政策和政治环境。重点是处理好政府与市场的关系，给特区在立法、贸易等方面充分的自由决策权，彻底激活国内市场经济的活力，但同时也不能放任不管，也要加强对特区自由决策权行使政治监管、社会监督，防止地方政府寻租腐败行为及市场盲目现象。最后，拉美地区国家要优化其政治结构，维持政局稳定，防止社会动荡，为特区创造和提供安定和谐的社会环境。

2. 探索一条符合拉美实际的特区发展道路

一个国家的现代化过程是一个复杂的系统工程，必须注重国家现代化的战略设计，必须统筹考虑方方面面因素，坚持科学发展，科学推进。一是有必要处理好工业化与城市化的关系。工业化要与城市化协调发展，城市化过度领先于工业化，或者工业化过度领先于城市化，过或不及都会产生一系列的经济社会问题。二是有必要处理好经济发展与社会发展的关系。经济发展往往产生不稳定结果，需要社会稳定做支撑。后发国家在经济快速发展的同时要注重社会发展，有必要把培养中产阶级或者中等阶层做大做强，从而为

民主政治的发展奠定社会基础，以保障经济发展成果。三是处理好收入与分配的关系。经济快速发展的过程中，"蛋糕"越做越大，与此同时如何合理切分"蛋糕"也越来越重要。拉美国家在收入分配的过程中，由于受国内分利集团的影响和制约，国民收入分配向少数人倾斜，地区分化、城乡分化、阶层分化进一步加剧了民居收入分配的差距，从而为社会不稳定遗留了动荡之源，教训十分深刻。四是政治现代化必须理性设计，审慎实践。政治民主现代化是各国现代化发展的一个必然的历史过程，但是各国历史和文化传统不同，社会结构不同，起点不同，政治现代化并不存在统一的公式或者标准答案。

三 非洲经济特区新任务

非洲是世界最早建立经济特区的地区之一，在20世纪70年代，非洲的埃及、南非、塞内加尔等国纷纷建立以出口加工、对外贸易为主要功能的出口加工区、自由贸易区等经济特区。早期非洲经济特区功能较为单一，从自由贸易的视角来看，非洲经济特区在自由度和开放度方面均具有一定优势，然而，由于缺乏顶层制度设计以及国内形势的不稳定因素，非洲经济特区并没有取得预想的经济奇迹。究其原因主要包括两方面：一方面，是特区设立的功能较单一，绝大多数非洲国家的经济特区不是依托资源优势的出口加工区，就是依托大规模的自由贸易区，或是依托具有区位优势的自由港，更不存在相关创新制度、创新举措的试验，经济特区设立缺乏引领性，如果仅仅依靠外部资源优势来实现区位优势、区域开发、资源开发的开发和利用，那么具有单一经济功能的经济特区就难以实现全社会的可持续发展，缺乏自主创新、高效配置各类型资源的能力。另一方面，主要是国家稳定和安全保障缺失的原因，包括非洲国内政治动荡、基础设施建设长期缺乏资金等以及国家之间纷争不断、政策缺乏透明度、边境管理烦琐、信息通信技术落后且普及率低、经济和贸易因素。新时期，伴随着我国以及其他金砖国家的不断开放，非洲经济特区发展迎来重大机遇，我国经济特区的成功经验也将为非洲经济特区发展提供模仿路径。

(一) 新时期非洲经济特区的新挑战

1. 如何在复杂的政治局势下，寻求经济特区的跨越式发展

稳定的政治环境是保证政策的连贯性和整体环境的安全的关键，而安全又是经济发展的前提。一个国家发展的前提就是相对稳定安全的内外部政治环境，就内部来说非洲国家因为缺乏强有力的中央政府，所以往往缺乏足够稳定的政治环境，因而整体环境的安全性明显不足，政府的更迭又很难保证政策的延续性。虽然近年来各国政治环境趋于稳定，但逢选必乱，加上国家地区民族冲突仍层出不绝，频繁的动荡和政府更迭带来的安全风险和政策变化的不确定因素，无论是对外来投资者还是本国民众来说都具有巨大影响，经济特区的发展也自然会受到制约。

2. 如何改善基础设施，吸引全球资源汇聚非洲经济特区

基础设施的建设不足是非洲国家存在的普遍现象，对其国家整体发展有着重要影响，就经济特区这一问题来说影响更为显著。没有强大的基础设施支撑，经济特区只能是空中楼阁，非洲不少国家的沿海地形本是其发展相关区域的优势，很多国家也依托海港建立相关经济特区、自贸区、工业园等，这一点和中国当初沿海开放试点相同。但特区的建立却缺乏足够配套设施等硬件的保障，使得很多园区明显效能有限，其中电力不足又是最明显的体现之一。

但经济特区本身的意义就具有先导性和示范性，国家本应该优先或尽可能地保证相关条件优先满足特区。特区的建立和基础设施配套不足的矛盾共同存在，本身就是其政策制定不周，资源调配不充分的有效体现，不是仅仅因为国家整体基础设施建设不足来掩盖这一失误，直接原因还是政府决策能力的不足，治理能力的缺失，没有整体的规划，如国家财政支持，政策支持等方面。如何有效地优化政府投资决策，提升治理能力是比基础设施建设更需要考虑的问题。

3. 如何提高非洲地区劳动力素质，提升非洲经济特区增长动力

非洲各国有其自身的文化、信仰、本土特色的传统，进而造成观念、认知上的差异，这种观念、认知造成的差异自然会在特区发展中有所表现并且产生影响。劳动力素质问题就是最好的体现。非洲自身拥有庞大的劳动力人口优势，但劳动力素质存在两个明显不

足，一方面是劳动力培训的缺乏和技术熟练程度的不足，这点可以通过教育普及，相关技能培训较快地解决。但更重要的一个方面在于观念造成的行为问题，就中国投资在非面临的劳动力问题来说，很多情况是非洲本土劳动力效率的不足，行为的散漫，工作态度积极性的缺乏。这种观念文化对与错暂且不论，但就经济特区发展来看，首先需要足够的效率保证，个体效率的不足势必会造成整个经济特区发展的迟滞，如果基本的生产、工作效率都不能满足，自然不会有快速的发展。这一点可以是劳动力素质这一单方面的原因，但更重要的是整个社会观念、文化造成的原因，改变也是缓慢和长期的，需要的是整个社会、国家的共同推动来改变，在共识、思维上进行革新。

（二）新时期非洲经济特区的新任务

1. 外部推动——学习中国经济特区成功经验

（1）学习中国经济特区制度建设经验，营造稳定高效的营商环境

非洲经济特区亟须完善法律法规体系和高效的执行机构，同时非洲经济特区政府需要塑造良好的营商环境，吸引各类优质资源集聚经济特区。以往非洲经济特区由于法律制度、市场环境的缺乏和薄弱，导致许多投资不存在延续性、产业成长能力较弱。不能清晰地界定各参与方的角色与责任的做法会大大增加投资风险。我国经济特区发展的起点与非洲经济特区有相似的地方，中国经济特区立法改革在我国经济特区发展中扮演着重要角色，自1980年《广东省经济特区条例》在全国人民代表大会上通过后，深圳经济特区开展了如火如荼的建设，该法律条例在经济特区企业开办、投资、税收优惠以及劳动管理等方面都做了顶层设计，为后来经济特区快速发展奠定了良好的基础。其他比较成功的经济特区包括韩国、约旦、马来西亚等地区，一开始也是通过构建良好的法律法规，优化特区制度，进而促进了本国经济特区快速发展，所以新时期非洲经济特区要注重法律制度、市场制度等基础性制度的设计，进而激发经济特区快速发展。

（2）学习中国经济特区顶层设计经验，提高非洲经济特区发展

活力

经济特区对应的地方政府拥有一定的自主权,是中国经济特区成功的重要经验之一。作为分权与集权相统一的中国政府顶层设计,往往经济战略发展规划都由中央政府来确定,但是,由于政策传递效率的干预,缺乏自主权的地方政府无法实施新的改革和发展思路,中国经济特区之所以成功,就是特区政府拥有一定的自主权,可以通过"试验"进行不断的探索和尝试。比如上一段提到的中国政府赋予经济特区一定的立法权,通过试点改革逐步改善营商环境。虽然非洲经济特区政府的能力有限,但可以尝试通过"政府+市场"的模式,有效利用私营部门来填补这一空白,例如在自由港、出口加工园区等小范围内进行不断的改革试验。同时,通过建立各特区内设立完善的监测、评估体系,实施渐进式改革,不断优化顶层设计,进而可以规避改革风险。

(3) 学习中国经济特区对外开放经验,吸引更多国家在非洲投资兴业

40年前,我国在内忧外困、诸多制约的局面下,提出伟大的改革开放战略思想,通过不断地加大对外开放力度,中国将经济特区作为转向市场导向型增长模式的突破口,取得了革命性的成功。在20世纪70年代末和80年代初的极端环境下,除了良好的基础设施和高效的公共服务以外,中国还在特区内提供了慷慨的财政激励措施,比如深圳通过采取"三来一补"政策来吸引外国投资者。新时期,世界产业空间格局逐渐发生变化,出口加工业、低端制造业不断向非洲转移,在这样的背景下,建议非洲经济特区注重优化营商环境,制定全面的对外开放战略,吸引全球其他优质资源投资非洲兴业,不要过多地关注税收优惠,应当采取技术转让/升级、鼓励技能培训和建立起与地方经济的联系等措施。

(4) 抓紧中非合作重大机遇,促进非洲经济特区转型发展

中国通过自身改革开放与发展,在保护主义抬头、全球不确定性因素上升的大背景下,为世界经济的增长注入了强劲动力,已跃身为经济全球化的引领者之一。虽然中国与非洲的经济贸易合作起步比西方晚,但中国秉持不同于西方的方式助推非洲发展,我国通

过实施"一带一路"建设，促进中国与非洲更好地开展经贸投资合作，新时期非洲经济特区应紧抓这样的历史机遇，通过与我国经济特区的交流合作，促进非洲经济特区不断发展。

2. 内部转型——依托比较优势、制度改革激发内生增长动力

非洲经济特区拥有要素禀赋比较优势，在发展过程中，应遵循比较优势原则，实施具有比较优势的产业进行结构优化和升级。这样一方面可以在国际市场上不断获得竞争力，加速资本积累，进而带动整个经济特区快速发展。同时，特区政府应积极发挥因势利导作用，一方面优化基础设施发展，另一方面扶持具有先行示范的企业。

（1）提高资源拉动经济增长潜力

非洲矿产资源十分丰富，开发潜力巨大，据统计，撒哈拉以南非洲地区的资源富集国在2000—2018年的年均吸引外资额和经济增速比资源贫瘠国分别高出了6亿美元和1.5个百分点，富集国矿产品出口收入占总出口收入的四分之一以上。资源相关型制造业增加值占非洲制造业总增加值的百分之五十左右，得益于丰裕的资源，非洲迎来了经济增长的机遇，但也导致了非洲高度依赖自然资源的单一的产业结构。新时期，非洲经济特区应充分利用好丰裕资源的比较优势，提高资源拉动经济增长的潜力和质量。在矿业资源方面加大矿业政策协调力度，更加注重与域外国家开展合作；提高自主发展矿业能力，提升政府对矿业开发的监管水平；破除制度机制障碍，与国际矿业巨头争夺主导权。在农业资源方面，在从深加工入手升级农业产业链的同时，还要逐步完善相应的配套服务，如营销渠道、物流配送以及仓储等；加大资金在粮食领域方面的投入，提供帮扶政策或劳动补贴给农场雇工，充分调动民间组织和私人部门的研发积极性。

（2）优化特区内金融、财政结构，拓宽发展资金来源渠道

由于外国发展援助、本土金融市场融资、财政收入和外债是非洲经济特区发展的主要资金来源。近年来，非洲经济特区也面临财政收支压力，从非洲资源富集国角度看，出口收入作为非洲财政收入的主要来源，财政资金宽松程度严重受制于出口收入，当其在面

临资源产品价格持续低位和大宗商品及原材料国际需求少的境况时，受出口量价齐跌影响财政状况捉襟见肘；从资源贫瘠国角度看，财政收入虽未受到严重影响，但国内经济转型与发展需要财政资金的大量投入，导致其财政支出压力较大。在这样的背景下，非洲经济特区应积极开拓本土债券市场，缓解财政资金紧张和外债偿还压力，例如，埃及、南非、阿尔及利亚、科特迪瓦等拥有相对领先金融市场的国家表现依然在非洲领跑。

（3）加大制度建设，营造良好的政治、经济发展环境

经济发展的保障和基础是制度。制度经济学者认为，适宜有效的制度是国家或区域经济增长和产业转型的决定性因素。非洲学者的研究指出，非洲只有注重因国施策、制度建设和能源与基础设施建设，才能够实现工业化，强调了政府干预对经济增长的重要性。强有力的政府可以起到适当的监管、为资本流动创造便利条件等作用，有助于协调经济发展。新时期，非洲经济特区应进一步加强政治稳定，以期通过制度改革，提高经济发展效率。

3. 存量升级——加强经济特区基础设施建设

经过多年发展，非洲经济特区总体发展形势越来越好，已拥有为数众多的出口加工区、自由港、工业园、自由贸易区以及旨在实现非洲经济一体化的各种区域一体化组织，但是非洲经济特区的基础设施薄弱依然是非洲经济特区高速发展的重要掣肘之一。新时期，非洲经济特区应进一步加强经济特区基础设施建设和公共配套服务，重点要推进基础设施建设、功能设施建设和监管设施建设。

一是优化特区交通体系，改善非洲经济特区交通基础设施。通过吸引外资开展交通基础设施建设，优化空间布局，补齐交通短板，使区域内外部的交通畅通，从而降低物流成本。

二是改造升级特区监管和服务设施。非洲经济特区出口贸易发达，应着力改善海关检验检疫监管查验场所、仓储物流、电子信息等基础设施，使跨境电商贸易在特区内得到发展。建立便利出口关卡和通道，安装无人自动放行系统、人脸检测识别系统以及立体监控系统等；新拓展规划区域应按照海关的监管要求实施封闭围网、修筑巡逻道；在相关场所安装专业监控系统，例如监管仓库、验货

平台、卡口、堆场、国检查验场地、药品器械库以及风险品处理场地等。

三是加强服务平台应用和实现数据信息共享。加快以大数据中心和信息交换枢纽为主要功能的各类型自由贸易区的信息共享和服务平台建设，扩大部门间的信息交换、拓展应用领域、统一信息标准、加强信息安全保障、推进部门协同管理，为加强事中事后监管提供支撑，加快推动形成统一政务服务平台，统筹推进统一、规范、多级联动的"互联网+"信息管理交互系统建设。

第九章 中外经济特区的新路径

第一节 经济特区发展的新约束

一 经济特区发展面临的制度约束

全球发展进入新时代，国家发展具有了不同境遇：经济实力已今非昔比，发展道路已经坚定、国际发展格局和竞争生态已大为改变、社会经济发展面临的矛盾与问题也大相径庭，技术、体制机制与文化已发生深刻变化等，这就要求经济特区与时俱进，为强国战略的实施进行实践与试验。40年来世界经济特区经历了快速的演化过程，我国作为经济特区的重要范例，40年来我国经济特区呈现出了"梯度"演进规律，符合我国在改革开放大局中的"梯度推广"战略。中国经济特区以"摸着石头过河"的精神，循序渐进地探索着中国由新时期进入新时代的发展道路。从谋篇布局来看，经济特区的发展导向符合包括我国在内的世界各类型经济体的战略发展需要，未来国家的主体一定希冀通过新时期经济特区的建设与发展进一步支撑区域经济快速增长。这依然需要以深入的制度改革和扩大的经济开放作为推进发展的根本动力，以先行试验、成功实践、辐射推广为基本途径，实现共赢发展、共同发展。但必须正视的问题是，新时期，新一代经济特区建设的制度改革方向是什么？设立的出发点、基本动机、内涵是什么？经济特区发展仍面临什么样的制度约束？

（一）经济特区立法改革有待进一步深化

改革就是要破旧立新，必然要在宽松的环境中才能使经济、社会、政治改革发挥应有的作用。经济特区的"特"就说明了经济特区就应在政策、制度方面享有"特别待遇",先行先试,放开手脚,敢于创新,勇于尝试,才能激发特区的实干精神和活力,才能发现和革新旧制度中的落后因素、不合理成分。以深圳为例,1992年通过授权深圳经济特区立法权,2019年《关于支持深圳建设中国特色社会主义先行示范区的意见》发布,明确指出支持深圳"根据授权对法律、行政法规、地方性法规作变通规定",截至目前,深圳共制定法规229件,显然有力地促进了深圳的经济社会改革和发展。

经济特区的发展实践告诉我们,经济特区拥有自由、广泛的立法权,确实对特区体制、政策优势的发挥,对经济社会的发展有着重要的推动作用,但在国际国内环境复杂多变的当下,经济特区立法中的不足已然不能适应新时期的发展需要,亟待重视。

1. 经济特区立法过程中存在的问题

普遍存在立法权行使不充分的问题,如:主动性不够,难以发挥立法应有的作用,特区立法应注重先行,但特区立法机构先行先试意识薄弱,立法计划积极性欠缺;立法备案审议制度不健全,审议论证标准不完善、审议周期长、审议机构不稳定,审议机制有待优化。

2. 经济特区立法质量存在的问题

特区立法以"不按规矩"办事为特权体现,但作为先行先试的典范,应抓好立法质量工作,着力解决当前立法中质量不足的问题,如律法内容笼统,可实施性、操作性差;重复立法,缺少对律法体系的全面认识,导致立法形式化;立法滞后,实践适应性欠缺等。

3. 经济特区立法监督存在的问题

对经济特区立法进行监督是保证立法公正公平的必要手段,目前对经济特区授权立法的监督主要是以备案的方式,监督形式单一、主体单一,且备案制度简单、粗放、不完善,易使备案流于形式,备而不查。

经济特区立法改革也面临非常具有挑战性的四个条件约束:

一是立法决策与改革开放决策相结合。经济特区的主要使命是改革开放,而立法是改革开放的主要内容、手段,也是保障改革开放方向、效率的方式，立法与改革开放是一对"你中有我，我中有你"的相互关系。因此，经济特区在处理改革开放与立法时，要辩证看待，不能割裂两者之间的紧密联系。具体在执行层面上，经济特区立法必须置于改革开放的大局，立法活动服务于改革和开放的实际需要，立法决策与改革开放决策紧密结合；经济特区在改革开放过程中，必须体现授权立法精神，不断探索授权立法的新问题、新领域，实现立法改革、社会改革主要的目的和内容。

二是保持特区立法的创新性。解放思想是经济特区立法的先导，经济特区立法先行先试，就体现了立法过程中要与时俱进，解放思维，大胆创新，敢于突破原有体制。在经济特区设立初期，改革开放大刀阔斧推进，经济特区立法先行为改革开放提供了强大律法保障，同时在这个过程中，特区立法制度不断得以创新、充实、完善。目前，全球经济已进入深度调整的低速增长期，新一轮信息技术革命和产业革命到来，世界经济所面临的问题越来越复杂、多变，为应对接踵而至的新问题、新挑战，经济特区迫切需要通过立法创新调解新时期深化改革中的新矛盾。

三是以立法突出特区优势。一般而言，政策与法规之间：前者是后者的先导，后者是前者的升华，两者之间是相互紧密联系的一对矛盾关系。经济特区在授权立法实践中，要全面认识特区发展政策，明确特区发展的基础优势与阻碍特区发展的矛盾，确立保障特区改革发展方向的立法要求，比如，根据政策引导，特区将进行深度的产业结构调整，着重发展高新技术产业，而特区相应的法律法规必须"到位"，既要突出改革发展的现实紧迫性，又要将特区政策优势转化为法制优势，使政策优势法制化，开拓、增强特区新形势下高质量推进的体制优势和投资环境优势。

四是在以立法突出特区优势的同时，还必须维护国家法制的统一。经济特区立法并不是"随意建设"，是在国家宏观立法体制下的"先行先试"，因此经济特区立法，必须是在遵循国家已有法律规章范围下，为适应特区发展新需要所做的立法调整行为，避免重复立法，做到既坚持国家法制统一的原则，又能突出地方特色。

（二）全方位对外开放的制度探索有待进一步深入

新时期，经济特区对外开放已由器物层面的商品贸易、要素流动深化进入到制度层面的深化改革、全社会的高质量转变,经济特区的主要使命则是在新一轮的全球竞争中,探索形成与国际投资、贸易通行规则相衔接的基本制度体系和高效的监管模式。为此,经济特区更要敢于打破封闭制度体系,大胆试、大胆闯、自主改,全方位促进规则变革,深度激活制度供给的优势,建立一套与国际高标准贸易投资规则相接轨的基本制度框架和行政管理体系。

1. 全方位对外开放呼唤规则制度的开放

对外贸易是经济领域市场的开放形式,是对外开放的初级层面,而新时期的对外开放是全方位的,是越开越大的,是越来越多样化的,是越来越深入的,关键是规则、制度层面,思维方式、文化与观念层面上的开放,反之,这些方面又可反过来推动开放的全方位发展。随着经济全球化的不断深入,经济特区对外开放呈现出全方位、多层次、宽领域的特点。我国一直是经济特区开放的世界范例,经过40年的改革开放,中国已开始谋划实施新一轮改革开放,并以探索新规则、新制度为基本任务。例如,在市场准入上,2018年我国全面实施市场准入负面清单制度,清单以外的行业、领域、业务等各类市场主体也都在规则、权利、机会方面和清单内主体一律平等,这一制度创新,将充分发挥新形势下市场对资源的优化配置作用。在产业层面,产业转型升级,产业格局向高端智慧化发展,推动着新形势下我国的劳动关系、资源定价机制不断创新。

2. 区域开放制度与国际通行规则的衔接约束

区域发展不平等是一直以来存在的问题,不同区域经济特区实施对外开放的制度,如何有效衔接国际通行规则是经济特区全方位对外开放的重要约束之一,尤其是在人工智能、数字经济快速布局的当下,产业发展是否符合未来经济社会发展趋势,更会引起资源配置的不平衡性。因此,未来经济特区要积极创造条件,把握机遇,以世界规则为标准,加快推进经济特区实现自由经济区。在发达国家"去全球化"、国际产业转移的大背景下,现有开放制度仍需进一步优化,使其与国际上自由贸易区域接轨,打造自由经济区支撑条件,推动所有经济特区不断探索相应的特区发展模式,为建立公开、透明、健康的市场规则奠定良好的基础。

3. 贸易投资管理体制改革带来的利益和风险具有不平衡性

目前，包括我国在内的世界各地区经济特区，由于对外开放的不断深入，在经济特区探索全方位开放的进程中，面临的不确定因素也越来越多，如国际贸易投资规则重大变化带来的风险，贸易投资管理体制改革所带来的不平衡风险。因而，经济特区的新一轮对外开放应着力在应对国际风险机制完善上多下功夫，具体包括：生态环境保护机制、劳工保护机制、引资优惠政策、本土发展机制、技术使用保护机制、争端协调机制等，尤其是金融风险防御机制，重点平衡金融业全球开放，要加强在国际投资协定谈判中的风险防御，跨境资本流动使用和检测。

（三）区域合作机制有待进一步完善

经济特区区域合作机制包含两方面内容，一是不同经济特区间的合作，二是经济特区与周边区域的合作，世界经济特区发展仍然存在竞合偏差和协同问题。如我国经济特区在定位设置上突出差异化，但在实际发展过程中仍出现了功能重叠、矛盾、同质化现象，以我国上海自贸区与深圳前海为例，2013年通过的《中国（上海）自由贸易试验区总体方案》指出，为吸引海外投资促进上海自由贸易试验区发展，在金融服务、大宗商品交易等方面给予大力支持和扶持。金融是上海自由贸易区的重点发展内容。前海合作区是深圳体制机制创新区、现代服务业集聚区，创新金融、科技服务等是其核心优势所在，且在国务院批复的前海22条先行先试政策中，明确强调金融创新是其深化改革、先行先试的重点任务。那么，在今后的改革进程中，经济特区要突破现有的绩效考核规则和区际竞争机制，引导特区开发竞合有序推进，避免因恶性竞争带来的无序发展。

目前，世界经济特区合作组织，大多是以特区政府自发组织的非制度化的、松散型的区域性论坛、行政首长联席会议、经贸洽谈会等协作形式，类似"深圳—喀什投资交流合作会""尼日利亚莱基自由贸易区""尼日利亚广东经贸合作区"等投资交流合作组织、区域，合作形式仍以粗放式的产业招商为主，缺乏地区合作的互补和协调机制，同时也缺乏经济特区专业化组织的规范化指导和制度性安排。各经济特区在发展过程中，注重自身发展效益调整，求大求全，与周边区域缺乏协同互动，特区与周边区域价值链多而不强，导致出现了经济特区高速增长、周围区域发展缓慢格局，经济特区的先进制造业和高技术产业辐射带动作用未发挥其应有潜力。

(四) 知识产权保护体制有待进一步健全

40年的改革开放，我国经济特区的演进轨迹呈现出产业结构优化合理、战略新兴产业规模持续扩大、技术密集型企业蓬勃发展等特点，创新要素快速集聚，创新创造大量涌现。如何在新时代以创新驱动，推进我国稳步跨入高质量发展区，是当前我国经济特区的重大使命和新挑战。随着我国在国际上技术合作不断扩大，经济特区的新成果尤其是技术发明创造等知识、技能专利给我国综合实力添砖增瓦，但另一方面我国知识产权保护体制不健全也使我国的知识产权面临被侵犯或损害的风险。在我国经济特区，技术发明的驱动力大于知识产权的保护力度，知识产权保护体制的不健全，不仅会给技术应用企业带来巨大的经济损失，更会降低创新进步的进取性，难以实现经济特区的创新开拓使命。纵观我国经济特区建设历程，导致以上现象发生的主要根源在于企业自身、政府监管部门和社会第三方服务机构。

首先，从企业角度来说，相对于国外企业，我国企业知识产权维护意识较为滞后，或保护力度不足，或肆意侵犯他人知识产权。经济特区建设初级阶段，市场经济主体以出口加工贸易为主，技术含量水平不高，当经济特区进入快速发展，经济结构加快调整，产业转型升级，向技术密集型转变，战略新兴产业、高新技术产业、创意经济蓬勃发展，企业的专利意识、知识产权意识也随之增强，发明专利、实用新型专利和外观专利的申请数量越来越展现了特区高质量趋势。然而，在知识专利授权之后，因企业产权保护专业不够、机制不完善，导致知识产权成果被严重侵犯，或低价转让使用权，正当利益得不到维护。

其次，从政府角度来说，政府监管是专利权益不被侵犯的重要武器，就目前情况来看，政府监管力度仍待提高。40年是经济特区快速发展的40年，是经济特区展现开拓创新的40年，但与此同时，经济特区的发展也有着不平衡、不协调的矛盾，尤其是技术密集型行业，中小企业在专利申请中差别较大。如深圳的中兴、华为，是我国的移动通信名牌企业，拥有较多的国际国家专利，2014年中兴仍保持全球前三位的国际专利地位。相比之下，那些中小企业在发明专利方面不占优势，较多的是实用新型和外观专利。中小企业在专利方面的弱势反映了两大问题：一是发明专利申请周期长、费用高，中小企业风险承担能力较低；二是中小企业的核心技术创新水平低。改革开放在一定程度上显著改善了我国在技术研发、创新方面的条件，经济特区整体的创新驱动力愈益凸显，但政府监管专利保护力度不足导致特区企业的核心技术优势并未得到充分发挥，市场公平性得不到体现。一是，在专利申请方面，专利申请"争分夺秒"，目前我国经济特区在专利申请方面效率低，协作审查机构尚未建立，无法保障企业在专利申请方面的权利，比如当企业去申请时，因时间前后的问题申请不通过，重复研发，严重影响企业专利申请的积极性。二是，在专利保护方面，经济特区的知识产权纠察力度有待加强，通常的情况是权利主体的权利受到侵犯时，诉诸专业服务机构，需要自己举证申诉，周期长、压力大，知识产权利益得不到有效保障。

最后，从第三方主体角度来说，知识产权法律援助的第三方服务机构难以满足现实需求。从近年来经济特区发展规律来看，特区的国际发明专利逐渐成为特区企业全球化竞争的重要收单，如中兴通讯，其在欧洲、美国、日本、瑞典等国家都申请了国际专利，2018年中兴事件也侧面反映了通信竞争的加剧，使得国际专利矛盾事件频繁发生。技术创新能力的开拓是高新技术企业提升竞争力的核心，但这种能力的维护也必不可少，甚至影响企业的生存。当前，律师事务所、专利事务所是特区企业维护自己的专利合法权益的主要诉求机构，这些结构都存在着显著的营利性特征，且业务单一、国际业务专业不强、人才缺乏，因此，当特区企业诉诸这些机构应对国际知识产权维护时，要么专业能力应付不了复杂的业务，要么时间周期长，导致企业在应对专利侵权事件时常常处于被动地位，尤其是跨国事件。

二 经济特区发展面临的文化约束

经济特区的文化约束主要表现为在特殊的制度、法律、经济安排下，和相对稳定的区域规划条件下，特区广大民众长期生产生活实践中不断形成的具有特定区域属性的文化心理、价值观念、共同语言、风俗习惯和思维方式。比如深圳经济特区的创业文化、移民文化，新加坡经济特区的创新文化等。特区文化是特区进一步发展的软实力，对特区经济社会发展具有整合、引导的显著作用，有利于加快特区改革开放的演进进程。经济特区在发展过程中，制度、法律、经济、社会的差异化优势越来越明显，也使得经济特区在文化形成过程中显现出独特的定位和优越性，经济特区独特的文化价值、习惯、意识形态是特区非正式的制度安排。经济特区文化约束与经济社会发展不断融合，进而产生了经济特区特有的以文化促进社会生产力的系统重构。对于经济特区来说，如何塑造具有经济发展正效应的文化约束，提升文化约束的社会效应，是新时代经济特区面临的重大课题之一。

（一）实现特区多重文化的交织与融合

经济特区重要的特点是集聚全球各类优质资源，伴随的是不同地区、不同民族、不同国家人民的汇聚，在这个汇聚过程中，伴随的是多重文化的交织与融合，如何实现多重文化的相互认同与融合，是经济特区文化约束的主要表现。文化认同是基于文化价值进行判断的一种文化形成过程，而文化融合则是文化价值认同的目标。经济特区的发展不只是经济形态不断由低级向高级，由分散向集聚，更是对区域可持续发展的追求，而区域文化则是这个演变过程的关键力量。在经济特区发展初期，特区内的文化形态是单一的、零散的，随着经济特区逐步摸索探索，特区形成了特有属性的文化，这就是特区文化认同的过程。随着文化与经济特区的互动，特区文化不断融合，形成特区的区域意识、精神状态、价值取向和行为模式，同时也推动着特区文化产业规模化、集约化，推动着特区高质量迈进。深圳特区转移人口文化融入存在一定困难，主要表现为：文化接纳困境、身份认同困境、获得感困境和幸福感困境。

在人口迁入过程中，必然会伴随着具有不同文化特质的文化的碰撞与冲击。深圳特区位于我国广东省，是具有鲜明特色的地区之一，其有独立的语言体系，饮食文化，生活习性和风俗习惯。省外和其他地区的人口流入深圳特区，要面临语言沟通、饮食和生活习惯等多重障碍，不同于自身之前生活及工作的环境，难以对经济特区的文化产生认同感，常住居民无法保持一致的价值观，对社会氛围会产生负面影响。

（二）打造开放包容的特区文化立场

纵观世界经济特区发展较为成功的案例，其中在文化约束中我们能找到的一个共同点便是：开放包容、互利共赢。比如深圳经济特区发展40年来，从小渔村到国际大都市，从点到点的试验，到面到面的推广，无论从经济体制改革还是全面深化改革，经济特区发展一直以立足国情、放眼世界为发展原则，强调自力更生的同时，更注重不断对外开放、互利共赢；又比如新加坡经济特区、韩国经济特区，无论实施何种制度安排、经济规划，都遵循一个重要的文化立场，便是开放包容。无论对个人还是国家而言，经济特区发展最重要的都是把握时代发展的潮流，顺应世界前进的方向，坚持开放包容、兼收并蓄、博采众长，而不是搞"一国优先""特殊对待"，搞保护主义和孤立主义。

（三）构建具有特区属性的文化体系

世界经济特区发展要么具有独特功能、要么引领改革示范，无论何种功能，其均具有开拓创新的特点，具有差异化发展的特点，特区的这种共有属性决定了特区文化与其他传统文化的差别。文化作为经济发展的主要推动力，同时也是经济特区发展的重要约束之一。无论是我国还是世界经济特区，在发展过程中均要重视具有特区属性的文化体系建设。就我国经济特区而言，如何建立开放包容、敢为人先的文化价值体系，是未来我国经济特区发展的重要文化约束。世界经济特区通过融合传统文化，发展特区文化体系，也是未来一段时间文化建设的重要使命。

（四）打造特区文化价值工程

经济特区虽然发展较快，但是在文化方面往往缺乏底蕴，与传统文化不同的是特区文化如何变得博大精深，进而通过文化影响特区社会、经济效益不断发展。文化之所以源远流长，重要的是它对于特定区域、特定人群价值观念、思维习惯潜移默化的影响，所以特区文化价值建设是打造特区文化的关键一步。经济特区虽然有开放包容的正向文化，但同时也存在浮躁浮夸、追逐奢华等价值取向不适当的现象。比如经济特区如何完善社会服务均等化，进而使更多的人具有公平感、获得感；如何引导文化基础设施建设，提升特区大众精神文化的建设也是重要的文化价值工程。

三 经济特区发展面临的技术约束

改革开放 40 年来，经济特区经历了不断的改革开放，其中 1978 年到 1982 年间，中国在储蓄缺口和外汇缺口"双缺口"的约束条件下，确立了利用外资与引进先进技术相结合的发展战略。这一时期，由于严格的市场保护政策，使得通过利用外资引进技术的战略遭遇挑战，从 1982 年开始，我国转变发展思路，突破因为市场制度导致的技术约束，创新实施"以市场换技术"的发展方针，并在一步步实践中解除了市场开放影响外汇收支平衡和保护民族工业的双重技术约束。40 年来，世界发展中国家经济特区的发展在面临相同困境下，也不断探索改革，通过引进外资、模仿学习、逐渐到自主创新，一步步提升自身的技术实力，不但为特区产业经济发展提供技术支撑，同时也是经济特区改革实践的重要成果。

新时期，发展中国家经济特区通过对外开放，依靠国际技术溢出所带来的技术进步边际效应逐渐减小，以往经济特区面临的贸易壁垒、国际金融管制、技术封锁等外部技术约束逐渐转变为资源匮乏、自主创新能力不强、缺乏创新生态体系、基础研究薄弱等自主创新的内部技术约束。新时期，经济特区创新能力的发展面临新的技术约束。

（一）传统经济特区贸易结构，制约产业高位升级

从贸易结构看，经济特区内部以出口加工业为主，通过出口加工引领母国经济快速发展，而在这样的目标约束下，直接导致经济特区产业发展在全球价值链处于低端，这种以出口为主导的贸易结

构，直接导致经济结构严重依赖进口国。当全球经济低迷、外需锐减下，经济特区将面临巨大挑战。新时代中国特色社会主义经济特区和世界其他经济特区面临贸易结构的技术约束，应及时调整贸易结构，提高自主创新能力。

从贸易产品结构来看，经济特区出口的产品单一、产品升级空间较小。我国经济特区及其他具有出口加工区的经济特区，大部分是订单式生产，利用本国的要素禀赋优势，开展半成品的加工和出口。也正是由于长期以产品加工为主，我国特区形成了以结构单一的产品加工与贸易为主的产业结构形态，长期发展必然会使得我国经济特区在全球价值链中处于不利地位，阻碍经济特区的可持续长远发展。因而，当全球经济进入新的时期，我国经济进入新时代高质量发展阶段，我国经济特区就必须打破处于产业链低端的资源密集型和劳动密集型产业发展弊病，用新发展理念、新发展思维深入挖掘和开拓国际国内资源，协同创新，充分释放经济特区的经济辐射带动作用。

（二）技术结构不均衡，缺乏技能型人才

技能型人才的缺乏，对经济特区提高产业效率，促进产品升级、人才培养产生了负面影响。经济特区作为改革开放窗口，始终站在国际竞争的前沿，经济特区竞争力的提升归根到底是技术的竞争，而当前经济特区技术创新现状导致了产品的升级后劲不足。首先，在技术人才方面，世界经济特区面临专业性技能人才缺乏、基础研究与应用研究团队脱节的技术的约束。大部分经济特区产业发展并没有进行系统的技师人员培训、选拔，也没有形成技师技术创新群体，缺乏有效的尖端技师引导，造成经济特区的技术工人大部分都是学历文化素质偏低的外来务工人员，影响经济特区制造技术的发展。同时，经济特区只注重引进基础研究和技术研发的高科技人才，缺乏将基础研究和技术研发成果进行转化的科技创新团队，导致制造技术升级转换较慢。世界经济特区要从"制造工人集聚地"转变为"制造技术集聚地"，从技能人才的培养、教育、职业规划方面打造技能人才培训体系，鼓励政府牵头，引导企业在制造体系中不断加强技能人才建设。

虽然经济特区通过在初期进行技术引进，进而实现国内缺乏技术的难题，进而实现了产业经济的快速发展，然而缺乏自主创新能力，必然难以实现产业结构优化升级和经济特区国际竞争力的发展。尤其是在技术消化方面，技能型人才扮演着重要的角色。没有技能型人才的平台，在研发的硬件、资金配置等方面也不能实现高效运作，技术人员得不到大课题的锻炼，久而久之就演变成了技术工人，不仅失去了创造力，也失去了技术研发的进取心，从而对企业的技术创新造成内伤。

(三) 关键技术支撑不足

关键技术装备是经济专业化、科技创新和产品升级的重要推动力。经济特区发展过程中，采取灵活快速的战术，通过一些周转快、规模小的产业项目实现经济的快速发展。然而新时期，随着竞争不断加剧，产品升级速度不断加快，对产品质量要求也更高，迫使企业通过改进生产技术和关键装备降低生产成本、提高生产效率。从目前我国经济特区的技术装配看，芯片、汽车发动机、工业机器人、高端数控机床等设备仍然依赖进口。

比如，高端数控机床是经济特区产业发展关键技术装备，大部分经济特区不具备高端数控机床的研发、生产能力，大多需要进口，我国珠海的航空航天产业，由于大型数控机床的供应不足，导致飞行器生产受到很大限制。关键技术装备是整个国民经济发展的基础，目前，经济特区缺乏此方面的专项引导，失去了对关键技术装备的技术支持，缺乏关键技术装备的支持，自主创新能力就很难有提升。

四 经济特区发展面临的环境约束

现代化发展和资源环境两者之间的矛盾日益突出，粗放式的经济发展道路，不仅在当今国际政治经济格局下难以为继，更重要的是透支了资源、破坏了环境，将付出高昂的代价，从根本上造成经济发展不可持续。对于经济特区而言，由于它们均是国内经济发展较快的城市和地区，因此其资源消耗强度较高，面临严峻的资源约束。尤其是在经济全球化下的国际产业大转移过程中，以重化工为特征的传统制造业向欠发达经济特区的转移，经济特区的不断发展，所需要的资源、能源越来越多，土地、矿产、能源等资源也越来越紧张，价格不断提高，加之资本市场的盲目性扩张，一方面导致资源错配，另一方面资源的使用效率也不断降低。伴随着工业和人口的不断发展，资源的应用范围愈加广泛，而众所周知，在一定时期和地域范围内，资源是有限的，尤其是自然资源，如煤、矿、石油、气候资源等，稀缺性极其明显，并非人力即可生产所得，可以说，当下资源的这种供需不平衡的矛盾已然对全球经济的可持续发展产生了严重的制约。

(一) 传统的出口加工型模式能源消耗过大

在经济全球化下的国际产业大转移过程中，经济特区发展初期依靠发达国家及地区转移出来的出口加工业，快速积累外汇资本，不断快速发展。初期发展中政府对能源、环境的管控要求较低，但随着经济快速发展，经济特区资源、空间、环境不断受到挑战。随着能源和环境危机的不断显现，经济特区新旧经济发展动能亟须转换，就当前经济特区的发展来看，多数经济特区是以制造业为主，如一般机械制造、高端装备制造、电子产品生产加工等，而这些制造业多是资源密集型，对资源、能源、环境的依赖程度较大，包括一些在转型升级过程中积极布局的智能制造，实质上依然是资源密集型产业。随着特区深度开发，产业结构大规模转型调整，经济特区制造业尤其是传统制造业出口加工，对能源、资源等的开发使用提出了更高的要求。

如我国的一般机械制造业，整体来说，我国制造业体量大，但"大而不强"，我国经济特区的机械制造业多处于价值链低端组装、半成品生产环节，产业附加值较低，能耗高：机械制造业在生产环节需要投入大量的土地、钢铁、人力、电力、天然气、蒸汽等资源、能源，据了解，中美制造业成本对比，土地，中国地价是美国的9倍；电力、天然气，中国是美国的2倍以上；配件方面，中国是美国的3.2倍。除对资源的高消耗之外，机械制造过程中的焊接、除锈、喷漆、注塑等工艺也会产生严重的空气、噪声污染及废水，甚至是有毒性的气体或废水，使我国的环境遭到了严重污染。

为了扭转这一局面，经济特区积极探索产业结构优化调整，并通过以生态环境使用税、环境污染税等手段加强对高耗能、高污染的监管，甚至是清除出本地区域。但实践证明，这样的方式"治标不治本"，比如我国的珠海、汕头等地以及巴西、韩国经济特区，普遍采用政策强制清理出市中心，或转移至市郊区，或强制关闭污染高的生产工业等做法，而最终的结果是，这些企业以暂时逃避的方式，将污染转移到其他地区，给其他地区的生态环境造成了严重的损害。对于经济特区来说，以将压力转移的方式并不可取，不仅不利于特区经济社会的深度改革，从长远来说，周边区域及其他地区难以消化掉这些影响，其生产要素的质量会明显下降，对特区的可持续发展也将产生威胁。

(二) 能源和生态环境负担

经济特区快速发展的过程是人口急速集聚的过程，人类生产生活也都需要消耗大量的资源能源，生态环境负荷超出了其可承受水平及自我恢复能力，环境污染、能源紧缺、生态无序等"城市病"反过来也深刻影响着特区城市生产活动，影响着居民的幸福感。具体表现在以下几个方面：首先是特区电力、水资源等能源供应压力不断增大。就我国经济特区的发展概况来看，这些经济特区如深圳、珠海、厦门等在地理上临海，表面上看水资源供应充足，而实质上特区城市用水依然是较为紧张的，人口规模大、企业数量多，生活生产用水量也较内地地区大得多。除了水资源外，特区城市的家庭用电、工业用电耗量也是显著高于其他部分地区，尤其是夏季高温天气，城市用电往往会出现高峰用电供应压力大的现象，影响特区城市生产生活有序开展。其次则是环境污染所带来的特区生态环境持续恶化的负担问题。经济特区的环境污染主要来源于两部分，一是特区内企业生产环节，二是特区内居民生活，且这两部分所造成的环境污染物虽不同，但危害同样需要引起极大重视。特区企业，尤其是制造业在生产环节会排放一些工业废水废气等，给地区的土地、水资源、空气等带来负面影响，尤其是尚未加工处理过的生产垃圾，可能会造成地区环境的急速恶化。同样需要注意防范的，也是极易忽略的则是特区居民的生活垃圾排放，如生活污水肆意倾倒、生活垃圾无规划处理，甚至在沿海地区生活垃圾未经专业处理便通过管道排放到海里，也给海域生态环境造成极大危害。随着国家提倡对生活垃圾进行分类处理，部分地区的城市环境得到有效改善，但对于特区周边地区，同样也需要避免生产生活垃圾影响特区的环境质量。最后，城市空气质量不断下降，人口拥挤、交通拥堵是最大的原因。越来越多的经济特区随着居民收入增加，汽车保有量不断上升，造成城市交通拥堵和空气质量下降。接下来，经济特区应加大力度推进能源结构"绿色化"工程，大力发展环境友好型能源。坚持以产业结构调整为导向的煤炭消费总量控制政策，坚持经济发展向低能耗、高能效的发展模式转变。

（三）生活垃圾处理

经济特区由于人口密集，生活垃圾总量巨大，是降低城市生态环境质量的重要因素之一，如何推动垃圾减量和分类，将是经济特区改善生态环境的重要课题之一。更重要的是如何塑造垃圾分类文化，加大绿色低碳用餐、绿色低碳出行、绿色低碳办公等方面的宣传力度，进而从源头上解决生活垃圾处理问题，同时，经济特区应在城市生活垃圾先进处理技术方面进行先行先试，引领生活垃圾高效、科学、友好地处理。

（四）绿色发展创新驱动力不足

生态环境问题是当前全球经济社会发展的首要议题，更是我国经济特区向高质量迈进必须跨越的一道坎。在应对生态环境矛盾给经济特区可持续发展带来的约束时，不仅要从生态环境的承载力角度去考虑，积极主动减少生产生活对资源能源的消耗、对环境的破坏和污染，也要从生态环境的开发应用手段上主动筹谋，充分利用技术创新和管理创新等积极手段，提高资源能源利用率。绿色技术创新是解决和防治污染的重要手段，在特区治理环境方面具有重要作用。

绿色发展创新即是通过技术创新，推行生产全过程控制、污染物总量控制等环境管理体系。经济特区具有技术研发与应用转化的优势，可在清洁生产、污染治理、生态恢复等技术领域积极探索，并以企业生产为依托，积极推行生产全过程控制、污染物总量控制等环境管理体系，打造绿色的产业生态链。

目前，我国经济特区在能源与环境方面的技术投入和管理创新力度是有待加强的，主要表现在：新能源产业方面，推广力度不够，产业链不具规模，短期经济利益行为，技术研发能力不强。以深圳特区为例，新能源企业只有比亚迪汽车公司的电动汽车产业，且该产业是建立在电池技术之上，尽管该技术能够最大地减小对石油的依赖，但是由于技术投入不足，企业长期发展步伐缓慢。

环境污染治理方面，我国经济特区在环境污染治理方面治标不治本，根源在于缺乏完善的治理体系，投入不足，具体表现在长期存在着环境污染治理投资增速远低于同期 GDP 增幅。如果环境标准设定更严，生态环保投资比重还会更高，需要达到 GDP 的 3%—5%。很显然，我国经济特区在这方面的投资比例较低，环境问题得不到根本缓解，将会给我国经济特区的高质量发展带来诸多隐患。

第二节　中外经济特区路径创新与实现方式

一　经济特区制度创新新探索

经济特区是世界各个国家独特政治经济制度下的改革创新平台，对处理改革与发展关系具有普遍价值，蕴含了发展道路的特区路径。作为先发区域，特区路径下的特区是"摸着石头过河"的探索平台，不仅承接国际先进的技术和制度，予以本土化创新，而且将作为本土制度创新的试验平台，探索具有特殊功能、特色机制的制度安排。特区路径经历了模仿创新、集成创新和原始创新等阶段，正在新时代成为跨越式制度创新的平台。同时，特区路径内含了自上而下的制度探索、制度专利机制、制度梯度转移、制度创新的不均衡、自下而上的顶层设计五个层次。世界经济特区制度创新就是在这样的基础上，不断依据自身政治制度、比较优势，形成了具有独特的跨越式发展路径。

（一）中国经济特区制度创新新探索

40 年来，我国经济特区作为先行探索者与实践者，通过卓越的实践回答了什么是社会主义和怎样建设社会主义等重大问题，在中国特色社会主义改革的制度建设和生产力不断发展两大方面做出了巨大贡献，同时为中国确立社会主义市场经济及其目标体制率先提供了实践基础，也为中国改革开放这一基本国策提供了极为重要的现实案例。

在现今的时点上，中国发展进入新时代，国家发展具有了不同境遇：经济实力已今非昔比，发展道路已经坚定、国际发展格局和竞争生态已大为改变、社会经济发展面临的矛盾与问题也大相径庭，技术、体制机制与文化已发生深刻变化等，这就要求经济特区与时俱进，为强国战略的实施进行实践与试验，为中国由经济大国向经济强国发展提供路径与体制机制的新鲜经验，进一步为怎样建设强大国家做出实践回答。这依然需要以深入的制度改革和扩大的经济开放作为推进发展的根本动力，以先行试验、成功实践、辐射推广为基本途径，实现共赢发展、共同发展。

中国经济特区发展40年，在经过大量改革的理论与实践后，依然需要从以下两个问题进行制度创新探索：

第一，如何探索通过制度创新破解制度转换的经济增长效应下降。制度与劳动、资本等推动经济增长的要素一样，遵循边际生产力递减的基本经济学法则。经济特区是中国发展过程中由计划经济体制到新的市场体制的制度安排的结果，是经济制度由计划向市场变迁的产物。最初，在大面积传统的计划体制背景下，新鲜的市场经济体制产生了对生产要素所有者的足够激励，这种较短时间内产生的"突发"激励与计划体制下的激励严重不足形成强烈对比，表现为市场制度巨大的边际增长贡献，即为通常所说的制度增长效应。然而，随着市场经济体制在特区的逐渐建立与完善，这种"突发"激励效应就慢慢减弱了，制度落差也逐渐缩小，进而在经济增长的过程中，表现为对投资、人才、贸易的吸引力下降。

第二，如何探索通过制度创新破解经济特区资源约束迅速递增。资源是制约经济发展的重要因素。随着特区经济的增长，人口的不断增多，资源稀缺显得越来越明显，对自然环境的压力也越来越大，威胁着经济、人口与资源的可持续发展。虽然科技进步可以使自然资源的利用率提高，环保意识的逐渐深入等因素都可以增强人口的承载能力，但其幅度十分有限。此外，由于特区有大量外来打工人口的涌入，致使整体人口素质偏低，加上教育投资的不足，所以人才紧缺，人力资源的匮乏也在很大程度上影响了特区经济建设的步伐，成为未来发展的瓶颈。

面对自身的发展问题，对于中国经济特区的未来，在全中国的经济制度现代化建设未全面完成之前，经济特区依然具有充足的存在根据和重大的现实意义，中国经济特区的存在与发展依然是中国现代化的理性路径，经济特区制度创新新探索的主要任务包括：

第一，优化创新路径，主张有效制度创新。不是所有的制度创新努力都能产生有效的制度，换句话说，只有具有正效应的制度变动才具有意义，效应为零甚至为负的制度创新是无效变革，这样的改革浪费社会资源，使社会耗费改革成本。无效制度改革在诱致性变迁机制里是不易发生的，因为制度的变动是以社会的需求为基本出发点的，具有很强的针对性，而在一个政府主导的强制性制度变迁的机制里，或者出于政绩的原因，或者出于改革实施者知识、信息的不足，易于产生无效改革，如果只强调"改"的行为而不注重"改"的效果，无疑会大幅度地降低制度改革的成效。

第二，激发创新活力，提供足够的改革激励。"联产承包责任制"后土地产出的增长对普遍贫穷的农民而言，其激励作用可想而知，这是农村经济改革得以迅速推广并富有成效的原因，其后，"放权让权"的国有经济改革使经营者和职工分享到改革利益，对于工资低下的城镇居民的激励作用也显而易见，同时，引进外资和发展民营经济让资本所有者的平均利润大幅增加，无数的农村居民移居城市，不仅可以分享城市的文明，更可以获得出乎他们原来预期的劳动回报，这样一来，改革的激励自然是足够的。经济特区今天的改革则需要有与以往的改革相比有大相径庭的制度改革利益和利益分享机制。不论是促进社会发展的制度创新，还是转变经济增长方式、促进社会、经济、环境发展协调性、缩小社会发展差距等的制度设计，其变革过程都具有公益性，同时，制度的创新过程充满风险，加上改革过程涉及现有利益格局的调整，形成了较高的改革成本。

当政府作为改革主体时，地方政府在中央的改革框架内创造具体的制度内容，是制度的创造者与实施者，在上述的改革收益与成本面前，作为制度创新者的地方政府易于产生改革行为的激励不足，因此，特区持续的制度与路径实践，需要中央赋予地方政府创新体制的权利，通过建立改革成效的评估机制、改革风险的免除机制和对有效改革的政绩奖赏机制等，对地方官员进行改革激励。持续性的激励机制的存在是改革能按预期计划推进的前提。

第三，提升推广能力，探索可复制的制度创新。天津滨海和上海浦东早已经将改革具体化为城市的发展策略与举措，比如天津滨海新区在金融企业、金融业务、金融市场和金融开放等方面的改革，在投资体制上的改革，在行政管理体制上的改革等；而浦东新区则将改革的重点任务确定为转变经济运行方式和相应的具体行动，如设立"国家知识产权试点园区"，率先开展知识产权权利质押业务，建立知识产权纠纷调解仲裁庭等。在发展动力上，经济特区已经由政策创新为主向制度创新为主转变。经济特区包括今天的自由贸易区，均在力图为全国发展改革提供经验和示范的历史使命，因此，其首要任务是基于自身发展基础上更高层次的、具有普遍适用性或借鉴意义的一般性体制机制和发展方法，只有这样，经济特区的改革和先行先试实践才具有全国发展的更高价值。

（二）国外经济特区制度创新新探索

世界经济特区在时间和功能上的不断发展要求不断探索制度创新。过去几个世纪里许多国家都在探寻实现经济起飞的道路，至今不少国家依然在自己的实践中寻找这样的道路。而经济特区则被认为是能够突破制度锁定与要素聚合锁定，进而实现增长的有效实践。在近现代经济发展历程中，世界上已经设立了大约4300个经济特区，约3/4的国家拥有至少一个经济特区，经济特区成为了普遍存在的重要经济发展现象。从经济特区的功能属性延伸来看，经济特区从最初单纯以贸易、经济功能为目标的自由港、自贸区，已逐渐发展成为具有全面引领作用的融制度创新、技术创新、产业创新等多种功能属性为一体的先行示范区域，全球经济特区随着发展的变化将逐渐实现功能的再定位，重新定位后的特区已经突破区域发展概念，直接对接国际环境、市场，参与全球生产要素配置，比如依托新一轮全球信息技术革命，培养具有国际竞争力的高新技术产业，再如探索全球性人才培养模式，为本国经济发展战略培养高素质的人才。新时期，世界经济特区面临着国际保护主义升级、国内资源错配的重要难题，也存在着从战略角度进行贸易布局、产业布局、创新布局的长远需要，例如破解国际贸易保护主义难题，经济新旧动能转换，扶持新兴产业和处于产业升级方向上的国内产业，推动创新科技的发展，培养和吸引全球性人才等。

概括来讲，国外经济特区的制度创新依然要围绕"特"这个经济特区的本质要义，主要体现在因地制宜实施制度创新，以目标功能为导向实施制度创新，归根结底是要探索出符合自己区域发展的特色经济特区制度创新。

新时期探索经济体制改革创新依然是世界经济特区的历史使命。虽然经济特区从以往单一的经济功能逐渐发展为综合性、多元化功能，然而，在经济特区发展过程中，经济体制改革探索依然是经济特区设立的基本出发点。经济特区经济体制制度创新经历制度改革萌芽阶段、制度模仿创新阶段、制度集成创新阶段、制度原始创新阶段以及制度跨越式创新阶段，国外经济特区由于地缘、要素禀赋、政治基础的不同，决定了新时期，国外经济特区经济体制改革面临的外生约束不同，不同的经济特区要根据自身的情况，探索符合自己的经济体制改革。比如非洲经济特区，探索如何改革高效益的贸易政策促进区域发展、探索如何改革收入分配制度，摆脱贫困落后的现实局面；拉美经济特区，探索如何改革经济特区与其他区域经济体的合作机制，摆脱美国单一市场的约束，探索如何改革国内市场化制度，激发本地企业自主创新，摆脱"两头在外"的市场局势；东亚经济特区，探索如何承接国外产业转移，通过模仿创新促进本国经济发展。新时期国外经济特区制度创新主要围绕以下问题进行探索：如何在本国政治体制下，建立有效的市场经济体制，进而充分发挥经济特区的资源配置效率，促进经济高质量发展；如何提高政府驾驭市场经济的能力，充分发挥和利用经济特区经济体制改革在激发全社会资源力量的作用，同时限制市场的失灵，弥补经济体制的不足;如何提高经济特区对外开放水平,更好地发挥经济特区与全球经济的联系,建立具有引领性的国际化经济特区。

二 经济特区科技创新新实践

科技创新不仅是前沿技术和先进科学的创新,也应包括蕴含在科技创新中的思想方法和思维模式的创新。创新是发展的核心和基础,新时期,经济特区理应成为新思想、新风尚、新习惯、新方式的集聚高地,充分发挥科技创新优质资源高度聚集、高端人力资源充裕等优势,敢做科技创新的"领头雁",在发明创新核心技术上做出重要贡献,在创新思想方法、思维模式、社会风尚上起到榜样和示范作用。

(一)中国经济特区科技创新新实践

1. 充分发挥经济特区先行先试优势,引领我国构建具有国际竞争力的科技创新生态体系

中国经济特区经过40年的不断发展,在科技创新方面已经逐渐形成了先行先试、市场先导的科技创新生态基础,这也决定了经济特区将引领我国构建具有国际竞争力的科技创新生态体系。

在科技创新制度探索方面,可以考虑从企业的协作、融资和治理机制等方面实现创新,例如增加对基础性科学研究的基础设施的投资,促进教育、研究、创新三者之间的互动与协作,尤其当需要在一些领域进行突破及创新性改革时,灵活运用经济特区先行先试的制度优势,引导创新向创造性、包容性而非破坏性的方向发展。科技创新制度探索可能会面临政策的矛盾与冲突,若要避免该问题,创新成本的降低、创新友好市场结构的建设、知识产权得到保护、创新需求得到引导和稳定的外部环境的提供是必不可少的。

在探索创新需求方面,充分发挥经济特区市场先导的科技创新需求侧优势,主要做法有:一是在建设科技基础设施和改革教育制度和人才政策体制等方面发挥作用;二是创造公平竞争的市场和法治环境,发挥市场配置创新要素的作用;三是建立开放型创新体系,整合并利用国内外创新资源,破除行政壁垒,扫除流动障碍,加强区域协调发展。主体创新、人才创新、服务创新和制度创新既

是经济特区科技创新的难点，也是重要的突破口。根据不同创新主体的需求不同，解决好"由谁来创新、动力哪里来、成果如何用"三个核心问题，驱动科技创新和制度创新，以现代化手段提升创新治理能力，从而实现市场和政府的有机结合。

2. 充分发挥经济特区全面开放格局，增强我国区域协同创新能力

新时期，中国经济特区将逐渐形成全面对外开放的新格局，经济特区除了提升自主创新能力外，一方面，肩负着带动我国其他区域协同创新，进而提升国家科技创新能力的重要使命，另一方面，经济特区也肩负着走向世界，与其他发达国家和地区协同创新，进而融入世界创新体系上游的重要使命。中国经济特区一方面探索建立国家内部合作创新机制以及创新示范区建设，比如正在规划的"深圳—雄安"合作试验区，如何将深圳独特的科技创新生态体系复制到其他区域，进而形成两地合作，提升创新路径的趋同性。另一方面，中国经济特区要从以往引进、消化国外先进技术，逐渐转变为参与或者引领世界前沿科技创新。比如我国经济特区在互联网、人工智能等新兴产业方面已经逐渐处于世界科技领先地位，探索如何联合其他国家科创机构、科技人才，为我经济特区科技创新发展所用，是接下来经济特区科技创新的重要实践。

3. 充分发挥经济特区优良营商环境，吸纳整合全球科技创新资源

在集聚科技创新要素方面，中国经济特区需要依赖于多元化的参与主体、有序转变的政府职能、积极互动的市场。为了实现资金、技术、人才等要素的高效互动，科学和产业变革在创新决策时应引进第三方力量参与，形成新的科研共同体和产业共同体。例如深圳经济特区通过借鉴其他城市的设计理念建设了综合性的国家科学中心，纽约的人文精神和居民互动性等。弘扬中国经济特区独特的企业家文化精神，经济特区在培育自主创新创业环境方面具有较大优势，通过保护企业家的合法权益，如财产权、创新权、自主经营权等，创造出全球优质顶尖企业集聚的营商环境，新时期，中国经济特区应进一步发扬光大特区内企业家文化精神，充分发挥企业家对创新资源的配置整合作用。

（二）国外经济特区科技创新新实践

1. 明确发展战略

政府明确布局发展前瞻性制造领域，是技术创新中心可持续发展的关键和重要前提。在前期投入启动扶持资金，制定具体可行的招标程序，建立专业的技术创新管理机构。相对于大学科技园和科技孵化器，技术创新中心主要是为企业发展提供研发资源、技术支持和平台服务，带动整个行业的发展或形成先进制造产业集聚。为了建立起全国性的制造业领域的政产学研协同创新网络，来缩小科研与商业化之间的差距，美国联邦政府根据《先进制造业国家战略计划》的定位，通过组建各领域的制造业创新研究所来建立全美制造业创新网络，进一步提振国内制造业，打造具有先进制造能力的创新集群。为形成新的技术创新框架体系来促进科技经济紧密结合，英国政府出台的《技术与创新中心报告》提出，着重在复杂系统、未来网络系统、资源高效利用技术等众多领域内建立知识网络，从而吸引不同规模的企业跨领域的合作，以及与英国的优秀大学和相关机构合作。为推动产业技术进步，中国台湾颁布的《科学技术发展方案》明确，接受政府委托研究开发、辅导厂商研究发展、加强技术引进、推广与评估等是工研院的主要任务，逐步成为区域科技计划主要执行者、科技政策制定的参与者和执行者。

2. 持续创新投入

政府持续的创新投入是技术创新中心发展的必要条件。为产生重大经济影响，技术创新中心应有足够规模的政府资金支持，而不是过度依赖商业化操作实现"自收自支"。政府投入的资金足以使技术创新中心购买大型设备，按照国家战略重心进行前瞻性研发，承担长期的应用研究，因而既可保证其创新而又不冒太大风险，又能树立企业对创新中心的投资信心。美国联邦政府在一定时期内对国家制造业创新网络进行重点投入，例如通过国会预算的形式，在每个制造业初始开展创新研究的5—7年内给予0.7亿—1.2亿美元不等的创新研究资金支持，可以保障创新网络的正常运行和持续发展。英国政府对产业技术创新中心投资2亿英镑作为核心运行资金以用于基础设施建设，培育发展专业技能，而发展性资金可通过政府设立的研究项目来获取，联合确保创新中心的公共服务定位和科研水平领先地位。日本产业技术综合研究院每年有 4.5 亿美元的经费，其中政府每年给 2 亿美元的日常费用，能够以中期的目标为前提，在提高效率的同时进行运营。

3. 广泛组织资源

集聚各方资源，提高应对跨领域制造业挑战的能力是技术创新中心发展的重要内核。在打造自身产业创新基础设施的同时，与研究型大学、社区学院、非营利机构、重点实验室、企事业集团组成创新联盟是创新中心的努力方向，带动非联邦及私营部门的研发投入资金，从而集合政府和市场资金，进行对外研发项目的发布，引导产业研发方向。技术创新中心始终保持与大学的密切合作关系，通过联合任命、联合实验室、共享基础设施及针对学生研究人员的产业项目等安排，来促进科学知识、技术知识、市场洞察力和人力资本的流动，最终促进商业化，帮助制造产业获得竞争优势。日本产业技术综合研究院专门设置"官产学研协调员"职位，其职责是与外界保持联系，加强与政府和大学、研究机构的沟通，协调与企业的合作，成为其保持活力和扩大影响力的关键举措。中国台湾"工研院"充分运用台湾"清华大学"、台湾大学等著名大学在技术和人才上的优势，大幅降低了集群的高科技企业引进人才的成本，增大了信息交流、传递的机会，加快了各种资讯的流通速度，最终使得技术创新之路变得畅通无阻。德国弗朗霍夫学会则是通过各研究机构与一所或更多的本地大学进行紧密合作，每年联合 3000 多家企业完成约 10000 项科研开发项目，促进技术、人才、资金的循环流动，实现大学基础研究与产业技术需求的充分沟通，从而在政府、大学和产业技术需求之间架起一座跨越创新鸿沟的桥梁。

4. 促进成果转化

从传统产业到高技术产业，技术创新中心都扮演着科技龙头和创新引擎的角色。具体做法上，主要以企业需求为考量，进行技术的研发，并以各种方式转移给产业界，提升高新产业的技术实力和竞争力。德国弗朗霍夫学会通过"合同科研"的方式为企业提供各方面科研服务，让企业可以享有各研究所雄厚的研发科技积累，同时将大量具有应用前景的科研成果直接、迅速地与企业发展结合起来，快速产业化。中国台湾"工研院"从美国 RCA 引进集成电路制程与设计技术，奠定了半导体产业发展的基础，同时衍生出入联华电子公司、台积电等一批与 IC 相关的公司，将创新成果带入产业界。同时，创新中心设立风险投资基金，重点支持具有市场前景的高价值专利组合，提供转移转化的无息贷款等。美国制造业创新网络的牵头单位中就有大学研究基金会，可以在科技成果转化的无息贷款、协助寻找合作伙伴、许可证转让等方面进行辅助支持，从而促进新公司建立和发明成果的开发利用。

5. 注重科技服务

建立相对完备的服务体系，将具有前瞻性的产业共性应用技术以各种方式向企业转移，实现科技成果产业化，是技术创新中心的发展需要。一方面，提供知识产权服务。依托核心成员企业的开放性资源和科研院所力量的技术创新中心，不仅可以提供知识产权维权咨询、律师服务等，还能培育出具备知识产权优势的综合型企业。美国国家制造业创新网络组成成员通过签订协议的形式，对知识产权的开发、应用及管理等环节进行了明确规定，被侵权者可以通过司法程序、行政程序以及仲裁制度对成员进行诉讼以保护自己的知识产权。另一方面，联合培养人才。技术创新中心通过调动企业、高校和科研机构的积极性，建立起"产学研用"一体化的人才培养机制，该机制支持人才再培训，可以满足技术发展对人才需求。德国弗朗霍夫学会在研究人员的管理与使用上有着非常灵活的机制，其中研究机构的领导有一半以上是大学教授，工作人员有约 40% 是大学生，这不仅帮助大学教授既熟悉学术动态又能理解并满足产业界的研究需求，又培养了学生先进的技术专长和商业技能，为高校和产业发展输出复合型人才。

6. 保障长效运行

合理的运作机制是保障技术创新中心长效运行的关键，涵盖了法律定位、利益保障机制、人才发展等方面。在技术创新中心建立初期，一般就将其确定为"自收自支"的独立法人机构，明确责任权限和利益分配机制，从而保障其长远独立发展。美国联邦政府是制造业创新网络的参与方，享有充分自治权，自主制订研究计划，选择研究方向与课题，制定实施规则，倡导知识产权共享，共同制定研发投资路线图，携手攻克技术难题，培训技术工人新的制造方法和技术等，促进人才发展。

三 经济特区产业创新新作为

（一）我国经济特区产业创新新作为

1. 以数字经济引领产业创新

中国经济特区发展40年最引以为傲的就是数字经济、互联网产业的发展，新时代，在经济特区数字经济优厚的发展沃土中，产业创新迎来新机遇。传统产业亟须与互联网、数字经济进行深度融合，通过数字经济与产业的技术融合、功能拓展、产业细分，可以从供给侧有效拓展产业创新新动能，通过发挥经济特区数字经济在促进大数据生产管理、降低运营成本、提升多产业协同效率等方面的作用，可以有效降低产业创新的市场交易费用，提升创新效率。

首先，扩大数字经济与产业的融合领域。产业创新的实质是对产业应用生产要素的高效配置，以期提高产业对整个地区质变的推动作用。而这些生产要素中最关键的还是能提高生产力、改变生产关系的技术要素。技术发展，产业则发展；技术创新，产业则创新。人类的生产实践也证明了：科学技术是第一生产力。近年来，中国在科教兴国战略、创新驱动战略的部署引导下，科学技术取得了突飞猛进的跨越，已在世界高科技领域占得一席之位，但同时我们也必须要正视我国在技术创新上与发达国家的差距，如基础性研究不足，我国在前沿性、关键性的技术领域依然不能自给自足。数字经济时代的到来，给我国技术创新敲了一个警钟，我国经济特区在高质量未来布局的过程中，必须以大数据、人工智能等发展为契机，争取在创新主体、创新人才等方面有所作为，以创新型专业人才，引领经济特区在新一代信息技术领域大展拳脚，充分发挥企业的创新活力，将创新技术广泛渗透于零售、制造、教育、医疗、文化、旅游等行业，促进特区产业创新。

其次，在数字经济产业创新基础设施上，要全面实施优先发展的战略部署。经济特区产业创新要具备充分的硬件支撑和完备的软件支持，数字经济时代的到来，让经济特区更加清醒地认识到，要在未来的全球竞争中脱颖而出，特区必须从全球视角，调整产业创新发展战略，优先推进数字经济产业创新基础设施建设。具体执行方面，优先布局特区智慧城市建设：以5G技术和量子通信设施建设为重点，加快构建城市感知互联网；优先投资特区云平台建设：争取早日建成"政务云""公众云""企业云"等集中、统一、共享的云平台；优先改造高新技术企业，以协同互动的新发展理念，将企业纳入数字系统，建立数据聚合—数据分析—数据利用—数据融合—智能化应用的全产业链。优先开放，加强数据交易中心建设，在完善个人隐私保护法规基础上，促进各类数据的交易和开发利用，让数据释放出巨大新动能。

再次，将数字经济广泛渗透到多领域，实现数字经济的规模发展。以数字技术、数字平台、区块链技术等为核心的新一轮技术和产业革命广泛影响着全球经济社会去迎接新的调整，数字零售、数字金融、数字生活服务、智能制造等产业蓬勃发展，由"小打小闹"到规模布局，由国内到国外，数字产业在全球化发展中已引起众多领域注意，也成为新时期人类命运共同体建设的重要纽带。因此，经济特区应将数字经济广泛研究与应用放置于战略发展的首要议程，并加快完善基础设施建设与配套服务，建立健全良好的数字经济发展生态圈。

最后，在数字治理上，数字经济以其高度的开放性、共享性为特征，因此数字经济在促进区域协同发展的同时，也会出现如因数字共享而出现的企业主体、个人数据的泄露等数字安全问题。尤其是，当前我国的数字经济、网络经济有关的行业法律法规体系仍不完善，规则制定、实施与行业监管尚处于起步阶段，因此，经济特区要实现高质量发展，必须保障在数字共享时代企业和个人的信息安全权利，为此，经济特区应重视相关法律制度建设，健全治理体系，让数字治理有法可依、有章可循。同时也要提升公共服务能力，充分利用大数据、云计算、人工智能等先进技术，实现治理手段的智能化，提高公共服务效率。

2. 营造高效的产业创新生态环境

经济特区 40 年来取得卓越的产业增长奇迹关键在于经济特区形成了良好的产业创新生态。新时代，经济动能新旧转换，新兴产业发展需要高效、合理、灵活的产业创新生态，经济特区依托良好的产业创新生态基础，优化产业创新要素的合理配置，形成自然市场竞争环境下要素间的创新模式和创新发展。近年来，经济特区要依托其在互联网、高新技术等优势，创造独特的创新生态系统的市场要素和内部环境间的关系，在中国特色社会主义市场经济体制中营造独特的技术创新与商业模式创新方式。比如，针对经济特区具有优势的"互联网"产业，"互联网+"已经全面铺开，如互联网+金融、互联网+制造业等。很显然，"互联网"产业发展的关键在于产业应用新技术的能力，包括应用创新动力和创新能力。创新动力是企业对产业创新的紧迫性和必要性的认识，具体来说，就是企业已经深刻意识到新技术应用是大势所趋，逃避技术改革带来的阵痛必然会导致企业落后，甚至是倒闭。面对这种预期，企业的创新动力就会比较强，会及时抓住移动互联网对行业洗牌的机遇，支持创新，积极开拓新兴市场，最终形成行业新技术应用遍地开花的格局。而后者创新能力，则是产业利用新技术、突破新领域的程度，在遍地开花的创新大潮中，企业因研发能力、科技成果转化能力、市场应对能力、营销推广能力等高低强弱，必然结果是适者生存。从整体来说，当前我国的创新能力相对较低，互联网技术对传统行业的影响普遍集中于流通模式的改造，而对于供应链其他环节的影响却一直进展缓慢。

经济特区要形成良好的产业创新氛围，有序、健康的产业创新生态，必须从推动产业创新的硬件条件和软件条件方面积极探索。从硬件条件方面，要在产业创新的硬件投入方面"敢于投"，创造技术领先、配套齐全的硬件环境。产业创新是集新技术、新工艺、新方式研究、成果转化、行业应用、行业反馈与广泛渗透于一身的产业演变过程，基础设施、平台是关键，否则产业创新只是"空中楼阁"，因此经济特区应敢于投资专业实验室、工程技术中心、图书馆、科技园区、创业园区、孵化器等基础设施和创新载体建设，为经济特区产业创新提供强大的基础支撑。从软件条件方面，营造和谐的产业创新软件环境。硬件条件是支撑，软件则是产业创新的保障，就像电脑的主机和驱动软件一样，因此经济特区产业创新离不开软件为其创造的无限可能。产业创新涉及政策制度保障、金融服务保障、创新文化、创新人才、知识产权服务等多要素，因此，经济特区要充分发挥自身"先行先试"的魄力和精神，敢于发现和突破旧制度体系中不利于创新的落后内容，使其为产业创新提供引导和环境保障，同时经济特区也必须综合考虑产业创新对金融、法律等服务的依赖性，提高科技金融服务的适时性、知识产权服务的有效性、创新文化氛围的影响力。除以上条件外，专业人才的集聚对经济特区产业创新起着至关重要的作用，人才资源是核心竞争力，如果各类高层次产业创新专业人才的集聚程度越高，引领产业方向的高素质企业和研发中心的数量越多，那么，产业创新生态系统的软件环境的吸引力就越强。

3. 培育规模型产业群，打造特区品牌价值效应

经济特区40年来的发展，形成了一批类似深圳高新技术产业集群具有一定产业特色的产业集群效应，新时代中国经济特区产业创新一方面要进一步发挥集群的扩散效应、协同效应，另一方面要围绕新兴产业，进一步培养世界领先的新型产业集群。首先，要加大力度会聚全球专业技术人员和专业工人，建立具有区域特色的产业品牌。其次，加强产业结构调整的内部整合，促进中小企业的品牌联合，构建区域品牌特色。我国经济特区当前的产业结构调整中，只从产业的大类上进行了优化，而未对产业进行小类的细化和集中。再次，创新金融服务，加大对中小企业扶持力度，提高产业群的灵活性。产业集群的形成，不仅要实现地理位置上的集中，还要营造宽松灵活的金融环境，帮助中小企业快速成长。最后，果断淘汰落后产业，减少对资源、资金和劳动力的稀释作用。产业集群的构建，不仅能够发挥产业的规模优势，还能使高耗能高污染的企业转型或淘汰。当前经济特区的制造业对能源的依赖性依然很强，对环境造成的压力依然很大。

(二) 国外经济特区产业创新新作为

国外经济特区产业创新主要基于三个方面的考虑：一是要在全

球市场竞争中获得成功，必须加大对新兴产业的战略性投入；二是要吸取以往的教训，同时借鉴其他国家的成功经验，整合和重构国家产业创新体系；三是通过建立产业创新平台，建立企业、学术、研究和政府四者之间的桥梁，加速产业创新商业化过程。

1. 建立技术与创新中心是应对各种挑战的战略举措

面对不断升级的多边主义、保护主义的局面，国外经济特区整合现有的技术创新体系，加强创新基础设施建设，集中本地优势资源建立一批具有差异化的新型技术与创新中心，依靠科技创新带动当地经济走出低谷，实现复苏和增长，在不断开放和充满竞争的世界市场中赢得发展机遇。具有比较优势和区域特色的技术与创新中心形成的网络能够激发现有创新潜力；让本国企业能够在一个专业化的创新环境中，获得世界领先的研究和技术成果；并且通过使用先进技术和创新资源，企业能够更加快速有效地开发出新的产品和服务。

2. 借鉴成功经验建立一流产业科技创新中心

二战以来，科技政策逐步发展成为许多国家的产业创新重要政策之一，并进一步向促进经济发展的科技创新政策演变。世界各国经济特区在探索科技与经济紧密结合中做出了普遍性制度安排，建立技术与创新中心是很多国家都采取的一项措施。虽然国外经济特区产业创新路径所发挥的作用因各国的创新体系和经济社会发展的不同而有所不同，但这些产业创新有许多共同点：（1）专注于本地区和国家具有优势的行业和技术领域，而不是全面开花、面面俱到。（2）其发展主要受益于长期的、持续的公共资金的支持，虽然这些中心获得的支持方式和资金额度有明显的不同。（3）招聘的研究人员来自学术机构和私营行业，具有研究、技术开发和商业化技能。（4）把以竞争方式获得的公共和私营行业的研究项目经费，以及知识产权的商业化运作的收入，作为机构核心运行资金的补充。（5）具有很完善的治理结构，保障机构的战略发展方向，并确保为企业提供优质的服务。（6）中心的运作具有高度自治性，使其发展目标能达到预期结果。（7）建立强大的品牌，增强技术创新中心或技术创新中心网络在私营行业和国际合作中的吸引力。（8）与欧盟国家广泛开展国际合作，以获得欧盟框架计划的大量研究资金。

3. 在产业创新与技术商业化之间建立桥梁

一项新技术从形成概念到商业化应用要经历漫长的过程，需要投入大量的资金和人力，但却只有少数技术能成功商业化。因此，有人把技术的商业化过程称为穿越"死亡之谷"。国外经济特区产业创新的目的就是要瞄准新技术的市场化方向，进行技术的商业化前期开发，以帮助产业界开发利用新技术。那么，一项技术从形成概念到商业化要经过哪些阶段？哪些阶段又最需要给予重点支持？许多国家采用的是美国国防部对技术发展阶段的划分方法，这种方法也是欧盟国家和许多大公司通常采用的划分方法。美国国防部把技术发展过程划分为九个阶段，称之为"技术准备水平"，这是一种评测技术的管理工具，用于评估一项技术在不断发展过程中的成熟度。就技术创新过程而言，在科学研究阶段（技术成熟度为1—4的阶段），技术发展前景很不明确，处于自由探索阶段，政府在这一阶段给予的经费支持不会太多；在接近商业化的阶段（技术成熟度为7—9的阶段），技术基本成熟，商业化前景可以预期，一般也不需要政府太多地扶持。第3—8阶段是技术发展阻力最大的阶段，也是技术与资本、技术与商业的关键结合点，技术开发的风险很大，企业特别是中小企业往往不敢在这些阶段投入资金，许多技术因此而夭折。建立技术与创新中心的目的，就是为了解决技术发展在第3—8阶段中所面临的困难，弥补"市场失灵"。

四 中外经济特区路径创新对比

前文已经提到过中外经济特区的结果差异，正是因为中外经济特区设立的背景以及面对的环境的差异，导致了经济特区在设立的出发点、基本动机、内涵等方面的差异，而这些差异直接导致中外经济特区在路径创新上具有较大的差异。具体地，本书认为相比国外经济特区，中国经济特区在路径创新上具有以下几个方面的创造性：

（一）路径的目标创新——中国特色社会主义改革的先行示范

观察改革开放40年来中共中央推出的一系列改革探索举措，一个共同规律是官方始终坚持"由点到面、逐步探索推广"的做法，在大胆尝试的同时，绝不冒进。中国建设经济特区不单单是像国外经济特区那样主要发挥经济功能，中国经济特区是改革开放和社会主义现代化建设的先行示范，是全面对外开放的重要窗口。以历史的眼光看，中国经济特区建设将成为中国特色社会主义建设的一个重要节点，也必将成为未来我国改革开放的重要举措之一。国外经济特区大多采取"以点到点"，是经济发展中某个制度、某个功能的发展创新，是基于国家层面的区域发展目标、功能塑造目标的，其设立的目的并不是对本国全方位改革的试验示范，经济特区发挥的引领作用与我国经济特区有一定差距。

中国建设经济特区，是希望经济特区的路径创新可以发挥对全国的辐射和带动作用，进而探索在中国国情条件下建设社会主义现代化强国的发展道路。这种探索既不同于西方的现代化，也不同于过去传统社会发展的既定模式，将进一步彰显中国理念、中国智慧和中国制度的生命力。

从全球层面看，主流的国际观察研究往往只看到发达国家城市建设的成功模式，中国通过建设经济特区，创建社会主义现代化国家的城市范例，如这一过程取得成功，将进一步打破过去"西方中心主义"的传统认知，为其他国家尤其是发展中国家提供新的借鉴和参考。

（二）路径的功能创新——超越狭隘经济发展功能的全面功能

纵观我国经济特区40年来的发展结果看，经济特区是我国经济体制改革道路上规避风险的路径选择，具有一定的改革试验属性。40年前计划体制的严重失效引起中国有效经济制度的严重缺乏，深圳、珠海等特区相继诞生，经济特区实现引领了我国市场经济改革，在经济发展功能方面取得卓越的成就；20世纪90年代我国经济发展面临空间增长极日益重要和严重不足的双重矛盾，上海、天津等第二代特区应运而生，经济特区逐渐探索城市发展模式、创新生态建设、发展产业集群等功能，新时期不断出现的发展矛盾和特定区域发展的落后，相应地产生了第三代经济特区，经济特区开始形成自己特有的制度底蕴、文化底蕴，成为我国在各领域探索改革的先驱者。从我国经济特区40年的发展来看，从最初的经济发展功能的试验探索，到现在的全面深化改革先行先试，经济特区在我国已经超越了狭隘经济发展功能，是我国特色社会主义道路的先行示范，为我国经济、制度、文化等各方面改革均做出了巨大贡献，本书认为中国经济特区与国外经济特区在功能上具有本质的区别，经济特区路径的功能创新是中国经济特区路径创新的内生动力，也是中国经济特区发展路径区别于国际上一般经济特区的根本原因，是中国道路的重要内容。经济特区始终是中国改革开放的先行探索者与实践者，它们在中国制度、经济、文化、城市等各方面的起飞、快速发展、转型发展三个阶段均进行了卓越的实践，为全国全面深化改革做出了路径探索，为中国确立社会主义市场经济体制率先提供了实践基础，也为中国改革开放这一基本国策的形成提供了极为重要的现实案例，这是国外经济特区所不具备的。

（三）路径的制度创新——外生制度借鉴到内生性制度的创造

中国经济特区的重要内容是建设社会主义市场经济体制，吸收、借鉴、学习国际上的先进体制实践和制度创造的文明成果，在此基础上对其进行改良、试验、推广，这是经济特区建立初期的制度实践路径。在这个过程中，经济特区制度实践的首要内容是制度的选择与引进，其次是在引进吸收基础上的制度创新。但是，无论是先进的市场经济国家还是新兴的发展经济体，都难以提供适应所有国情和发展需求的现成制度。如果只是简单的学习、引进、模仿，显然已经难以完成制度创新任务。因此，当中国经济特区的制度试验已经进入到高一级阶段——更需要在现有制度基础上建立一套适合自己国情特征的制度体系时，中国经济特区必须走自主创新的制度变迁之路。

中国经济特区路径创新的同时探索了如何建立与完善社会主义市场经济目标体制。制度变革的任务是通过推进制度演进，实现新的制度均衡，在旧的非均衡制度到新的均衡制度之间创生发展的新动力，由此推进社会与经济发展。深圳等第一代经济特区的新旧体制的替换是通过一系列行动产生的，比如：带来国有土地使用、管理体制的一次大突破的土地以协议价方式出让的事件——"放权让权""引进外资""价格改革""改革劳动用工制度"等新体制的建立等。经济体制的改革围绕资本和劳动力两要素展开,劳动力在企业组织中的地位与身份的变化和由此变化带来的"自由权利"是制度改革的关键效应,仅深圳土地制度一项变革就可创造出奇迹来。

经验表明,在中国经济特区经济的起步阶段,单纯复制学习欧美国家的企业管理和市场运营经验对于当地经济增长具有很大的促进作用。但当特区经济发展到一定高度时,原有制度模仿的正向作用就开始递减,甚至不发挥作用。当制度红利释放完毕时,简单复制模仿发达国家的制度已经不能适应持续发展的要求,这就要求经济特区必须随着环境变化主动提供新的制度保障。

事实证明,中国经济特区在进行制度试验的时候的确体现了一种完全不同的思维模式,与国外许多经济特区直接照搬新自由主义的发展理念不同,中国经济特区的制度实践不是新古典经济增长模式的简单应用或改良,而是在实践中根据特定发展阶段,依照转型发展需求,相应地在不同领域进行了制度创新,最终逐步完善了中国特色的社会主义市场制度体系,依据自身经济社会基础探索出来的制度在实践当中也具有了更好的适应性、持续性。

(四)路径的演化创新——建立动态发展路径的相机调整机制

40年来,中国经济特区在破解中国特色社会主义改革难题方面做出了卓越的贡献,决策者在充分认知中国社会的问题与矛盾,尤其是对引起问题与矛盾的根本原因有了清楚把握后,不断发扬与时俱进的优良传统,相机调整我国经济特区发展路径,成就了我国三代经济特区的不断发展。决策者选择了试验—推广—创新的改革路径,这是一条稳妥的道路,也即渐进式改革道路。这是我国经济特区与国外其他经济特区在路径演化方面的不同,体现了党中央带领中华民族实现伟大复兴事业的战略智慧。

回看我国三代经济特区的发展,第一代经济特区的首要任务与使命是制度试验、体制机制探索,而不是所在的局部区域的发展。深圳、珠海、汕头、厦门成为这个中国制度大试验的四个样本。第一代经济特区的另一重要特征是全局性。这里的全局性指的是第一代经济特区是为整个中国的经济制度建设服务的,即具有空间上的全局性，除此之外，特区试验的内容不仅仅是某一个单一领域，而是具有综合性与复杂性。"特区是中国的特区"，不是某一省的行为，是中央行为，这决定了第一代经济特区的全局性。20 世纪 90 年代后设立的第二代特区在发展阶段上具有与第一代特区不同的背景，以浦东开发开放新区为代表的第二代经济特区（包括天津滨海开发开放区，二者具有相似的特征）在新区设立的逻辑依据、基本功能、空间选择策略上与第一代经济特区之间存在明显的差别。最大的不同在于在计划与市场制度间的取向已成共识，争议不再。更重要的在于经过十多年的制度试验探索，第一代特区开始向外输出经验，担当市场体制的供给者角色，虽然社会主义市场经济制度的基本框架刚开始建立，新制度探索仍然十分必要，但制度试验显然不是第二代特区唯一的使命，区域发展在第二代特区的功能、任务中具有至关重要的分量。通过发展培育举足轻重的全国战略增长极，又通过增长极的扩散效应带动区域发展，形成新的空间发展结构是第二代特区的本质要义。这里可以看出，建设全国性战略增长区域是创立第二代特区的基本依据，其地理区位的选择逻辑依然是一致的，上海浦东是这样，天津滨海也如此。相同的创建逻辑和一致性的地理区域选择依据使第二代经济特区与第一代之间出现了由制度试验功能到地区发展功能并重的演变。第三代中国经济特区建立于 2000 年以后，包括喀什、舟山等特殊经济区和武汉、长沙—株洲—湘潭两型发展试验区以及成渝城乡统筹发展试验区。第三代经济特区的区位选择与前两代相比呈现多样性特征，无论是最西端的喀什特区与东部的舟山特区，还是武汉、成渝、长沙等地的特区，其地位、区位特征大相径庭，与深圳等第一代特区比较，显然已不再具有明确的区位指向性。问题导向是第三代经济特区建立的主要原因。比如，以城乡协同发展为主题的成渝，以资源环境协同发展为主题的武汉、长沙—株洲—湘潭，以经济、社会、文化协同发展为主题的新疆喀什特殊经济区。第三代经济特区建立与发展的缘由是为了解决具体问题，其根本任务是寻找具体问题的答案，比如资源环境问题，农村、农业、农民问题等，包括具有全局性意义的特定问题的路径和具有区域局部意义的特定问题的解决路径。

从以上分析得出，虽然经济特区现象在中国仅有 40 年历史，但已经体现了我国经济特区与时俱进的发展演化过程，经济特区依据空间区域选择、期望功能、体制内涵不断调整特区发展路径，在空间区域选择上，由制度试验导向到区域发展导向再到发展问题导向；在期望功能的设定上产生了由全局性向战略区域性向特定局部性变化；从本质内涵上，则由制度试验—综合实践—路径探索不断深化。中国经济特区现象出现了一个动态的演化过程，虽然 40 年前创立的深圳、珠海等第一代经济特区仍然存在，并仍然在诸多领域发挥着第一代特区的特质，即制度与若干实践上继续地被赋予改革先锋的使命，但是新兴的第三代经济特区与它们的前辈之间，已经发生了"与时俱进"的变迁。

参考文献

[俄] A. C. 瓦修克、A. E. 萨夫琴科：《俄罗斯滨海边疆区经济特区历史经验与实施前景》，张健荣译，《俄罗斯学刊》2015年第4期。

[俄] B. 波尔佳科夫、B. 斯捷帕诺夫：《海外学者论中国经济特区》，俞可平译，中央编译出版社2000年版。

[美] S. R. 爱泼斯坦：《自由与增长：1300—1750年欧洲国家与市场的兴起》，宋丙涛译，商务印书馆2011年版。

[美] 阿·帕霍莫夫、碧水：《南亚和东南亚国家的出口加工区》，《国际经济评论》1983年第12期。

[英] 安格斯·麦迪森：《世界经济千年史》，伍晓鹰等译，北京大学出版社2003年版。

曾凡益：《世界经济特区与发展战略》，中山大学出版社1990年版。

曾智华：《经济特区的全球经验：聚焦中国和非洲》，《国际经济评论》2016年第5期。

[美] 查尔斯·林德布洛姆：《决策过程》，竺乾威、胡君芳译，上海译文出版社1988年版。

柴晔：《爱尔兰：香农国际航空港自由贸易区》，《国际市场》2014年第6期。

车丽娜、刘庆华、王泉玉：《浅析科学技术对可持续发展的作用和影响》，《知识经济》2009年第8期。

陈克勤：《对邓小平决策海南建省办经济特区的回顾》，《海南师范大学学报》（社会科学版）2018年第6期。

陈用龙：《改革开放以来马克思主义中国化的成功探索——以广东改革开放以来的实践为视角》，《岭南学刊》2019年第2期。

陈祖方:《蛇口模式简论》,《经济纵横》1993年第1期。

[土耳其] 丹尼·罗德里克:《新全球经济与发展中国家:让开放起作用》,王勇译,世界知识出版社2004年版。

[美] 道格拉斯·C. 诺斯:《经济史上的结构与变革》,厉以平译,商务印书馆1992年版。

《邓小平文选》第3卷,人民出版社1993年版。

丁琪、张丽萍:《深圳众创空间发展现状、问题与对策》,《特区经济》2018年第7期.

杜金岷、吴非、韩亚欣:《中国自由贸易试验区:目标导向、制度约束与突破路径》,《亚太经济》2017年第1期。

樊纲:《中国经济特区研究——昨天和明天的理论与实践》,中国经济出版社2009年版。

樊纲:《中国经济特区的独特价值与作用——体制转轨与经济发展角度》,《中国经济特区研究》2011年第1期。

樊纲:《中国经济特区研究》,中国经济出版社2009年版。

范经云:《喀什经济特区经济立法研究——以区域规划立法的视角》,硕士学位论文,武汉理工大学,2013年。

方和荣:《改革开放40年厦门经济发展实践与探索》,《厦门特区党校学报》2019年第1期。

方映灵:《深圳在改革开放中的体制创新:贡献与经验》,《特区实践与理论》2019年第2期。

封骁:《韩国仁川自由经济区发展特色及可借鉴经验》,《港口经济》2015年第9期。

冯苏宝:《深圳经济特区如何进一步开放——关于"以特别之为,立特区之位"的研究报告》,《开放导报》2005年第5期。

[瑞典] 冈纳·缪尔达尔:《亚洲的戏剧:对一些国家贫困问题的研究》,方福前译,首都经济贸易大学出版社2001年版。

葛音、[白俄罗斯] 皮柳季克·安德烈:《白俄罗斯与部分波罗的海国家经济特区法规比较分析》,《当代经济》2019年第4期。

姑丽尼格尔·艾斯卡尔:《经济特区的设立对喀什经济的影响》,硕士学位论文,中央民族大学,2013年。

郭辉:《中国参与哈萨克斯坦经济特区投资的主要障碍和合作对策》,《欧亚经济》2019年第2期。

郭建军:《独立以来新加坡外向型经济的发展：全球化与区域化视角》,博士学位论文,云南大学,2012年。

韩世莹:《俄罗斯阿尔泰谷经济特区被裁撤的原因分析》,《西伯利亚研究》2018年第2期。

韩雪:《改革开放40年深圳特区功能定位发展概述》,《现代管理科学》2019年第4期。

何宝峰:《海外邓小平经济特区理论研究评述》,《前沿》2015年第2期。

何佳声:《对中外经济特区投资环境的比较研究（上）》,《国际经济合作》1986年第10期。

何立胜:《全方位对外开放呼唤制度型开放》,《小康》2019年第19期。

何立胜:《制度型开放：全面对外开放的新阶段》,《学习时报》2019年第1期。

何勇钦:《中国经济特区的回顾与展望》,硕士学位论文,长江大学,2012年。

胡公民:《亚洲"特区"浪潮启示西部大开发》,《西部论丛》2003年第9期。

黄威、苏会志:《组建中关村科技园区的幕后新闻》,《经济世界》2000年第4期。

黄文年:《经济转型期越南广南省朱莱经济特区政府管理问题研究》,硕士学位论文,广西师范大学,2014年。

黄玉沛:《中非经贸合作区建设：挑战与深化路径》,《国际问题研究》2018年第4期。

姬超:《渐进式发展道路的中国实践与区域发展战略——基于深圳的实验》,《江西社会科学》2017年第10期。

姬超、袁易明:《中国经济特区差距的变动趋势及其影响机制》,《亚太经济》2013年第5期。

姬超:《中国经济特区的产业转型水平测度及其增长效应》,《中国科技论坛》2016 年第 1 期。

姬超:《中国经济特区经济增长的历史透视》,社会科学文献出版社 2017 年版。

姬超、袁易明:《深圳经济特区奇迹解释及理论启示》,《中国经济特区研究》2013 年第 00 期。

姜莉:《文化约束与经济主体空间经济行为选择模式研究》,《商业经济》2011 年第 4 期。

[英] 卡尔·波兰尼:《巨变:当代政治与经济的起源》,黄树民译,社会科学文献出版社 2017 年版。

寇春鹤:《墨西哥经济特区建设,打开中拉合作新窗口》,《经济》2019 年第 3 期。

冷单、王影:《"中国制造"能向"美国制造"学什么》,《中国经济周刊》2016 年第 3 期。

李芳:《改革以来中国特区私有财产权演进模式研究》,《社会科学辑刊》2009 年第 2 期。

李光辉、章海源、梁明、李俊、付丽、杜国臣、王拓、肖新艳、齐冠钧:《粤港澳大湾区总体思路研究》,《国际贸易》2018 年第 2 期。

李灏:《深圳经济特区改革开放实践与经验值得研究与总结》,《深圳大学学报》(人文社会科学版)2010 年第 3 期。

李和、江时学:《拉丁美洲经济特区概述》,《拉丁美洲研究》1985 年第 4 期。

李侃:《从中央支持海南全岛建设自由贸易试验区看经济特区的历史地位与未来发展》,《党史博采》(下)2019 年第 4 期。

李罗力:《论香港制造业北移》,《开放导报》1997 年第 4 期。

李师培:《埃塞俄比亚经济特区的新结构经济学观察:非洲"深圳奇迹"正在形成?》,《中国经济特区研究》2018 年第 00 期。

李文溥、陈婷婷、李昊:《从经济特区到自由贸易区——论开放推动改革的第三次浪潮》,《东南学术》2015 年第 1 期。

梁川主编:《广东经济特区的创立和发展》,中共党史出版社 2007 年版。

林桂军、汤碧、沈秋君：《东亚区域生产网络发展与东亚区域经济合作的深化》，《国际贸易问题》2012年第11期。

林嘉：《厦门经济特区设立国家综合配套改革试验区研究》，硕士学位论文，集美大学，2010年。

林丽妮：《世界经济特区概述》，海天出版社1991年版。

林珊珊：《用足用好经济特区立法权》，《学习时报》2019年第9期。

林毅夫：《中国的崛起与非洲的机遇》，《中国非洲研究评论》2013年。

刘晨、葛顺奇：《中国境外合作区建设与东道国经济发展：非洲的实践》，《国际经济评论》2019年第3期。

刘如仕：《论邓小平经济特区思想》，硕士学位论文，喀什大学，2015年。

[英] 刘易斯：《经济增长理论》，梁小民译，上海人民出版社1997年版。

刘迎霞：《空间效应与中国城市群发展机制探究》，《河南大学学报》（社会科学版）2010年第2期。

卢国能：《浅谈中国自由贸易区（FTZ）的类型及其发展》，《经济研究导刊》2010年第27期。

陆夏：《世界自由贸易园区的发展历程、功能评价与启示》，《海派经济学》2015年第1期。

罗海平、宋焱、彭津琳：《非洲经济特区发展及中国特区经验启示》，《中国经济特区研究》2016年第1期。

罗海平：《朝鲜经济特区的发展及启示》，《中国经济特区研究》2015年第00期。

罗海平：《拉丁美洲经济特区建设与发展报告》，载《中国经济特区发展报告（2016年）》，社会科学文献出版社2017年版。

罗清和、朱诗怡：《从经济特区到自由贸易区：中国改革开放路径与目标》，《当代中国史研究》2018年第2期。

吕颖：《国外自由贸易区的建设经验及对我国的启示——以美国对外贸易区为例》，《工业经济论坛》2018年第3期。

［南非］马丁·戴维斯：《马丁·戴维斯：什么是真正适合非洲的中国经验》，《经济导刊》2019 年第 5 期。

马颖：《发展经济学 60 年的演进》，《国外社会科学》2001 年第 4 期。

毛艳华、张明霞：《香港回归以来对外贸易发展趋势与应对策略》，《海外投资与出口信贷》2017 年第 3 期。

梅新育：《打造经济特区终极版》，《中国金融》2015 年第 9 期。

孟广文：《建立中国自由贸易区的政治地理学理论基础及模式选择》，《地理科学》2015 年第 1 期。

潘孝松、陈刚：《宁波保税区转型升级研究》，《时代经贸》2018 年第 25 期。

潘旭涛、雷杰如、刘山山：《海南自贸区建设一周年：改革开放靓丽名片》，《中国外资》2019 年第 9 期。

彭支伟：《东亚生产与贸易一体化》，博士学位论文，南开大学，2009 年。

蒲公英：《俄罗斯经济特区与超前发展区政策比较分析》，《特区经济》2018 年第 6 期。

齐海鹏：《韩国自贸区的发展历程及对我国的启示》，《对外经贸》2014 年第 8 期。

丘文敏：《海尔：从美国到南亚的前进之旅》，《大经贸》2007 年第 1 期。

权哲男：《朝鲜经济特区和开发区建设的过去、现在和未来》，《世界知识》2018 年第 15 期。

任保平、洪银兴：《发展经济学的工业化理论述评》，《学术月刊》2004 年第 4 期。

任浩：《园区不惑：中国产业园区 40 年进程》，上海人民出版社 2018 年版。

任苑荣：《中非贸易投资对非洲产业转型的影响机制研究》，博士学位论文，对外经济贸易大学，2017 年。

申勇：《湾区经济的形成机理与粤港澳大湾区定位探究》，《特区实践与理论》2017 年第 5 期。

沈承诚：《经济特区治理困境的内生性：地方政府核心行动者的动力衰竭》，《社会科学》2012年第2期。

沈铭辉、张中元：《中国境外经贸合作区："一带一路"上的产能合作平台》，《新视野》2016年第3期。

施凤堂：《改革开放排头兵　勇于实践创辉煌》，《厦门特区党校学报》2019年第1期。

师春苗：《改革开放初期深圳经济特区向中央要权纪实》，《红广角》2010年第9期。

苏东斌：《中国经济特区的三大历史性贡献》，《中国经济特区研究》2009年第1期。

孙全胜：《城市空间生产批判对中国城镇化的现实意义》，《城市发展研究》2017年第2期。

孙长学：《深圳经济特区的体制改革探索及其示范价值》，《改革》2018年第5期。

唐小然：《经济特区立法问题研究》，《海南大学学报》（人文社会科学版）2017年第6期。

唐永红：《改革、开放、对台先行先试的整合平台——新形势下厦门经济特区的角色与模式》，《统一论坛》2012年第2期。

陶一桃、鲁治国：《经济特区史论》，社会科学文献出版社2008年版。

陶一桃：《"一带一路"战略实施的制度与文化约束》，载《世界经济特区（长白山）发展论坛——经济特区发展与"一带一路"战略学术研讨会论文集（中英文双语）》，2016年。

陶一桃：《从沿海开放到沿边开放——开放拓展战略的意义及喀什经济特区发展应该注意的几个问题》，《深圳大学学报》（人文社会科学版）2013年第1期。

陶一桃：《经济特区与中国道路》，《深圳大学学报》（人文社会科学版）2010年第3期。

陶一桃：《深圳经济特区对中国改革开放的历史性贡献》，《南海学刊》2018年第3期。

田俊秀：《创办经济特区：中国对外开放的起点》，《宁夏日报》2016年4月20日。

[英] 托马斯·罗伯特·马尔萨斯:《人口原理》,王惠惠译,陕西师范大学出版社 2008 年版。

汪慕恒、陈永山:《试论亚洲出口加工区的性质和我国的经济特区》,《中国经济问题》1980 年第 6 期。

汪秀婷:《国外产业创新模式对我国产业创新的借鉴》,《武汉理工大学学报》(信息与管理工程版) 2007 年第 8 期。

王硕:《深圳经济特区的建立 (1979—1986)》,《中国经济史研究》 2006 年第 3 期。

王成义:《深圳经济特区立法权:历史、学理和实践》,《地方立法研究》2019 年第 1 期。

王佳宁:《改革开放空间新布局:由政策主线观察》,《东北财经大学学报》2019 年第 2 期。

王鹏:《厦门对台招商引资的形势及对策建议》,《厦门科技》2001 年第 5 期。

王天义:《中国经济改革的理论与实践》,中共中央党校出版社 2005 年版。

王鑫钢、冉婷、劳彬:《关于在广西北部湾经济区设立海关特殊监管区的若干思考》,《市场论坛》2007 年第 12 期。

王一鸣:《深圳出口加工区转型升级研究》,硕士学位论文,华南理工大学,2018 年。

吴殿卿:《叶飞与"蛇口模式"》,《党史博览》2013 年第 2 期。

伍华佳:《浅析中国产业在东亚产业结构中的地位和作用》,《亚太经济》2005 年第 1 期。

伍长南:《四大外商投资区利用外资与产业升级研究——长三角、珠三角、闽东南、环渤海湾地区利用外资与产业升级的分析》,《亚太经济》2002 年第 5 期。

夏锋、郭达:《海南经济特区开放型经济发展的基本经验与战略选择》,《改革》2018 年第 5 期。

肖耿:《粤港澳大湾区的使命》,《中国金融》2019 年第 5 期。

谢国平:《中国传奇:从特区到自贸区》,《学术月刊》2019 年第 4 期。

熊金武、刘庆：《改革开放的特区路径：一种制度创新的中国经验》，《海南大学学报》（人文社会科学版）2019年第1期。

徐全勇：《浦东综合配套改革与制度创新的战略思考》，《浦东开发》2007年第7期。

徐全勇：《新的历史条件下我国经济特区制度创新》，《特区经济》2005年第8期。

徐现祥、陈小飞：《经济特区：中国渐进改革开放的起点》，《世界经济文汇》2008年第1期。

许爱萍：《创新型城市发展模式及路径研究》，博士学位论文，河北工业大学，2013年。

［俄］亚历山大·格申克龙：《经济落后的历史透视》，张凤林译，商务印书馆2012年版。

杨剑、祁欣、褚晓：《中国境外经贸合作区发展现状、问题与建议——以中埃泰达苏伊士经贸合作区为例》，《国际经济合作》2019年第1期。

杨明、赵明辉、原峰等：《香港新加坡自由港政策分析》，《新经济》2019年第4期。

杨文进：《从长波关系看我国的特区经济发展》，《山东财政学院学报》2002年第1期。

叶庆丰：《珠海经济特区发展外向型经济的主要经验》，《党校科研信息》1988年第29期。

叶顺煌：《闽南区域崛起的时代抉择》，《政协天地》2014年第12期。

一带一路课题组：《境外经贸合作区奏响一带一路共赢之歌》，《光明日报》2019年3月29日第7版。

佚名：《改革开放初期中国对国外经验的模仿学习——深圳蛇口工业区的实践及启示》，《上海党史与党建》2018年第11期。

尹晨、周思力、王祎馨：《论制度型开放视野下的上海自贸区制度创新》，《复旦学报》（社会科学版）2019年第5期。

俞建群：《论中国特色区域经济新发展》，博士学位论文，福建师范大学，2012年。

禹贞恩：《发展型国家》，曹海军译，吉林出版社2008年版。

袁晓江：《经济特区对中国特色社会主义的探索》，《特区实践与理论》2012年第1期。

袁易明、姬超：《资源约束下的经济增长转型路径——以深圳经济特区为例》，《经济学动态》2014年第10期。

袁易明：《越南如何借鉴中国经济特区的经验以减少本国贫困》，世界经济特区发展论坛——经验与机遇国际研讨会。

袁易明：《中国经济特区产业发展路径》，《深圳大学学报》（人文社会科学版）2010年第4期。

袁易明：《中国经济特区的动态演化与实践使命》，《特区实践与理论》2015年第4期。

袁易明：《中国经济特区肩负两个历史性任务》，《中国经济特区研究》2009年第1期。

袁易明：《中国经济特区建立与发展的三大制度贡献》，《深圳大学学报》（人文社会科学版）2018年第4期。

袁易明：《中国经济特区开放发展范式对"一带一路"国家的启示价值》，《深圳大学学报》（人文社会科学版）2016年第6期。

袁则文：《中国对外开放历程的三重演进》，《上海党史与党建》2019年第5期。

云娟娟：《非洲支点》，《中国服饰》2019年第5期。

恽文捷：《特区经验可为一带一路提供中国智慧》，《开放导报》2018年第5期。

张海莹：《俄罗斯东部经济特区发展研究》，硕士学位论文，黑龙江大学，2015年。

张健：《浅谈海南建省办特区30年来的经济成就与经验》，《改革与开放》2018年第21期。

张岚、魏龙：《中外经济特区演变对武汉新特区建设的启示》，《武汉理工大学学报》2008年第10期。

张晓晶：《增长放缓不是"狼来了"：中国未来增长前景展望》，《国际经济评论》2012年第4期。

张晓平：《我国经济技术开发区的发展特征及动力机制》，《地理研究》2002年第5期。

张燕生：《中国经济特区和对外开放：政府战略和政策》，《中国经济特区研究》2009年第1期。

赵康：《新兴产业创新机构的合作网络特征及政策意义——以车联网产业为例》，《中国科技资源导刊》2019年第3期。

赵胜文：《中国特色社会主义经济特区建设研究》，博士学位论文，东北师范大学，2015年。

赵雪：《广东省新型城镇化过程中农业转移人口市民化研究》，《农业经济》2016年第7期。

郑璐：《当好改革开放的"试验田"与"窗口"——海南经济特区30年实践与发展》，《环渤海经济瞭望》2018年第10期。

中共中央文献研究室：《习近平关于全面深化改革论述摘编》，中央文献出版社2014年版。

中国国家发展改革委员会、外交部、商务部：《推动共建丝绸之路经济带和21世纪海上丝绸之路的愿景与行动》，2015年。

钟坚：《世界经济特区发展模式研究》，中国经济出版社2006年版。

周干峙：《关于经济特区和沿海经济技术开发区的规划问题》，《城市规划》1985年第5期。

周蜜、郑雨晴：《柬埔寨西港特区：如何成为发展样板》，《中国投资》2019年第9期。

周韬：《基于分工与价值链的城市群空间组织机理研究》，《财会研究》2018年第7期。

周韬：《空间异质性、城市群分工与区域经济一体化——来自长三角城市群的证据》，《城市发展研究》2017年第9期。

周韬：《习近平新时代空间经济思想的全新内涵与特质》，《特区经济》2018年第10期。

周轶昆：《浦东新区开发开放17年的历史回顾与现状分析》，《经济前沿》2007年第12期。

周轶昆：《深圳经济特区发展历程的回顾与分析》，《改革与开放》2008年第4期。

周轶昆：《新时代广东经济特区的创新优势与创新发展》，《中国经济特区研究》2018 年第 1 期。

朱玉:《对外开放的第一块"试验田"——蛇口工业区的创建》,《中共党史研究》2009 年第 1 期。

Alex Vallecillo, "Puerto Rico's Economic Development Growth-Past and Future-and Its Relationship to Trade Possibilities in the Caribbean and U. S. Markets", *Maryland Journal of International Law*, Vol. 4, No. 1, January 1978.

Barro, Robert, Xavier Sala-i-Martin, *Economic Growth*, New York: Mcgraw-Hill, 1995, p. 155.

Chenery H. B., "The Two Gap Approach to Aid and Development: A Reply to Bruton", *American Economic Review*, Vol. 59, No. 3, June 1969.

Chao Paul, *China's New Economic Zones: A Model for Development*. London: E. J. Blair Co., 1994.

Daron Acemoglu, Simon Johnson, James Robinson, "The Rise of Europe: Atlantic Trade, Institutional Change, and Economic Growth", *The American Economic Review*, Vol. 95, No. 3, 2005.

Edwad M. Graham, "Do Export Processing Zones Attract FDI and its Benefits: The Experience from China", *International Economics and Economics Policy*, Vol. 1, No. 1, March 2004.

Farole, T., G. Akinci, eds, *Special Economic Zones: Progress, Emerging Challenges, and FutureDirections*, Washinton D. C.: The World Bank, 2011.

FIAS (Foreign Investment Advisory Service), *Special Economic Zones. Performance, Lessons Learned, and Implications for Zone Development*, Washington DC: World Bank, 2008.

Hans Christoph Binswanger, *The Growth Spiral*, New York: Springer-Verlag Berlin and Heidelberg GmbH & Co. K, 2012.

Hirschman A. O., "Philosophers and Kings: Studies in Leadership II Underdevelopment, Obstacles to the Perception of Change, and Leadership", *Daedalus*, Vol. 97, No. 3, Summer 1968.

Howell Jude, China Opens Its Doors: The Politics of Economic Transition, Hertfordshire: Wheatsheaf Publishsing Co. 1993. 25.

Hui Ying Sng, *Economic Growth and Transition: Econometric Analysis of Lim's S-curve Hypothesis*, Singapore: World Scientific Publishing Co. Pte. Ltd. , 2010.

Jean Germain Gros, "Chinese Econmic Succsess and Lessons for Africa: Possibilities and Limits", *Nkrumaist Review*, No. 2, 2005.

John M. Litwack, Yingyi Qian, "Balanced or Unbalanced Development: Special Economic Zones as Catalysts for Transition", *Journal of Comparative Economics*, Vol. 26, No. 1, March 1998.

Joseph Fewsmith, "Institutions, Informal Politics, and Political Transition in China", *Asian Survey*, Vol. 36, No. 3, March 1996.

Kumar, Ashutosh, "Power, Policy and Protest: The Politics of India's Special Economic Zones", *Commonwealth & Comparative Politics*, Vol. 53, No. 4, October 2014.

Leibenstein H. , "Incremental Capital-Output Ratios and Growth Rates in the Short Run", *The Review of Economics and Statistics*, Vol. 48, No. 1, February 1966.

Madani D. , "A Review of the Role and Impact of Export Processing Zones ", *Policy Research Working Paper*, Vol. 17, No. 2, December 1999.

Nadeem M. Firoz, Amy H. Murray, "Foreign Investment Opportunities and Customs Laws in China's Special Economic Zones", *International Journal of Management*, Vol. 20, No. 1, 1999.

Nurkse R. , "Period Analysis and Inventory Cycles", *Oxford Economic Papers*, Vol. 6, No. 3, September 1954.

Ota, Tatsuyuki, "The Role of Special Economic Zones in China's Economic Development as Compared with Asian Export Processing Zones: 1979 – 1995", *Asia in Extenso*, January 2003.

Prebisch R. , "Commericial Policy in the Underdeveloped Countries", *American Economic Review*, Vol. 49, No. 3, May 1959.

Rob Jenkins, "The Politics of India's Special Economic Zones", in the Research Colloquium, 'India's Great Transformation?, Columbia University, 14 – 16 September 2007.

Rosenstein-Rodan P. N., "Problems of Industrialisation of Eastern and South-Eastern Europe", *The Economic Journal*, Vol. 53, No. 210/211, Jun. -Sep. 1943.

Ruparelia, Sanjay, et al., *Understanding India's New Political Economy: A Great Transformation?* London: Routledge, 2011.

The Economist, "Special Economic Zones: Not So Special", April 3, 2015.

Wong, Kwan-Yiu, Ren-Qun Cai, Han-Xin Chen, "Shenzhen: Special Experience in Development and Innovation", in Yeung, Yue-man, Xuwei Hu (eds.), *China's Coastal Cities-Catalysts for Modernization*, University of Hawaii Press, 1992.

Xavier Sala-i-Martín, *The Global Competitiveness Report* 2016 – 2017, Geneva: World Economic Forum, 2016.

后　　记

　　世界上，经济特区虽然有了数百年历史，经历了漫长的时间过程，在世界经济发展不同阶段、不同地理区域相继出现经济性特区，成为经济发展史上一独特存在，但是，经济特区的内涵与外延、建立与运行模式、路径与策略并没有发生明显的改变，这直到20世纪80年代，当中国经济特区在深圳等四地建立，经济特区进入了"中国时代"。从1980至今的40年间，中国经济特区的发展与功能作用对世界经济特区发展产生了引领性的推进贡献，经济特区进入了空前的发展时期。

　　问题是：为什么中国经济特区对长期慢变的世界经济特区发展产生如此重要的推动作用？为何中国经济特区能够成为国际上广泛借鉴与学习、模仿的样板？再有，在国际借鉴与学习中如何克服特殊性的障碍，研究经济特区的一般范式与特征，为经济特区进行跨文化、跨制度背景、跨资源禀赋条件的国际推广提供理论主张与策略启迪？

　　从这样几个问题的思考出发，自1995年来的20多年间，我持续地进行了一些研究工作，产生的学术成果有：《建立与发展逻辑：中国经济特区的动态演化与实践使命》《深圳经济特区产业发展与结构演进的原因——一个制度视角的解释》《中国经济特区肩负的两重使命》《自主性制度创新创造制度红利》《中国经济特区产业奇迹缘起》《中国经济特区的减贫效应》等，先后在《深圳大学学报》《管理世界》《中国经济特区研究》上刊发。近三年，又有《中国经济特区建立和发展的三大制度贡献》《资源约束下的经济增长转型路径——以深圳经济特区为例》《中国经济特区开放发展范式对"一带一路"国家的启示价值》《综合配套改革：制度需求、改革重点与推进战略》等论文发表后被《新华文摘》等权威期刊全文转载过，《中国经济特区产业结构演进与原因》《资源约束与产业结构演进》等著作和由我在2008年创办的《中国经济特区研究（集刊）》及其在德国斯普林格出版的英文版 *Studies on China's Special Economic Zones* 在国内与国际经济特区领域产生一些影响。

在国际学术合作上，我完成的世界银行课题成果"The Miracle of Development: An Evidences from Shenzhen— The First Special Economic Zones in China?"被世行确定为经济特区学术研讨会议主要阅读文，2013—2015年我与非洲开发银行研究局共同发起、后来带领团队做的研究"非洲经济特区：来自中国经济特区的经验"成为非行指导非洲国家建立经济特区的蓝本。

在中国经济特区创立40年之际，我的以上研究与深圳市社科院的重要学术安排刚好契合！"中外经济特区比较研究"成为十大选题中的一个，在公开招标中荣幸胜出，获得立项并资助。所以，必须感谢深圳市社科院！

在整个书稿的研究与文稿撰写过程中，我提出与设计研究思路、制订目标、实施步骤与分析框架，确定提纲和总体统筹，当然这部著作是团队的集体智慧和艰辛努力的成果。研究与创作成员包括刘畅、姬超、周景楠、王建国、王沛尧。书稿的贡献分别是刘畅博士协助我进行研究思路、目标、分析框架、提纲工作并完成第三篇"模式借鉴与扩散"，即第六、第七两章的部分文稿撰写；姬超副教授完成第一篇"历史背景与理论逻辑"，即第一、二、三章文稿；我的博士研究生周景楠承当并提供第四篇"困境与出路：经济特区新使命与新路径"，即第八、第九章文稿并协助我进行统稿的部分工作；王建国完成"率先实践与行动"篇，即第四、第五章文稿写作，王沛尧完成第三篇中的部分文稿即第六、第七两章的其中一部分文稿撰写。

需要特别提出的是，我们的研究过程是在前人和已有成果的基础上展开的，大量地参考了现有研究文献，在此，对这一领域学术成果的贡献者表示敬意！

如果没有中国社会科学出版社社长赵剑英先生、副总编辑王茵女士的指导与帮助,本书的出版不知道会遇到多少困难,对此谨致谢意!

袁易明

2019 年 11 月 18 日